滋賀県の教員採用試験過去問シリーズ❻

2025年度版

滋賀県の
数学科

過　去　問

協同教育研究会 編

協同出版

本書には，滋賀県の教員採用試験の過去問題を収録しています。各問題ごとに，以下のように5段階表記で，難易度，頻出度を示しています。

難 易 度

非常に難しい	☆☆☆☆☆
やや難しい	☆☆☆☆
普通の難易度	☆☆☆
やや易しい	☆☆
非常に易しい	☆

頻 出 度

◎	ほとんど出題されない
◎◎	あまり出題されない
◎◎◎	普通の頻出度
◎◎◎◎	よく出題される
◎◎◎◎◎	非常によく出題される

※本書の過去問題における資料，法令文等の取り扱いについて
　本書の過去問題で使用されている資料や法令文の表記や基準は，出題された当時の内容に準拠しているため，解答・解説も当時のものを使用しています。ご了承ください。

はじめに～「過去問」シリーズ利用に際して～

　教育を取り巻く環境は変化しつつあり，日本の公教育そのものも，教員免許更新制の廃止やGIGAスクール構想の実現などの改革が進められています。また，現行の学習指導要領では「主体的・対話的で深い学び」を実現するため，指導方法や指導体制の工夫改善により，「個に応じた指導」の充実を図るとともに，コンピュータや情報通信ネットワーク等の情報手段を活用するために必要な環境を整えることが示されています。

　一方で，いじめや体罰，不登校，暴力行為など，教育現場の問題もあいかわらず取り沙汰されており，教員に求められるスキルは，今後さらに高いものになっていくことが予想されます。

　本書の基本構成としては，出題傾向と対策，過去5年間の出題傾向分析表，過去問題，解答および解説を掲載しています。各自治体や教科によって掲載年数をはじめ，「チェックテスト」や「問題演習」を掲載するなど，内容が異なります。

　また原則的には一般受験を対象としております。特別選考等については対応していない場合があります。なお，実際に配布された問題の順番や構成を，編集の都合上，変更している場合があります。あらかじめご了承ください。

　最後に，この「過去問」シリーズは，「参考書」シリーズとの併用を前提に編集されております。参考書で要点整理を行い，過去問で実力試しを行う，セットでの活用をおすすめいたします。

　みなさまが，この書籍を徹底的に活用し，教員採用試験の合格を勝ち取って，教壇に立っていただければ，それはわたくしたちにとって最上の喜びです。

協同教育研究会

C O N T E N T S

第 1 部

滋賀県の
数学科
出題傾向分析

滋賀県の数学科　傾向と対策

1　出題傾向

　中学校数学は，試験時間60分，大問6問である。2023年度と出題数と出題形式ともに変化はなく，全問が解答用紙に答えのみを記入するようになっている。出題傾向および難易度は高等学校の範囲で教科書の例題，節末・章末問題レベルから大学入試基礎レベルまで幅広く出題されている。また，学習指導要領に関する問題も出題されている。

　第1問は独立した小問集合5問(循環小数の位の数，無理数の分母の有理化，四次方程式の解，袋から球を取り出す確率，2つの円と正方形の図形に関する面積問題)，第2問は円に内接する四角形についての辺の長さを求める問題，第3問は正四面体の体積，第4問は数列の和，第5問は三次曲線とその接線に関する問題，第6問は学習指導要領(各学年の目標及び内容)の出題である。

　高等学校数学は，試験時間60分，大問5問である。2023年度と出題形式，出題傾向に変化がなく，全問が記述式で途中の過程も記入するようになっている。難易度は高等学校の範囲で教科書の節末・章末問題レベル，大学入試基本レベルまで幅広く出題されている。

　第1問は独立した小問3問(3問とも極限)，第2問は二次関数とその最大値に関する問題，第3問は円に内接する三角形とベクトル，第4問は媒介変数表示による曲線に関する微分積分の問題，第5問は方程式を満たす整数解の出題である。

2　学習対策

　中学校・高等学校に共通することとして，まず自分の実力と合格レベルとの距離感を正確に把握すること。そしてそれを埋めるための必要かつ充分な時間をきちんと把握すること。この2つが大切である。どのような試験でも，最低でもこれだけは費やさなければならない時間がある一方で，これだけかければほぼ大丈夫だろうという時間がある。その時間は人それぞれに異なり一般論はないが，目安になるものはある。それは，

過去問やそれと同レベルの大学入試問題が自力で解けないとき，解答・解説を理解するにあたって，教科書や参考書を辞書のように使いこなすことができるかどうかである。解けない問題があってもどの教科書，またはどの参考書の何ページあたりを読めばよいということがすぐに分かるようにすることである。これにより自分の実力と合格レベルとの距離感が把握できる。さらに，教科書の基本的知識がどのように使われているのかも分かるので，それらを自分に合った形で整理することができる。

　以上の事柄を念頭に置いて対策を考えると，すぐにやるべきは中学校・高等学校の教科書の基本問題の完全マスターである。掲載されている問題は試験に出ないこともあるが，基本問題のみを集中的にこなしてきちんと理解し，暗算で答えが出せるくらいにしておきたい。

　その上で中学校の対策として，中学校・高等学校の教科書をよく読み，式の計算，方程式・不等式，平面図形・空間図形の計量，確率，資料の活用，数学Ⅲの微分・積分を中心に標準問題集を丁寧に解くこと。特に，相似や円の性質，三平方の定理を利用した平面図形の計量問題は高校入試レベルでのやや難しい問題も解いておく。また，学習指導要領に関する出題(選択式または穴埋め式)があるので，教科の目標，学年の目標・内容を中心に中学校学習指導要領と同解説編を精読しておくこと。

　高等学校の対策として，高等学校の教科書をよく読み，二次関数，ベクトル，数列，三角・指数・対数関数，数学Ⅲの分野を中心に標準問題集を丁寧に解くこと。やや難しい問題も出題されるので，過去問や大学入試レベルの問題集を解いて応用力を身に付けておくとよい。新たに高等学校で学習するようになったデータの分析，整数の性質，複素数平面などもしっかり学習しておくこと。教科書に載っている程度の公式の証明問題が出題されることもあるので，教科書の記述を参考にして，簡潔かつ論理的な記述ができるように学習しておくことも必要である。

過去5年間の出題傾向分析

●中学数学

分　類	2020年度	2021年度	2022年度	2023年度	2024年度
数と式	●	●	●	●	●
方程式と不等式	●	●			●
数の性質	●		●	●	●
ベクトル	●			●	
複素数					
関数とグラフ	●	●		●	
平面幾何	●	●	●		●
空間図形		●		●	●
平面座標と図形	●		●	●	●
三角関数		●			
三角比と平面図形			●	●	
指数・対数				●	
数列			●		●
行列					
微分・積分	●	●	●		●
場合の数・確率	●	●	●	●	●
集合と命題					
データの分析，確率分布					
学習指導要領	●	●	●	●	●

●高校数学

分 類	2020年度	2021年度	2022年度	2023年度	2024年度
数と式		●			
方程式と不等式	●		●		●
数の性質	●			●	
ベクトル		●	●	●	●
複素数			●		
関数とグラフ	●	●			●
平面幾何					
空間図形	●				
平面座標と図形	●		●	●	
三角関数		●	●		
三角比と平面図形					
指数・対数			●	●	
数列	●	●	●		
行列					
微分・積分	●	●	●	●	●
場合の数・確率					
集合と命題					
データの分析，確率分布					
学習指導要領					

第2部

滋賀県の
教員採用試験
実施問題

2024年度　実施問題

【中学校】

【1】次の(1)～(5)の問いに答えよ。

(1)　$\frac{1}{7}$を小数で表したとき，小数第2023位の数を求めよ。

(2)　次の式の分母を有理化せよ。

$$\frac{1+\sqrt{2}+\sqrt{3}}{1+\sqrt{2}-\sqrt{3}}$$

(3)　次の方程式の解を求めよ。

$$x^4+5x^2-36=0$$

(4)　赤玉2個，白玉3個の入った袋から球を1個取り出し，色を見てからもとにもどす。この試行を5回行うとき，赤玉が4回以上出る確率を求めよ。ただし，どの球を取り出すことも同様に確からしいとする。

(5)　次の図は，1辺が8の正方形に内接する円と，正方形の1辺を直径とする円が重なっている。斜線部の面積を求めよ。

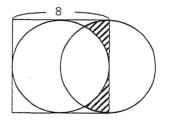

(☆☆☆◎◎◎◎)

【2】次の図のように，△ABCの3つの頂点A，B，Cは同一円周上にある。∠ABCの二等分線と辺AC，円との交点をD，Eとする。辺AB，BC，EDの長さをそれぞれ，4，4，6とするとき，線分CDの長さを求めよ。

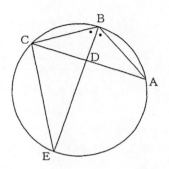

(☆☆◎◎◎◎)

【3】 1辺の長さが12の正四面体ABCDの体積Vを求めよ。

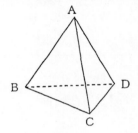

(☆☆◎◎◎◎)

【4】 次の数列の第n項までの和を求めよ。

$1 \cdot 2 \cdot (n-1) + 2 \cdot 3 \cdot (n-2) + 3 \cdot 4 \cdot (n-3) + \cdots\cdots$

(☆☆☆◎◎◎)

【5】 曲線$y=x^3$上の点P(t, t^3)における接線をlとする。次の(1), (2)の問い
に答えよ。ただし, $t>0$とする。

(1) lと曲線$y=x^3$の点P以外の共有点の座標を求めよ。

(2) lとx軸, y軸との交点を, それぞれR, Sとするとき, PR：RSの比
を求めよ。

(☆☆☆◎◎◎◎)

【6】次の文は，中学校学習指導要領(平成29年3月告示)の「第2章　各教科　第3節　数学　第1　目標」である。(①)〜(⑤)に入る語句を答えよ。

> 数学的な(①)を働かせ，数学的活動を通して，数学的に考える資質・能力を次のとおり育成することを目指す。
>
> (1)　数量や図形などについての基礎的な概念や(②)などを理解するとともに，事象を数学化したり，数学的に解釈したり，数学的に表現・処理したりする技能を身に付けるようにする。
>
> (2)　数学を活用して事象を(③)に考察する力，数量や図形などの性質を見いだし(④)に考察する力，数学的な表現を用いて事象を簡潔・明瞭・的確に表現する力を養う。
>
> (3)　数学的活動の楽しさや(⑤)を実感して粘り強く考え，数学を生活や学習に生かそうとする態度，問題解決の過程を振り返って評価・改善しようとする態度を養う。

(☆☆☆◎◎◎◎)

【高等学校】

【1】次の極限値を求めなさい。

(1)　$\displaystyle \lim_{x \to -\infty} (2x + \sqrt{4x^2 - 3x})$

(2)　$\displaystyle \lim_{x \to \infty} \frac{\sin x}{x}$

(3)　$\displaystyle \lim_{n \to \infty} \frac{(1 + 2 + 3 + \cdots\cdots + n)^5}{(1 + 2^4 + 3^4 + \cdots\cdots + n^4)^2}$

(☆☆☆☆◎◎◎)

【2】関数 $f(x) = -x^2 - ax - 3a + 1$ $(0 \leq x \leq 4$，a は定数)について，最大値が8となるときの a の値を求めなさい。

(☆☆☆◎◎◎)

【3】 点Oを中心とする半径1の円に内接する△ABCがあり，

$5\overrightarrow{\mathrm{OA}} + 4\overrightarrow{\mathrm{OB}} + 3\overrightarrow{\mathrm{OC}} = \vec{0}$

を満たしている。次の問いに答えなさい。

(1) 内積 $\overrightarrow{\mathrm{OA}} \cdot \overrightarrow{\mathrm{OB}}$, $\overrightarrow{\mathrm{OB}} \cdot \overrightarrow{\mathrm{OC}}$, $\overrightarrow{\mathrm{OC}} \cdot \overrightarrow{\mathrm{OA}}$ を求めよ。

(2) △ABCの面積を求めよ。

(☆☆☆◎◎◎◎)

【4】 媒介変数 θ $(0 \leq \theta \leq 2\pi)$ を用いて表される曲線C：$x = \theta - \sin\theta$，$y = 1 - \cos\theta$ について，次の問いに答えなさい。

(1) 曲線C上の $\theta = \dfrac{3}{2}\pi$ に対応する点における接線 ℓ の方程式を求めなさい。

(2) 曲線C，接線 ℓ，直線 $x = 2\pi$，およびy軸で囲まれた図形の面積を求めなさい。

(☆☆☆☆◎◎◎◎)

【5】 方程式 $5x^2 + y^2 + 2z^2 + 2xy - 2yz - 2xz - 17 = 0$ を満たす正の整数の組 (x, y, z) をすべて求めなさい。

(☆☆☆☆◎◎◎)

解答・解説

【中学校】

【1】 (1) 1 (2) $\dfrac{2 + 3\sqrt{2} + 2\sqrt{3} + \sqrt{6}}{2}$ (3) $x = \pm 2$, $\pm 3i$

(4) $\dfrac{272}{3125}$ (5) $8\sqrt{3} - \dfrac{8}{3}\pi$

〈解説〉 (1) $\dfrac{1}{7} = 0.142857142857142857\cdots = 0.\dot{1}4285\dot{7}$ で循環節は6桁である。

2023＝337×6＋1なので，小数第2023位は1と分かる。

(2) $\dfrac{1+\sqrt{2}+\sqrt{3}}{1+\sqrt{2}-\sqrt{3}}=\dfrac{(1+\sqrt{2}+\sqrt{3})^2}{(1+\sqrt{2}-\sqrt{3})(1+\sqrt{2}+\sqrt{3})}$

$=\dfrac{(1+2+3+2\sqrt{2}+2\sqrt{6}+2\sqrt{3})}{(1+\sqrt{2})^2-\sqrt{3}^2}=\dfrac{6+2\sqrt{2}+2\sqrt{6}+2\sqrt{3}}{3+2\sqrt{2}-3}$

$=\dfrac{3+\sqrt{2}+\sqrt{6}+\sqrt{3})}{\sqrt{2}}=\dfrac{2+3\sqrt{2}+2\sqrt{3}+\sqrt{6}}{2}$

(3) $x^4+5x^2-36=0$

$(x^2-4)(x^2+9)=0$ より， $x^2=4$, -9

したがって， $x=\pm2$, $\pm3i$

(4) 赤玉がちょうど4回出る確率は， ${}_5C_4\left(\dfrac{2}{5}\right)^4\cdot\left(\dfrac{3}{5}\right)^1=\dfrac{240}{3125}$ であり，

赤玉が5回出る確率は， $\left(\dfrac{2}{5}\right)^5=\dfrac{32}{3125}$ である。

したがって，赤玉が4回以上出る確率は， $\dfrac{240}{3125}+\dfrac{32}{3125}=\dfrac{272}{3125}$

(5) 図1の斜線部分(扇形)の面積は， $16\pi\times\dfrac{120}{360}=\dfrac{16}{3}\pi$ 〔cm²〕

図2の斜線部分(二等辺三角形)の面積は， $\dfrac{1}{2}\times4\times4\times\sin120°=4\sqrt{3}$ 〔cm²〕

したがって，図3の斜線部分の面積は， $\dfrac{16}{3}\pi-4\sqrt{3}$ 〔cm²〕なので，

図4の斜線部分の面積は， $2\times\left(\dfrac{16}{3}\pi-4\sqrt{3}\right)=\dfrac{32}{3}\pi-8\sqrt{3}$ 〔cm²〕

また，図5の斜線部分(半径4cmの半円)の面積は， $4\times4\times\pi\times\dfrac{1}{2}=8\pi$ 〔cm²〕

よって，図6の斜線部分(求める部分)の面積は，

$8\pi-\left(\dfrac{32}{3}\pi-8\sqrt{3}\right)=8\sqrt{3}-\dfrac{8}{3}\pi$ 〔cm²〕

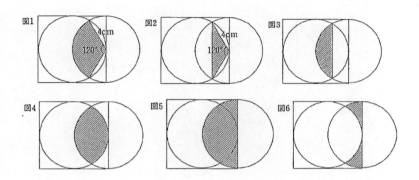

【2】 $2\sqrt{3}$

〈解説〉条件より，△ABCはAB＝BCの二等辺三角形である。よって，線分BEは線分ACの垂直二等分線となる。円に内接する三角形の垂直二等分線は，外心を通るため，線分BEは円の中心を通る。したがって，線分BEは円の直径である。

DC＝DA＝x，BD＝yとおくと，

方べきの定理より，AD×DC＝BD×DEなので，$x^2＝6y$ …①

次に，直角三角形ABDで三平方の定理より，AB²＝BD²＋DA²なので，

$16＝y^2+x^2$ …②

①，②を解いて，$x>0$，$y>0$より，$x=2\sqrt{3}$，$y=2$

したがって，CD＝$2\sqrt{3}$

【3】 $144\sqrt{2}$

〈解説〉底面の面積について，$\triangle BCD＝\dfrac{1}{2}\times12\times12\times\sin60°＝36\sqrt{3}$

図1のように点Aから底面BCDに正四面体の高さとなる垂線を下ろし底面との交点をEとする。

また，点Bから辺CDへ垂線BFを，点Aから辺CDに垂線AFを下ろす。

AFおよびBFは1辺が12の正三角形の中線なので，AF＝BF＝$6\sqrt{3}$

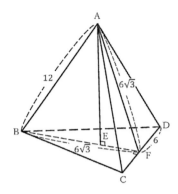

図2のように点Fから辺ABに垂線FGを下ろす。

△AFBはAF＝FBの二等辺三角形であるため，垂線FGは辺ABの垂直二等分線である。

よって，三平方の定理よりFG＝$\sqrt{(6\sqrt{3})^2-(6)^2}=6\sqrt{2}$

△AFBの面積は$\frac{1}{2}\times12\times6\sqrt{2}=\frac{1}{2}\times6\sqrt{3}\times$AE

よって，AE＝$4\sqrt{6}$

以上より，$V=\frac{1}{3}\times$△BCD$\times$AE＝$\frac{1}{3}\times36\sqrt{3}\times4\sqrt{6}=144\sqrt{2}$

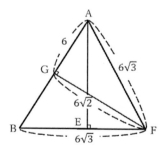

【4】$\dfrac{(n-1)n(n+1)(n+2)}{12}$

〈解説〉 $\displaystyle\sum_{k=1}^{n}k(k+1)(n-k)=\sum_{k=1}^{n}\{-k^3+(n-1)k^2+nk\}$

16

$$= -\left\{\frac{1}{2}n(n+1)\right\}^2 + (n-1)\times\frac{1}{6}n(n+1)(2n+1) + n\times\frac{1}{2}n(n+1)$$

$$= -\frac{1}{4}n^2(n+1)^2 + \frac{1}{6}(n-1)n(n+1)(2n+1) + \frac{1}{2}n^2(n+1)$$

$$= \frac{1}{12}n(n+1)\{-3n(n+1)+2(n-1)(2n+1)+6n\}$$

$$= \frac{1}{12}n(n+1)(-3n^2-3n+4n^2-2n-2+6n)$$

$$= \frac{1}{12}n(n+1)(n^2+n-2)$$

$$= \frac{1}{12}n(n+1)(n+2)(n-1)$$

$$= \frac{(n-1)n(n+1)(n+2)}{12}$$

【5】 (1) $(-2t, \ -8t^3)$　　(2)　$1:2$

〈解説〉(1)　$y'=3x^2$ より，点$P(t, \ t^3)$における接線lの方程式は，

　$y-t^3=3t^2(x-t)$ より，$y=3t^2x-2t^3$

　接線lと曲線の共有点のx座標を求める式は，

　$x^3=3t^2x-2t^2$ より，$x^3-3t^2x+2t^3=0$

　この方程式は$x=t$を重解にもつので$(x-t)^2$を因数にもつ。

　よって，$(x-t)^2(x+2t)=0$

　接点の点P以外の共有点のx座標は，$x=-2t$である。

　また，y座標は，$y=-8t^3$

　したがって，点P以外の共有点の座標は$(-2t, \ -8t^3)$

(2)　P，R，Sは同一直線上の点であるため，PRとRS間のxの変化量の比がそのままPR：RSとなる。点Rは接線lとx軸の交点なので$x=\frac{2}{3}t$である。

　また，Sのx座標は0である。したがって，PR：RS$=t-\frac{2}{3}t：\frac{2}{3}t-0=$ $1:2$

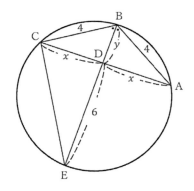

【6】　①　見方・考え方　　②　原理・法則　　③　論理的　　④　統合的・発展的　　⑤　数学のよさ

〈解説〉学習指導要領における教科の目標は，教科各々の見方・考え方を働かせて資質・能力の育成を図る事である。全ての教科等の目標及び内容は，「知識及び技能」，「思考力，判断力，表現力等」，「学びに向かう力，人間性等」で構成されており，数学においては，「概念的な理解や数学を活用して問題解決する方法の理解，数学的に表現・処理するための技能」，「統合的・発展的に考察し問題を見いだしたり，論理的に知識及び技能を活用して問題を解決したりする思考力・数学的な表現を用いて事象を説明する表現力」，「数学のよさを実感して粘り強くかつ柔軟に考えようとする態度」等として示している。

【高等学校】

【１】(1)　(与式)$= \lim_{x \to -\infty} \dfrac{4x^2-(4x^2-3x)}{2x-\sqrt{(4x^2-3x)}} = \lim_{x \to -\infty} \dfrac{3x}{2x-|x|\sqrt{4-\dfrac{3}{x}}}$

$x<0$のとき$|x|=-x$であるから

(与式)$= \lim_{x \to -\infty} \dfrac{3x}{2x+x\sqrt{4-\dfrac{3}{x}}} = \lim_{x \to -\infty} \dfrac{3}{2+\sqrt{4-\dfrac{3}{x}}} = \dfrac{3}{2+2} = \dfrac{3}{4}$

(2)　$x \to \infty$のときを考えるから$x>0$としてよい。

$0\leqq|\sin x|\leqq1$ より $0\leqq\left|\dfrac{\sin x}{x}\right|\leqq\dfrac{1}{x}$

$\displaystyle\lim_{x\to\infty}\dfrac{1}{x}=0$ であるから $\displaystyle\lim_{x\to\infty}\dfrac{\sin x}{x}=0$

(3) (与式)$=\displaystyle\lim_{n\to\infty}\dfrac{\dfrac{1}{n^{10}}\left(\sum\limits_{k=1}^{n}k\right)^{5}}{\dfrac{1}{n^{10}}\left(\sum\limits_{k=1}^{n}k^{4}\right)^{2}}=\lim_{n\to\infty}\dfrac{\left(\dfrac{1}{n}\sum\limits_{k=1}^{n}\dfrac{k}{n}\right)^{5}}{\left(\dfrac{1}{n}\sum\limits_{k=1}^{n}\dfrac{k^{4}}{n^{4}}\right)^{2}}=\dfrac{\left(\int_{0}^{1}xdx\right)^{5}}{\left(\int_{0}^{1}x^{4}dx\right)^{2}}=\dfrac{\left(\dfrac{1}{2}\right)^{5}}{\left(\dfrac{1}{5}\right)^{2}}$

$\qquad\qquad=\dfrac{25}{32}$

〈解説〉(1) 解答参照。

(2) $b_{n}\leqq a_{n}\leqq c_{n}$ のとき，$\displaystyle\lim_{x\to\infty}b_{n}=\alpha$ かつ $\displaystyle\lim_{x\to\infty}c_{n}=\alpha$ なら，

$\displaystyle\lim_{x\to\infty}a_{n}=\alpha$ である。(はさみうちの原理)

(3) $(1+2+3+\cdots+n)^{5}=\left(\sum\limits_{k=1}^{n}k\right)^{5}=\left(n^{2}\times\dfrac{1}{n}\sum\limits_{k=1}^{n}\dfrac{k}{n}\right)^{5}=n^{10}\left(\dfrac{1}{n}\sum\limits_{k=1}^{n}\dfrac{k}{n}\right)^{5}$

$(1+2^{4}+3^{4}+\cdots+n^{4})^{2}=\left(\sum\limits_{k=1}^{n}k^{4}\right)^{2}=\left(n^{5}\times\dfrac{1}{n}\sum\limits_{k=1}^{n}\dfrac{k^{4}}{n^{4}}\right)^{2}=n^{10}\left(\dfrac{1}{n}\sum\limits_{k=1}^{n}\dfrac{k^{4}}{n^{4}}\right)^{2}$

また，定積分の定義 $\displaystyle\lim_{x\to\infty}\dfrac{1}{n}\sum\limits_{k=1}^{n}f\left(\dfrac{k}{n}\right)=\int_{0}^{1}f(x)dx$ より，

$\displaystyle\lim_{x\to\infty}\dfrac{1}{n}\sum\limits_{k=1}^{n}\dfrac{k}{n}=\int_{0}^{1}xdx,\quad\lim_{x\to\infty}\dfrac{1}{n}\sum\limits_{k=1}^{n}\left(\dfrac{k}{n}\right)^{4}=\int_{0}^{1}x^{4}dx$ である。

【2】$f(x)=-x^{2}-ax-3a+1$

$\qquad=-\left(x+\dfrac{a}{2}\right)^{2}+\dfrac{a^{2}}{4}-3a+1$

[1] $-\dfrac{a}{2}<0$ すなわち $a>0$ のとき

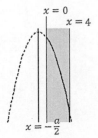

上のグラフから，$x=0$で最大値$f(0)=-3a+1$をとる。

よって，$-3a+1=8$　ゆえに，$a=-\dfrac{7}{3}$

これは$a>0$を満たさないから不適。

[2]　$0\leqq-\dfrac{a}{2}\leqq 4$ すなわち $-8\leqq a\leqq 0$のとき

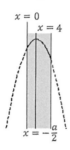

上のグラフから，$x=-\dfrac{a}{2}$で最大値$f\left(-\dfrac{a}{2}\right)=\dfrac{a^2}{4}-3a+1$をとる。

よって，$\dfrac{a^2}{4}-3a+1=8$

ゆえに，$a^2-12a-28=0$

よって，$(a-14)(a+2)=0$　ゆえに，$a=14,\ -2$

$-8\leqq a\leqq 0$を満たすものは$a=-2$

[3]　$-\dfrac{a}{2}>4$ すなわち $a<-8$のとき

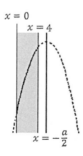

上のグラフから，$x=4$で最大値$f(4)=-7a-15$をとる。

よって，$-7a-15=8$　ゆえに，$a=-\dfrac{23}{7}$

20

これは$a<-8$を満たさないから不適。

以上から　$a=-2$

〈解説〉解答参照。

【3】(1)　$|\overrightarrow{OA}|=|\overrightarrow{OB}|=|\overrightarrow{OC}|=1$

条件式から $3\overrightarrow{OC}=-(5\overrightarrow{OA}+4\overrightarrow{OB})$

よって　$|3\overrightarrow{OC}|^2=|5\overrightarrow{OA}+4\overrightarrow{OB}|^2$

すなわち　$9|\overrightarrow{OC}|^2=25|\overrightarrow{OA}|^2+40\overrightarrow{OA}\cdot\overrightarrow{OB}+16|\overrightarrow{OB}|^2$

ゆえに　$9=25+40\overrightarrow{OA}\cdot\overrightarrow{OB}+16$

したがって　$\overrightarrow{OA}\cdot\overrightarrow{OB}=-\dfrac{4}{5}$

同様に　$5\overrightarrow{OA}=-(4\overrightarrow{OB}+3\overrightarrow{OC})$, $4\overrightarrow{OB}=-(5\overrightarrow{OA}+3\overrightarrow{OC})$から

$|5\overrightarrow{OA}|^2=|4\overrightarrow{OB}+3\overrightarrow{OC}|^2$, $|4\overrightarrow{OB}|^2=|5\overrightarrow{OA}+3\overrightarrow{OC}|^2$

よって　$25=16+24\overrightarrow{OB}\cdot\overrightarrow{OC}+9$, $16=25+30\overrightarrow{OC}\cdot\overrightarrow{OA}+9$

したがって　$\overrightarrow{OB}\cdot\overrightarrow{OC}=0$, $\overrightarrow{OC}\cdot\overrightarrow{OA}=-\dfrac{3}{5}$

(2)　$\overrightarrow{OB}\cdot\overrightarrow{OC}=0$から　$\angle BOC=90°$

また，$\cos\angle AOB=\dfrac{\overrightarrow{OA}\cdot\overrightarrow{OB}}{|\overrightarrow{OA}||\overrightarrow{OB}|}=-\dfrac{4}{5}$,

$\cos\angle COA=\dfrac{\overrightarrow{OC}\cdot\overrightarrow{OA}}{|\overrightarrow{OC}||\overrightarrow{OA}|}=-\dfrac{3}{5}$

よって　$\sin\angle AOB=\sqrt{1-\left(-\dfrac{4}{5}\right)^2}=\dfrac{3}{5}$,

$\sin\angle COA=\sqrt{1-\left(-\dfrac{3}{5}\right)^2}=\dfrac{4}{5}$

$\angle BOC=90°$であり，$\angle AOB$，$\angle COA$は鈍角であるから，点Oは△ABCの内部にある。

したがって，△ABCの面積をSとすると

$$S = \triangle OAB + \triangle OBC + \triangle OCA$$

$$= \frac{1}{2} |\overrightarrow{OA}| |\overrightarrow{OB}| \sin\angle AOB + \frac{1}{2} |\overrightarrow{OB}| |\overrightarrow{OC}| + \frac{1}{2} |\overrightarrow{OC}| |\overrightarrow{OA}| \sin\angle COA$$

$$= \frac{1}{2} \left(\frac{3}{5} + 1 + \frac{4}{5} \right) = \frac{6}{5}$$

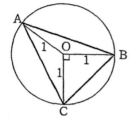

〈解説〉解答参照。

【 4 】 (1)　$\dfrac{dx}{d\theta} = 1 - \cos\theta$,　$\dfrac{dy}{d\theta} = \sin\theta$

$$\frac{dy}{dx} = \frac{\dfrac{dy}{d\theta}}{\dfrac{dx}{d\theta}} = \frac{\sin\theta}{1 - \cos\theta} \ (0 < \theta < 2\pi)$$

よって　$\theta = \dfrac{3}{2}\pi$ における接線の方程式は

$$y - \left(1 - \cos\frac{3}{2}\pi \right) = \frac{-1}{1 - 0} \left\{ x - \left(\frac{3}{2}\pi - \sin\frac{3}{2}\pi \right) \right\}$$

$$y = -x + \frac{3}{2}\pi + 2$$

(2)

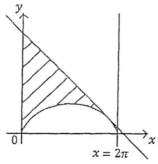

求める面積は上図の斜線部である。よって

$$\int_0^{2\pi}\left\{-x+\frac{3}{2}\pi+2-(1-\cos\theta)\right\}dx$$

$$=\int_0^{2\pi}\left(-x+\frac{3}{2}\pi+2\right)dx-\int_0^{2\pi}(1-\cos\theta)dx$$

$$\int_0^{2\pi}\left(-x+\frac{3}{2}\pi+2\right)dx=\left[-\frac{x^2}{2}+\left(\frac{3}{2}\pi+2\right)x\right]_0^{2\pi}=-2\pi^2+3\pi^2+4\pi$$

$$=\pi^2+4\pi$$

$$\int_0^{2\pi}(1-\cos\theta)dx$$

$$=\int_0^{2\pi}(1-\cos\theta)\frac{dx}{d\theta}d\theta \quad \text{ただし}\quad\left(\begin{array}{c}\theta:0\to2\pi\\x:0\to2\pi\end{array}\right)$$

$$=\int_0^{2\pi}(1-\cos\theta)(1-\cos\theta)d\theta=\int_0^{2\pi}(1-2\cos\theta+\cos^2\theta)d\theta$$

$$=\int_0^{2\pi}\left(1-2\cos\theta+\frac{1+\cos2\theta}{2}\right)d\theta=\left[\theta-2\sin\theta+\frac{\theta}{2}+\frac{\sin2\theta}{4}\right]_0^{2\pi}$$

$$=3\pi$$

したがって，求める面積は　$\pi^2+4\pi-3\pi=\pi^2+\pi$

〈解説〉解答参照。

【5】 $5x^2+y^2+2z^2+2xy-2yz-2xz-17$

$=y^2+2(x-z)y+5x^2+2z^2-2xz-17$

$=(y+x-z)^2-(x-z)^2+5x^2+2z^2-2xz-17$

$=(y+x-z)^2+(2x)^2+z^2-17$

より，与えられた方程式は

$(2x)^2+z^2+(y+x-z)^2=17$

$(2x)^2$，z^2，$(y+x-z)^2$はいずれも整数の2乗だから，0，1，4，9，16 $(\leqq17)$のいずれかである。

これらの数3つ(重複可)の和で17になるものは，

$0+1+16$，$4+4+9$　の2通りである。

$x\geqq1$より$2x$は正の偶数，$z\geqq1$に注意すると，

$(2x,\ z,\ |y+x-z|)=(4,\ 1,\ 0),\ (2,\ 2,\ 3),\ (2,\ 3,\ 2)$

[1]　$2x=4$, $z=1$, $|y+x-z|=0$のとき，

$x=2$, $z=1$　より，$|y+1|=0$

であるが，これを満たす正の整数yは存在しない。

[2]　$2x=2$, $z=2$, $|y+x-z|=3$のとき，

$x=1$, $z=2$　より，$|y-1|=3$である。　よって$y=4$

[3]　$2x=2$, $z=3$, $|y+x-z|=2$のとき，

$x=1$, $z=3$　より，$|y-2|=2$である。　よって$y=4$

以上より，$(x,\ y,\ z)=(1,\ 4,\ 2)$, $(1,\ 4,\ 3)$

〈解説〉解答参照。

2023年度 実施問題

【中学校】

【1】次の(1)~(5)の問いに答えよ。

(1) $(x^2-x)^2-8(x^2-x)+12$ を因数分解せよ。

(2) 504の正の約数のすべての和を求めよ。

(3) 次の方程式の解を求めよ。

$4^x+2^x-12=0$

(4) 1から4までの数字が書かれた玉が2個ずつ合計8個ある。玉をすべて袋に入れて1個ずつ取り，並べて8桁の数をつくる。一の位から千の位までの4桁が，4321となる確率を求めよ。ただし，どの玉を取ることも同様に確からしいとする。

(5) 次の図のように，座標平面上に5点A(4，8)，B(−3，8)，C(−3，0)，D(10，0)，E(10，4)がある。線分BC上に点P，線分CD上に点Qを，∠APB＝∠QPC，∠PQC＝∠EQDとなるようにとる。このとき，点Pの座標を求めよ。

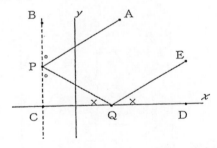

(☆☆☆◎◎◎◎)

【2】四角形ABCDで，AB＝10，BC＝8，CD＝7，DA＝9，∠C＝120°のとき，この四角形の面積を求めよ。

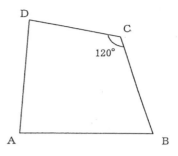

(☆☆☆○○○○○)

【３】2次方程式$x^2+2(m-1)x-3m+7=0$が，異なる2つの負の解をもつとき，定数mの値の範囲を求めよ。

(☆☆○○○○)

【４】次の図のように，高さ20の円柱に内接する球，この球に内接する直円錐がある。以下の(1)，(2)の問いに答えよ。ただし，球の中心をO，直円錐の高さをx $(x>10)$とする。

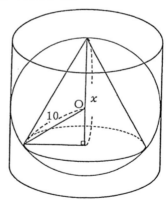

(1)　内接する直円錐の体積が最大になるときのxの値を求めよ。

(2)　球に内接する直円錐の体積の最大値V_1と円柱の体積V_2の比を求めよ。

(☆☆☆○○)

【5】 次の(1), (2)の問いに答えよ。

(1) 点A(-1, 3, 4)を通り, $\vec{a} = (0, 2, 3)$を方向ベクトルにもつ直線の方程式を求めよ。

(2) 点A(-1, 3, 4)を通り, 平面$x+y+2z=0$, $2x-y+z=4$の両方に垂直な平面の方程式を求めよ。

(☆☆☆◎◎)

【6】 次の文は, 中学校学習指導要領(平成29年3月告示)の「第2章　各教科　第3節　数学　第2　各学年の目標及び内容〔第3学年〕1　目標」である。(①)～(⑤)にあてはまる語句を答えよ。

(1) 数の平方根, 多項式と二次方程式, 図形の相似, (①)の関係, 三平方の定理, 関数$y=ax^2$, 標本調査などについての基礎的な(②)や原理・法則などを理解するとともに, 事象を数学化したり, 数学的に解釈したり, 数学的に表現・処理したりする技能を身に付けるようにする。

(2) 数の(③)に着目し, 数の性質や計算について考察したり, 文字を用いて数量の関係や法則などを考察したりする力, 図形の構成要素の関係に着目し, 図形の性質や計量について論理的に考察し表現する力, 関数関係に着目し, その特徴を表, 式, グラフを相互に関連付けて考察する力, 標本と母集団の関係に着目し, 母集団の傾向を(④)し判断したり, 調査の方法や結果を批判的に考察したりする力を養う。

(3) 数学的活動の楽しさや数学のよさを実感して(⑤)考え, 数学を生活や学習に生かそうとする態度, 問題解決の過程を振り返って評価・改善しようとする態度, 多様な考えを認め, よりよく問題解決しようとする態度を養う。

(☆☆☆◎◎◎◎)

【高等学校】

【１】次の(1)から(4)の問いに答えなさい。

(1) 次の関数を x について微分しなさい。ただし，$x>0$ とする。

$$y=x^x$$

(2) 次の極限値を求めなさい。

$$\lim_{x \to \infty}\left(1-\frac{4}{x}\right)^x$$

(3) 次の定積分を求めなさい。

$$\int_1^4 \frac{x}{\sqrt{5-x}}dx$$

(4) a は正の数で $a \neq 1$ とする。次の不等式を解きなさい。

$$\log_a(2a^2-x^2) \geqq 1+\log_a x$$

(☆☆☆◎◎◎◎)

【２】n は自然数とする。$n+3$ は6の倍数であり，$n+1$ は8の倍数であるとき，n を24で割った余りを求めなさい。また，n を9で割った余りが1にならないことを示しなさい。

(☆☆☆◎◎◎)

【３】曲線 $f(x)=x^3-\dfrac{4}{3}x$ 上に点A$(a, f(a))$ $(a>0)$ をとり，点Aにおける $y=f(x)$ の接線 ℓ を引いたところ，ℓ は $y=f(x)$ の法線となった。次の問いに答えなさい。

(1) $y=f(x)$ のグラフをかきなさい。

(2) a の値を求め，$y=f(x)$ と ℓ で囲まれた部分の面積 S を求めなさい。

(☆☆☆◎◎◎◎)

【４】四面体OABCにおいて，線分OAを3：2に内分する点をP，線分OBを3：1に内分する点をQ，線分BCを4：1に内分する点をRとする。この四面体を3点P，Q，Rを通る平面で切り，この平面が線分ACと交わる点をSとする。このとき，線分の長さの比AS：SCを求めなさい。た

だし，$\overrightarrow{\text{OA}}=\vec{a}$，$\overrightarrow{\text{OB}}=\vec{b}$，$\overrightarrow{\text{OC}}=\vec{c}$ とする。

(☆☆☆☆◎◎◎◎)

【5】座標平面上に2点で交わる円$C_1：x^2+y^2=4$と$C_2：x^2+y^2-8x+7=0$が
ある。C_1の円周上のうち，C_2の内部または円周上にある部分をKとす
る。K上の点PにおけるC_1の接線とC_2の2つの交点をQ，Rとするとき，
線分QRの長さのとりうる値の範囲を求めなさい。

(☆☆☆☆◎◎◎◎)

解答・解説

【中学校】

【1】(1) $(x+1)(x-2)(x+2)(x-3)$　　(2) 1560　　(3) $x=\log_2 3$

(4) $\dfrac{1}{105}$　(5) $\left(-3,\ \dfrac{19}{5}\right)$

〈解説〉(1)　（与式）$=\{(x^2-x)-2\}\{(x^2-x)-6\}=(x^2-x-2)(x^2-x-6)=(x+1)(x-2)(x+2)(x-3)$

(2)　$504=2^3\times3^2\times7$より，正の約数の和は，$(2^3+2^2+2^1+1)(3^2+3^1+1)(7+1)=15\times13\times8=1560$

(3)　$(2^x)^2+2^x-12=0$より，$(2^x-3)(2^x+4)=0$　$2^x>0$より，$2^x=3$
よって，$x=\log_2 3$

(4)　玉の並べ方の総数は，${}_8\text{P}_4=8\times7\times6\times5$〔通り〕
4321となる並べ方は，$2\times2\times2\times2$〔通り〕

よって，確率は，$\dfrac{2\times2\times2\times2}{8\times7\times6\times5}=\dfrac{1}{105}$

(5)　点P$(-3,\ p)$，Q$(0,\ q)$とおくと，PC$=p$，BP$=8-p$，CQ$=q+3$，
QD$=10-q$である。△ABP，△QCP，△QDEはそれぞれ直角三角形で
あり，$\angle$APB$=\angle$QPC，$\angle$PQC$=\angle$EQDより，直角以外のひとつの角

29

の角度が等しいので，

$\triangle ABP \backsim \triangle QCP \backsim \triangle QDE$

辺の比より，$AB：BP＝QC：CP＝QD：DE$となるので，

$7：8－p＝q＋3：p＝10－q：4$

したがって，$\begin{cases} 7p＝(8－p)(q＋3) \\ 4(q＋3)＝p(10－q) \end{cases}$

$\begin{cases} 7p＝－pq－3p＋8q＋24 \\ 4q＋12＝10p－pq \end{cases}$

$\begin{cases} 10p－8q＋pq－24＝0 & \cdots① \\ 10p－4q－pq－12＝0 & \cdots② \end{cases}$

①＋②より，$20p－12q－36＝0$

よって，$q＝\dfrac{5}{3}p－3$より，①に代入して，

$10p－8\left(\dfrac{5}{3}p－3\right)＋p\left(\dfrac{5}{3}p－3\right)－24＝0$

$p(5p－19)＝0$より，$p≠0$なので，$p＝\dfrac{19}{5}$

したがって，点Pの座標は，$\left(－3,\ \dfrac{19}{5}\right)$

【２】$14\sqrt{3}＋12\sqrt{14}$

〈解説〉$\triangle BCD$で余弦定理より，$BD^2＝64＋49－2×8×7\cos120°＝169$

　　　　よって，$BD＝13$

　　　　$\triangle ABD$で余弦定理より$\cos\angle DAB＝\dfrac{81＋100－169}{2×9×10}＝\dfrac{1}{15}$

　　　　よって，$\sin\angle DAB＝\sqrt{1－\left(\dfrac{1}{15}\right)^2}＝\dfrac{4\sqrt{14}}{15}$

　　　　したがって，(四角形ABCDの面積)$＝\triangle BCD＋\triangle ABD＝\dfrac{1}{2}×8×7×$

　　　　$\sin120°＋\dfrac{1}{2}×9×10×\dfrac{4\sqrt{14}}{15}＝14\sqrt{3}＋12\sqrt{14}$

【３】$2＜m＜\dfrac{7}{3}$

〈解説〉$y＝x^2＋2(m－1)x－3m＋7$のグラフで考える。

y切片が正なので，$-3m+7>0$　よって，$m<\dfrac{7}{3}$　…①

判別式$D>0$より，$(m-1)^2-(-3m+7)>0$

よって，$m<-3$，$2<m$　…②

軸は負の位置にあるので，$\dfrac{m-1}{2}<0$より，$m<1$　…③

①，②，③より$2<m<\dfrac{7}{3}$

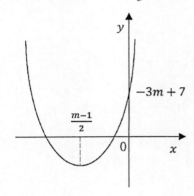

【4】 (1) $x=\dfrac{40}{3}$　　(2) 16：81

〈解説〉(1)　円錐の底面の半径をrとすると，

三平方の定理より，$10^2=r^2+(x-10)^2$　したがって，$r^2=20x-x^2$

このとき直円錐の体積$V(x)$は，

$$V(x)=\dfrac{1}{3}\times\pi r^2\times x=\dfrac{\pi}{3}x(20x-x^2)=-\dfrac{\pi}{3}x^3+\dfrac{20\pi}{3}x^2$$

$$V'(x)=-\pi x^2+\dfrac{40\pi}{3}x=-\pi x\left(x-\dfrac{40}{3}\right)$$

$x>10$において増減表は以下の通り

x	10	$\cdots$	$\dfrac{40}{3}$	$\cdots$
$V'(x)$		$+$	0	$-$
$V(x)$		↗	最大	↘

したがって，直円錐の体積が最大となるときのxは$x=\dfrac{40}{3}$

(2)　(1)のときの直円錐の体積は，

$$V_1=V\left(\dfrac{40}{3}\right)=-\dfrac{\pi}{3}\times\left(\dfrac{40}{3}\right)^3+\dfrac{20\pi}{3}\times\left(\dfrac{40}{3}\right)^2=-\dfrac{40^3}{81}\pi+\dfrac{20\times40^2}{27}\pi$$

$$=\dfrac{(60\times40^2)-(40\times40^2)}{81}\pi=\dfrac{20\times40^2}{81}\pi$$

円柱の体積は，$V_2=100\pi\times20=2000\pi$

よって，$V_1:V_2=\dfrac{20\times40^2}{81}\pi:2000\pi=16:81$

【5】(1)　$x=-1,\ \dfrac{y-3}{2}=\dfrac{z-4}{3}$　　(2)　$x+y-z+2=0$

〈解説〉(1)　求める直線上の点を$P(x,\ y,\ z)$とする。$\overrightarrow{AP}=k\,\vec{a}$　(kは実数)と表せるので　$(x+1,\ y-3,\ z-4)=(0,\ 2k,\ 3k)$

したがって，$x=-1,\ \dfrac{y-3}{2}=\dfrac{z-4}{3}$

(2)　求める平面の法線ベクトルを$(a,\ b,\ c)$とすると，
平面$x+y+2z=0$の法線ベクトル$(1,\ 1,\ 2)$と垂直より，
$a+b+2c=0$　…①
同様に平面$2x-y+z=0$の法線ベクトル$(2,\ -1,\ 1)$と垂直より，
$2a-b+c=0$　…②
①+②より，$3a+3c=0$　よって，$c=-a$
①より，$a+b-2a=0$　よって，$b=a$
したがって，求める平面の法線ベクトルは$(a,\ a,\ -a)$より，$(1,\ 1,\ -1)$としてもよいので，
点$(-1,\ 3,\ 4)$を通ることより，$1\times(x+1)+1\times(y-3)-1\times(z-4)=0$
よって，$x+y-z+2=0$

【6】①　円周角と中心角　　②　概念　　③　範囲　　④　推定
⑤　粘り強く

〈解説〉学習指導要領の教科の「目標」や各学年の「内容」は育成を目指す資質・能力の3つの柱である「知識及び技能」，「思考力，判断力，

32

表現力等」，「学びに向かう力，人間性等」で構成されている。

【高等学校】

【1】(1) $x>0$ であるから，$y>0$ である。

両辺の自然対数をとると　$\log y=\log x^x$

$$\log y=x\log x$$

両辺を x で微分すると　$\dfrac{y'}{y}=1\cdot\log x+x\cdot\dfrac{1}{x}=\log x+1$

よって　$y'=(\log x+1)y=(\log x+1)x^x$

(2)　$-\dfrac{4}{x}=h$ とおくと，$x=-\dfrac{4}{h}$

また，$x\to\infty$ のとき，$h\to-0$ である。

よって，$\displaystyle\lim_{x\to\infty}\left(1-\dfrac{4}{x}\right)^x=\lim_{h\to-\infty}(1+h)^{-\frac{4}{h}}=\lim_{h\to-\infty}\left\{(1+h)^{\frac{1}{h}}\right\}^{-4}=e^{-4}$
$$=\dfrac{1}{e^4}$$

(3)　$\sqrt{5-x}=t$ とおくと，$5-x=t^2$ より　$dx=-2t\,dt$

また，x と t の対応は $x:1\to4$ のとき，$t:2\to1$ である。

ゆえに，
$$\int_1^4\dfrac{x}{\sqrt{5-x}}dx=\int_2^1\dfrac{5-t^2}{t}\cdot(-2t)dt=\int_1^2(10-2t^2)dt=\left[10t-\dfrac{2}{3}t^3\right]_1^2$$
$$=\dfrac{16}{3}$$

(4)　真数は正であるから　$2a^2-x^2>0$，$x>0$ …①

$x^2-2a^2<0$

$(x-\sqrt{2}\,a)(x+\sqrt{2}\,a)<0$

$-\sqrt{2}\,a<x<\sqrt{2}\,a$　$(\because\quad a>0)$

$x>0$ より　$0<x<\sqrt{2}\,a$ …②

ここで，$\log_a(2a^2-x^2)\geqq1+\log_a x$

$\qquad\log_a(2a^2-x^2)\geqq\log_a ax$

(i)　$0<a<1$ のとき

$2a^2-x^2\leqq ax$

$x^2+ax-2a^2\geqq0$

$(x+2a)(x-a)\geqq0$

$0<a<1$より　$x\leqq-2a$,　$a\leqq x$

②より，　$a\leqq x<\sqrt{2}\,a$

(ii)　$a>1$のとき

$2a^2-x^2\geqq ax$

$x^2+ax-2a^2\leqq0$

$(x+2a)(x-a)\leqq0$

$a>1$より　$-2a\leqq x\leqq a$

②より，　$0<x\leqq a$

〈解説〉解答参照。

【２】条件よりk, ℓを自然数とすると　$n+3=6k$, $n+1=8\ell$と表される。

　$n=6k-3$, $n=8\ell-1$　だから，$6k-3=8\ell-1$, $6k=8\ell+2$

　よって，$3k=4\ell+1$

　両辺に3を加えると，$3(k+1)=4(\ell+1)$

　3と4は互いに素であるから，$k+1$は4の倍数である。

　したがって，mを自然数とすると$k+1=4m$と表される。

　ゆえに　$n=6k-3=6(4m-1)-3=24m-9=24(m-1)+15$

　したがって，nを24で割った余りは15である。

　$n=24m-9$を9で割った余りを考える。

　pを自然数とすると，すべての自然数mは$3p$, $3p-1$, $3p-2$のいずれか

　の形で表される。

　i)　$m=3p$のとき

　$n=24\cdot3p-9=9(8p-1)$　よって，余りは0

　ii)　$m=3p-1$のとき

　$n=24\cdot(3p-1)-9=9(8p-4)+3$　よって，余りは3

　iii)　$m=3p-2$のとき

　$n=24\cdot(3p-2)-9=9(8p-7)+6$　よって，余りは6

　i), ii), iii)より，nを9で割った余りは1にならない

〈解説〉解答参照。

【3】(1)　$y=x^3-\dfrac{4}{3}x$ より　$y'=3x^2-\dfrac{4}{3}$

$y'=0$ のとき　$x=\pm\dfrac{2}{3}$

増減表は,

x	$\cdots$	$-\dfrac{2}{3}$	$\cdots$	$\dfrac{2}{3}$	$\cdots$
y'	$+$	0	$-$	0	$+$
y	↗	$\dfrac{16}{27}$	↘	$-\dfrac{16}{27}$	↗

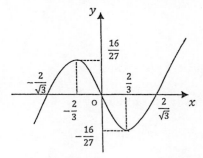

(2)　接線 ℓ の方程式は,　$y-\left(a^3-\dfrac{4}{3}a\right)=\left(3a^2-\dfrac{4}{3}\right)(x-a)$

ゆえに,　$y=\left(3a^2-\dfrac{4}{3}\right)x-2a^3$

$y=f(x)$ と接線 ℓ との共有点の x 座標は,

$x^3-\dfrac{4}{3}x=\left(3a^2-\dfrac{4}{3}\right)x-2a^3$

$x^3-3a^2x+2a^3=0$

$(x-a)^2(x+2a)=0$

$x=a,\ -2a$

$f'(-2a)=12a^2-\dfrac{4}{3}$ より,　接線 ℓ と $y=f(x)$ は垂直に交わるから

$\left(3a^2-\dfrac{4}{3}\right)\left(12a^2-\dfrac{4}{3}\right)=-1$

35

$$36a^4-20a^2+\frac{25}{9}=0$$

$$\left(6a^2-\frac{5}{3}\right)^2=0$$

ゆえに　$a^2=\frac{5}{18}$,　$a>0$より　$a=\frac{\sqrt{10}}{6}$

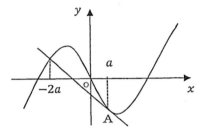

求める面積Sは，グラフより

$$S=\int_{-2a}^{a}\left\{x^3-\frac{4}{3}x-\left(3a^2-\frac{4}{3}\right)x+2a^3\right\}dx=\int_{-2a}^{a}(x^3-3a^2x+2a^3)dx$$

$$=\int_{-2a}^{a}(x-a)^2(x+2a)dx=\int_{-2a}^{a}\{(x-a)^3+3a(x-a)^2\}dx$$

$$=\left[\frac{1}{4}(x-a)^4+a(x-a)^3\right]_{-2a}^{a}=-\frac{1}{4}(-3a)^4-a(-3a)^3$$

$$=\frac{27}{4}a^4=\frac{27}{4}\left(\frac{5}{18}\right)^2=\frac{25}{48}$$

〈解説〉解答参照。

【4】条件より，　$\overrightarrow{OP}=\frac{3}{5}\overrightarrow{a}$ …①，　$\overrightarrow{OQ}=\frac{3}{4}\overrightarrow{b}$ …②，

$\overrightarrow{OR}=\frac{1}{5}\overrightarrow{b}+\frac{4}{5}\overrightarrow{c}$ …③

点Sは平面PQR上の点より，実数s, t, uを用いて

$\overrightarrow{OS}=s\overrightarrow{OP}+t\overrightarrow{OQ}+u\overrightarrow{OR}$, $s+t+u=1$　と表すことができる。

①，②，③より

$\overrightarrow{OS}=\frac{3}{5}s\overrightarrow{a}+\frac{3}{4}t\overrightarrow{b}+u\left(\frac{1}{5}\overrightarrow{b}+\frac{4}{5}\overrightarrow{c}\right)$

$$=\frac{3}{5}s\,\vec{a}+\left(\frac{3}{4}t+\frac{1}{5}u\right)\vec{b}+\frac{4}{5}u\,\vec{c}$$

ここで，点Sは線分AC上にあり，$\vec{a}$，$\vec{b}$，$\vec{c}$ は一次独立だから

$\frac{3}{5}s+\frac{4}{5}u=1$, $\frac{3}{4}t+\frac{1}{5}u=0$ ゆえに，$s=\frac{3}{5}-\frac{4}{3}u$, $t=-\frac{4}{15}u$

これらを $s+t+u=1$ に代入すると

$$\left(\frac{5}{3}-\frac{4}{3}u\right)+\left(-\frac{4}{15}u\right)+u=1$$

$$-\frac{9}{15}u=-\frac{2}{3}$$

$$u=\frac{10}{9}$$

また，$\frac{3}{5}s+\frac{4}{5}u=1$ より $\frac{3}{5}s+\frac{4}{5}\cdot\frac{10}{9}=1$ すなわち $s=\frac{5}{27}$

よって $\vec{OS}=\frac{3}{5}\cdot\frac{5}{27}\vec{a}+\frac{4}{5}\cdot\frac{10}{9}\vec{c}=\frac{1}{9}\vec{a}+\frac{8}{9}\vec{c}$

したがって AS：SC＝8：1

〈解説〉解答参照。

【5】C_1 は，中心(0，0)，半径2の円

C_2 は，$(x-4)^2+y^2=9$ より 中心(4，0)半径3の円

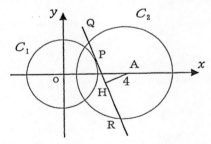

$$\begin{cases} x^2+y^2-4=0 & \cdots① \\ x^2+y^2-8x+7=0 & \cdots② \end{cases}$$

①－②より $8x-11=0$

$x = \dfrac{11}{8}$

①に代入すると　$\dfrac{121}{64} + y^2 - \dfrac{256}{64} = 0$

$y^2 = \dfrac{135}{64}$

$y = \pm \dfrac{3\sqrt{15}}{8}$

よって2つの円の交点は$\left(\dfrac{11}{8},\ -\dfrac{3\sqrt{15}}{8}\right)$と$\left(\dfrac{11}{8},\ \dfrac{3\sqrt{15}}{8}\right)$である。

点Pの座標を$(s,\ t)$とおくと

$s^2 + t^2 = 4,\ \dfrac{11}{8} \leqq s \leqq 2,\ -\dfrac{3\sqrt{15}}{8} \leqq t \leqq \dfrac{3\sqrt{15}}{8}$

点Pにおける接線の方程式は，$sx + ty = 4$となる。

ここで，C_2の中心をA，線分QRの中点をHとおくと

QR⊥AH，AQ＝AR＝3より　$QH^2 + AH^2 = 9$　　　$QR = 2\sqrt{9 - AH^2}$

また，$AH = \dfrac{|4s - 4|}{\sqrt{s^2 + t^2}} = \dfrac{|4s - 4|}{\sqrt{4}} = |2s - 2|$

$\dfrac{11}{8} \leqq s \leqq 2$より　$\dfrac{3}{4} \leqq 2s - 2 \leqq 2$

よって，$\dfrac{9}{16} \leqq AH^2 \leqq 4$

ゆえに，$2\sqrt{5} \leqq QR \leqq \dfrac{3\sqrt{15}}{2}$

〈解説〉解答参照。

2022年度 実施問題

【中学校】

【1】次の(1)～(5)の問いに答えよ。

(1) $a+\dfrac{1}{a}=6$のとき，$a^3+\dfrac{1}{a^3}$の値を求めよ。

(2) 2021，1457の最大公約数を求めよ。

(3) $(x-1)(x-2)(x-3)(x-4)-15$を因数分解せよ。

(4) △ABCにおいて，次の等式が成り立つとき，この三角形の最大の角の大きさを求めよ。

  $\sin A:\sin B:\sin C=7:3:5$

(5) 袋の中に赤玉3個と白玉3個が入っている。この中から3個の玉を同時に取り出すとき，白玉の個数をXとする。Xの期待値を求めよ。ただし，どの玉を取り出すことも同様に確からしいとする。

(☆☆☆◎◎◎)

【2】次の図の円Pは，長方形ABCDの辺AB，BC，DAに接している。また，円Qは円Pに外接し辺DA，CDに接している。AB＝6，DA＝9とするとき，円Qの半径の長さを求めよ。

図

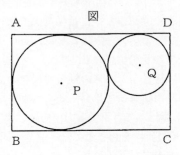

(☆☆☆◎◎◎)

【３】2点A(-2, 0)，B(3, 0)からの距離の比が2：1である点Pの軌跡を求めよ。

（☆☆☆◎◎◎）

【４】$a_1=2$，$a_{n+1}=\dfrac{a_n}{4a_n+3}$　（$n=1$, 2, 3…）によって定められる数列{a_n}の一般項を求めよ。

（☆☆☆◎◎◎）

【５】曲線$y=x^3-x^2-2x$上に点A(1, -2)をとる。
　　次の(1)，(2)の問いに答えよ。
(1)　点Aにおける接線lの方程式を求めよ。
(2)　曲線$y=x^3-x^2-2x$と接線lで囲まれた部分の面積Sを求めよ。

（☆☆☆◎◎◎）

【６】次の文は，中学校学習指導要領(平成29年3月告示)の「第2章　各教科　第3節　数学　第2　各学年の目標及び内容〔第2学年〕　1　目標」である。(①　)～(⑤　)にあてはまる語句を答えよ。

> (1)　文字を用いた式と連立二元一次方程式，平面図形と数学的な推論，(①　)，データの分布と確率などについての基礎的な概念や原理・法則などを理解するとともに，事象を(②　)したり，数学的に解釈したり，数学的に表現・処理したりする技能を身に付けるようにする。
>
> (2)　文字を用いて数量の関係や法則などを考察する力，数学的な推論の過程に着目し，図形の性質や関孫を論理的に考察し表現する力，関数関係に着目し，その特徴を表，式，グラフを(③　)に関連付けて考察する力，複数の集団のデータの分布に着目し，その傾向を比較して読み取り(④　)に考察して判断したり，不確定な事象の起こりやすさについて考察したりする力を養う。

(3)　数学的活動の楽しさや(　⑤　)を実感して粘り強く考え，数学を生活や学習に生かそうとする態度，問題解決の過程を振り返って評価・改善しようとする態度，多様な考えを認め，よりよく問題解決しようとする態度を養う。

(☆☆☆◎◎◎)

【高等学校】

【1】 $\begin{cases} x^2 + 2x - 8 > 0 & \cdots① \\ x^2 - (a-2)x - 2a < 0 & \cdots② \end{cases}$ を満たす整数 x がちょうど3個存在するような定数 a の値の範囲を求めなさい。

(☆☆☆◎◎◎)

【2】 数列 $\{a_n\}$ を $a_1 = 3$, $a_{n+1} = a_n \cdot 3^{6n^2}$ $(n=1, 2, 3, \cdots)$ で定める。

(1)　$a_n > 0$ であることを示しなさい。

(2)　$b_n = \log_3 a_n$ とし，$\{a_n\}$ の一般項を求めなさい。

(3)　a_5 の桁数を求めなさい。ただし，$\log_{10} 3 = 0.4771$ とする。

(☆☆☆◎◎◎)

【3】 関数 $y = x - (\sin x - \sqrt{3}\cos x)$ の区間 $-\pi \leqq x \leqq \pi$ における最大値，最小値と，そのときの x の値を求めなさい。

(☆☆☆◎◎◎)

【4】2点P, Qが，放物線 $y = \dfrac{1}{2}x^2$ 上を $\angle POQ$ が直角であるように動くとき，直線PQは定点を通ることを示しなさい。ただし，Oは原点を表す。

(☆☆☆◎◎◎)

【5】 正の整数 m, n で，$(\sqrt{3}+i)^m = (1+i)^n$ かつ $m+n \leqq 50$ を満たす組 (m, n) をすべて求めなさい。ただし，i は虚数単位とする。

(☆☆☆◎◎◎)

解答・解説

【中学校】

【１】(1)　198　　(2)　47　　(3)　$(x^2-5x+1)(x^2-5x+9)$　　(4)　$120°$

(5)　$\dfrac{3}{2}$

〈解説〉(1)　$a^3+\dfrac{1}{a^3}=\left(a+\dfrac{1}{a}\right)^3-3\left(a+\dfrac{1}{a}\right)=6^3-3\times6=216-18=198$

(2)　ユークリッドの互除法より，

$2021=1\times1457+564$

$1457=2\times564+329$

$564=1\times329+235$

$329=1\times235+94$

$235=2\times94+47$

$94=2\times47+0$

よって，最大公約数は47

(3)　(与式) $=(x-1)(x-4)(x-2)(x-3)-15$

$\qquad\qquad=(x^2-5x+4)(x^2-5x+6)-15$

$\qquad\qquad=(x^2-5x)^2+10(x^2-5x)+9$

$\qquad\qquad=(x^2-5x+1)(x^2-5x+9)$

(4)　図のような三角形を考える。

正弦定理から，$\sin A:\sin B:\sin C=a:b:c=7:3:5$　となるので，

$a=7k$，$b=3k$，$c=5k$　と表せる (kは定数)。

題意より，最大角はAとわかるので，余弦定理より，

$\cos A=\dfrac{b^2+c^2-a^2}{2bc}=\dfrac{(3k)^2+(5k)^2-(7k)^2}{2\cdot3k\cdot5k}=\dfrac{-15k^2}{30k^2}=-\dfrac{1}{2}$

よって，最大の角の大きさは，$A=120$〔°〕

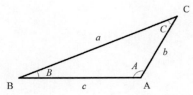

(5) $X=0$の確率は, $\dfrac{{}_3C_3}{{}_6C_3}=\dfrac{1}{\dfrac{6\cdot5\cdot4}{3\cdot2\cdot1}}=\dfrac{1}{20}$

$X=1$の確率は, $\dfrac{{}_3C_1\times{}_3C_2}{{}_6C_3}=\dfrac{3\cdot3}{20}=\dfrac{9}{20}$

$X=2$の確率は, $\dfrac{{}_3C_2\times{}_3C_1}{{}_6C_3}=\dfrac{3\cdot3}{20}=\dfrac{9}{20}$

$X=3$の確率は, $\dfrac{{}_3C_3}{{}_6C_3}=\dfrac{1}{20}$

よって, Xの期待値は, $0\times\dfrac{1}{20}+1\times\dfrac{9}{20}+2\times\dfrac{9}{20}+3\times\dfrac{1}{20}=\dfrac{3}{2}$

【2】 $12-6\sqrt{3}$

〈解説〉図より, 円Pの半径は3となる。

円Qの半径をrとすると, 直角三角形PQHにおいて, 三平方の定理より,

$(3+r)^2=(3-r)^2+(6-r)^2$

$9+6r+r^2=9-6r+r^2+36-12r+r^2$

$r^2-24r+36=0$

$r=12\pm\sqrt{144-36}=12\pm\sqrt{108}=12\pm6\sqrt{3}$

$r<3$より, $r=12-6\sqrt{3}$

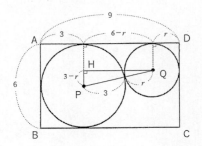

【3】$\left(\dfrac{14}{3},\ 0\right)$を中心とする半径$\dfrac{10}{3}$の円

〈解説〉 $P(x,\ y)$とすると，$AP：BP＝2：1$より，

$AP＝2BP$

$AP^2＝4BP^2$

したがって，$(x＋2)^2＋y^2＝4\{(x－3)^2＋y^2\}$

$x^2＋4x＋4＋y^2＝4(x^2－6x＋9＋y^2)$

$3x^2－28x＋32＋3y^2＝0$

$x^2－\dfrac{28}{3}x＋\dfrac{32}{3}＋y^2＝0$

$\left(x－\dfrac{14}{3}\right)^2＋y^2＝\dfrac{100}{9}$

よって，点Pの軌跡は，$\left(\dfrac{14}{3},\ 0\right)$を中心とする半径$\dfrac{10}{3}$の円となる。

【4】$a_n＝\dfrac{2}{5 \cdot 3^{n-1}－4}$

〈解説〉 与式の逆数をとると，$\dfrac{1}{a_{n+1}}＝4a_n＋3＝\dfrac{3}{a_n}＋4$　…①

ここで，特性方程式を考え，$x＝3x＋4$　とすると，$x＝－2$

したがって，①を変形すると，$\dfrac{1}{a_{n+1}}＋2＝3\left(\dfrac{1}{a_n}＋2\right)$

よって，数列$\left\{\dfrac{1}{a_n}＋2\right\}$は，初項$\dfrac{1}{a_1}＋2＝\dfrac{1}{2}＋2＝\dfrac{5}{2}$，公比3の等比数列

なので，一般項は，

$\dfrac{1}{a_n}＋2＝\dfrac{5}{2} \cdot 3^{n-1}$

$\dfrac{1}{a_n}＝\dfrac{5 \cdot 3^{n-1}}{2}－2＝\dfrac{5 \cdot 3^{n-1}－4}{2}$

$a_n＝\dfrac{2}{5 \cdot 3^{n-1}－4}$

【5】 (1)　$y=-x-1$　　(2)　$\dfrac{4}{3}$

〈解説〉(1)　$f(x)=x^3-x^2-2x$　とすると，$f'(x)=3x^2-2x-2$　より，

点A(1，−2)における接線 l の傾きは，$f'(1)=3\times 1^2-2\times 1-2=-1$

したがって，接線 l の方程式は，$y-(-2)=-1\times(x-1)$

$y=-x-1$

(2)　曲線 $y=x^3-x^2-2x$ と $y=-x-1$　の共有点の x 座標を求めると，

$x^3-x^2-2x=-x-1$　より，$(x-1)^2(x+1)=0$

したがって，接点の x 座標は，$x=1$

交点の x 座標は，$x=-1$

3次関数の曲線とその接線で囲まれる図形の面積より，

求める面積 S は，$\displaystyle S=\int_{-1}^{1}\{(x^3-x^2-2x)-(-x-1)\}dx$

$$=\int_{-1}^{1}\{(x-1)^2(x+1)\}dx$$

$$=\frac{\{1-(-1)\}^4}{12}=-\frac{16}{12}=\frac{4}{3}$$

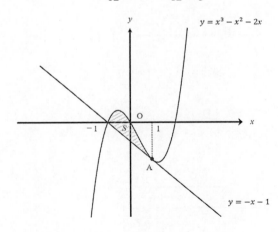

【6】① 一次関数　② 数学化　③ 相互　④ 批判的
⑤ 数学のよさ
〈解説〉学習指導要領の内容では，特に「目標」や「各学年の目標及び内容」について出題されやすい。学習指導要領だけでなく，学習指導要領解説もあわせておさえておきたい。

【高等学校】

【1】$x^2+2x-8>0$ より，$(x+4)(x-2)>0$
したがって，$x<-4$，$2<x$　…①′
$x^2-(a-2)x-2a<0$ より，
$(x+2)(x-a)<0$　…②′
(i)　$a<-2$ のとき，
②′より，$a<x<-2$
①′，②′より，不等式を満たす整数xがちょうど3個となるのは，図より
$-8\leqq a<-7$

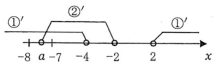

(ii)　$a=-2$ のとき，②′は解なしで，不適。
(iii)　$a>-2$ のとき，
②′より，$-2<x<a$
①′，②′より，不等式を満たす整数xがちょうど3個となるのは，図より
$5<a\leqq6$

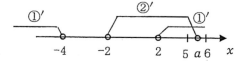

よって，(i)～(iii)より，$-8\leqq a<-7$，$5<a\leqq6$
〈解説〉(i)の場合，$x=-5$，-6，-7　が条件を満たす。

(iii)の場合，$x=3$, 4, 5　が条件を満たす。

【2】 (1)　(i)　$n=1$のとき，$a_1=3>0$で成り立つ。

(ii)　$n=k$のとき，$a_k>0$が成り立つと仮定すると，

$a_{k+1}=a_k \cdot 3^{6k^2}>0$

$n=k+1$のときも成り立つ。

よって，(i)(ii)より，すべての自然数nに対して$a_n>0$が成り立つ。

(2)　(1)より$a_n>0$

$a_{n+1}=a_n \cdot 3^{6n^2}$の両辺の3を底とする対数をとると，

$\log_3 a_{n+1}=\log_3 a_n+6n^2$

よって，$b_{n+1}=b_n+6n^2$

また，$b_1=\log_3 a_1=\log_3 3=1$

ゆえに，$n\geqq2$のとき

$b_n=b_1+\sum_{k=1}^{n-1}6k^2=1+6\cdot\frac{1}{6}(n-1)n\{2(n-1)+1\}$

　$=2n^3-3n^2+n+1$

$b_1=1$より，この式は$n=1$のときも成り立つ。

よって，数列$\{b_n\}$の一般項は，$b_n=2n^3-3n^2+n+1$

$\log_3 a_n=b_n=2n^3-3n^2+n+1$

ゆえに，$an=3^{2n^3-3n^2+n+1}$

(3)　(2)より，$a_5=3^{181}$

ゆえに，$\log_{10}a_5=181\times\log_{10}3=181\times0.4771=86.3551$

$86<\log_{10}a_5<87$であるから$10^{86}<a_5<10^{87}$

したがって，a_5の桁数は87

〈解説〉(1)　数学的帰納法の問題である。なお，$3^{6k^2}>0$　である。

(2)　$b_{n+1}=b_n+6n^2$　は階差数列の漸化式である。

(3)　解答参照。

【３】$f(x)=x-(\sin x-\sqrt{3}\cos x)$ とおくと，

$f'(x)=1-(\cos x+\sqrt{3}\sin x)=-(\sqrt{3}\sin x+\cos x)+1$

$\quad\quad =-2\sin\left(x+\dfrac{\pi}{6}\right)+1$

$f'(x)=0$ を解くと，

$-\pi\leqq x\leqq\pi$ のとき　$-\dfrac{5}{6}\pi\leqq x+\dfrac{\pi}{6}\leqq\dfrac{7}{6}\pi$　　より

$x+\dfrac{\pi}{6}=\dfrac{\pi}{6},\ \dfrac{5}{6}\pi$　ゆえに　$x=0,\ \dfrac{2}{3}\pi$

$f(x)$ の増減表は次のようになる。

x	$-\pi$	$\cdots$	0	$\cdots$	$\dfrac{2}{3}\pi$	$\cdots$	π
$f'(x)$		$+$	0	$-$	0	$+$	
$f(x)$	$-\pi-\sqrt{3}$	↗	$\sqrt{3}$	↘	$\dfrac{2}{3}\pi-\sqrt{3}$	↗	$\pi-\sqrt{3}$

よって

最大値は $f(0)$ と $f(\pi)$ のうち大きい方

最小値は $f(-\pi)$ と $f\left(\dfrac{2}{3}\pi\right)$ のうち小さい方

である。

$f(0)=\sqrt{3}$, $f(\pi)=\pi-\sqrt{3}$ より

$f(0)-f(\pi)=\sqrt{3}-(\pi-\sqrt{3})=2\sqrt{3}-\pi>2\times1.7-3.2=0.2>0$

$f(0)>f(\pi)$

$f(-\pi)=-\pi-\sqrt{3}$, $f\left(\dfrac{2}{3}\pi\right)=\dfrac{2}{3}\pi-\sqrt{3}$

$f\left(\dfrac{2}{3}\pi\right)-f(-\pi)=\dfrac{5}{3}\pi>0$ より

$f\left(\dfrac{2}{3}\pi\right)>f(-\pi)$

したがって　$x=0$ で最大値 $\sqrt{3}$, $x=-\pi$ で最小値 $-\pi-\sqrt{3}$ をとる。

〈解説〉三角関数の合成公式を利用する。

【4】 $P\left(p, \frac{1}{2}p^2\right)$, $Q\left(q, \frac{1}{2}q^2\right)$とすると,

∠POQ＝90°より $p\neq0$, $q\neq0$, $p\neq q$で,直線OP,OQの方程式は,それ

ぞれ $y=\frac{1}{2}px$, $y=\frac{1}{2}qx$

OP⊥OQより, $\frac{1}{2}p\cdot\frac{1}{2}q=-1$ したがって, $q=-\frac{4}{p}$

ゆえに,直線PQの方程式は, $p=q$のとき三角形OPQができないので,

$p\neq q$より,

$$y-\frac{1}{2}p^2=\frac{\frac{1}{2}p^2-\frac{1}{2}q^2}{p-q}(x-p)$$

$$y-\frac{1}{2}p^2=\frac{1}{2}(p+q)(x-p)$$

$$y-\frac{1}{2}p^2=\frac{1}{2}\left(p-\frac{4}{p}\right)(x-p)$$

$$y=\frac{1}{2}\left(p-\frac{4}{p}\right)x+2$$

よって,直線PQは,定点(0, 2)を通る。

〈解説〉次の図を参照。

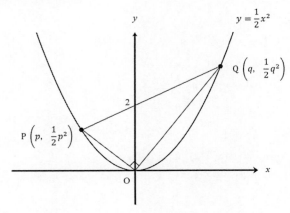

【5】 $\sqrt{3}+i=2\left(\cos\dfrac{\pi}{6}+i\sin\dfrac{\pi}{6}\right)$, $1+i=\sqrt{2}\left(\cos\dfrac{\pi}{4}+i\sin\dfrac{\pi}{4}\right)$

ゆえに $(\sqrt{3}+i)^m=\left\{2\left(\cos\dfrac{\pi}{6}+i\sin\dfrac{\pi}{6}\right)\right\}^m$

$$=2^m\left(\cos\dfrac{m}{6}\pi+i\sin\dfrac{m}{6}\pi\right)$$

$(1+i)^n=\left\{\sqrt{2}\left(\cos\dfrac{\pi}{4}+i\sin\dfrac{\pi}{4}\right)\right\}^n$

$$=(\sqrt{2})^n\left(\cos\dfrac{n}{4}\pi+i\sin\dfrac{n}{4}\pi\right)$$

$(\sqrt{3}+i)^m=(1+i)^n$であるから

$2^m\left(\cos\dfrac{m}{6}\pi+i\sin\dfrac{m}{6}\pi\right)=(\sqrt{2})^n\left(\cos\dfrac{n}{4}\pi+i\sin\dfrac{n}{4}\pi\right)$

両辺の絶対値と偏角を比較すると，

$2^m=(\sqrt{2})^n$ すなわち $m=\dfrac{n}{2}$ …①

$\dfrac{m}{6}\pi=\dfrac{n}{4}\pi+2k\pi$ (kは整数) …②

①を②に代入して

$\dfrac{n}{12}\pi=\dfrac{n}{4}\pi+2k\pi$

よって $n=-12k$ …③

①に代入して $m=-6k$ …④

$m\geqq1$, $n\geqq1$であるから③, ④より$k\leqq-1$である。

また, ③, ④を$m+n\leqq50$に代入すると

$-12k-6k\leqq50$ ゆえに, $k\geqq-\dfrac{25}{9}$

よって, $-\dfrac{25}{9}\leqq k\leqq-1$

kは整数だから, $k=-1$, -2

したがって, $(m, n)=(6, 12)$, $(12, 24)$

〈解説〉ド・モアブルの定理を利用する。

2021年度 | 実施問題

【中学校】

【1】 次の(1)～(5)の問いに答えよ。

(1) $x=\sqrt{3}+\sqrt{2}$　$y=\sqrt{3}-\sqrt{2}$ のとき，x^2y+xy^2の値を求めよ。

(2) $\sqrt{10}$ の小数部分をaとするとき，$a+\dfrac{1}{a}$の値を求めよ。

(3) $2x^2+5xy+3y^2-7x-10y+3$を因数分解せよ。

(4) △ABCにおいて，点Dは辺AB上の点でDB＝2AD，点Eは辺AC上の点でEC＝3AEである。DCとEBの交点をFとするとき，△ABCの面積は△BFCの面積の何倍になるか求めよ。

(5) 袋の中に赤玉4個，白玉5個が入っている。玉を同時に5個取り出すとき，赤玉が2個，白玉が3個になる確率を求めよ。

(☆☆☆◎◎◎)

【2】 次は，正四角錐に球が内接している図である。正四角錐の底面の一辺の長さが4で，辺ABの長さが6とするとき，この正四角錐の体積と球の半径を求めよ。

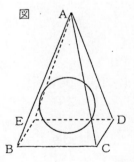

図

(☆☆☆◎◎◎)

【３】次の4点A(3, −5, 3), B(2, 3, 5), C(1, −1, 3), D(x, −2, 6)が
同一平面上にある。xの値を求めよ。

(☆☆☆◎◎◎)

【４】曲線$x＝\sqrt{y＋1}$とy軸と直線$y＝4$で囲まれた部分をy軸の周りに1回転
してできる回転体の体積を求めよ。

(☆☆☆◎◎◎)

【５】$\dfrac{\pi}{2}＜\alpha＜\pi$, $0＜\beta＜\dfrac{\pi}{2}$とする。$\sin\alpha＝\dfrac{4}{5}$, $\cos\beta＝\dfrac{15}{17}$のとき，
$\cos(\alpha−\beta)$の値を求めよ。

(☆☆◎◎◎)

【６】次の文は，中学校学習指導要領(平成29年3月告示)の「第2章　各教
科　第3節　数学　第2　各学年の目標及び内容　〔第1学年〕　1　目標」
である。(　①　)〜(　⑤　)にあてはまる語句を答えよ。

> (1)　正の数と負の数，文字を用いた式と一元一次方程式，平面
> 図形と空間図形，比例と反比例，データの分布と確率などに
> ついての基礎的な(　①　)や原理・法則などを理解するととも
> に，事象を(　②　)に捉えたり，数学的に解釈したり，数学的
> に表現・処理したりする技能を身に付けるようにする。
>
> (2)　数の範囲を拡張し，数の性質や計算について考察したり，
> 文字を用いて数量の関係や法則などを考察したりする力，図
> 形の構成要素や構成の仕方に着目し，図形の性質や関係を直
> 観的に捉え論理的に考察する力，数量の変化や対応に着目し
> て(　③　)関係を見いだし，その特徴を表，式，グラフなどで
> 考察する力，データの分布に着目し，その傾向を読み取り
> (　④　)に考察して判断したり，不確定な事象の起こりやすさ
> について考察したりする力を養う。
>
> (3)　数学的活動の楽しさや数学のよさに気付いて粘り強く考え，
> 数学を生活や学習に生かそうとする態度，問題解決の過程を

振り返って検討しようとする態度，（　⑤　）に捉え考えようと
する態度を養う。

（☆☆☆◎◎◎）

【高等学校】

【1】 $abc \neq 0$ で，$3a+2b+4c=0$ かつ $2a+3b-c=0$ をみたす実数 a，b，c について，$\dfrac{2a+b+5c}{a+b+c}$ の値を求めなさい。

（☆☆☆◎◎◎）

【2】 4種類の数字0，1，2，3から重複を許して並べてできる自然数を小さい順に並べると，1，2，3，10，11，12，13，20，21，22，23，…のような数列ができる。

(1) 321項目の自然数を求めなさい。

(2) 自然数321は何項目になるか求めなさい。

（☆☆☆◎◎◎）

【3】 $0 \leqq \theta < 2\pi$ のとき，不等式 $\sin\theta + \cos\theta + \sin\theta\cos\theta + a \leqq -4$ が常に成り立つときの定数 a の値の範囲を求めなさい。

（☆☆☆◎◎◎）

【4】 △OABにおいて，頂点Bから辺OAに下ろした垂線をBCとする。$\vec{a} = \overrightarrow{\text{OA}}$，$\vec{b} = \overrightarrow{\text{OB}}$ とおくと，$|\vec{a}|=3$，$|\vec{b}|=2$，$|\vec{a}-2\vec{b}|=4$ である。次の問いに答えなさい。

(1) $\vec{a} \cdot \vec{b}$ の値を求めなさい。

(2) $\overrightarrow{\text{OC}}$ を $\vec{a}$ を用いて表しなさい。

(3) $|\overrightarrow{\text{BC}}|$ を求めなさい。

（☆☆☆◎◎◎）

【５】 $f(x)=(2-x)e^x$ とする。

(1) 関数 $y=f(x)$ の増減，グラフの凹凸を調べて，グラフの概形をかきなさい。ただし，$\lim_{x \to -\infty} xe^x = 0$ であることを利用してもよい。

(2) 実数 a に対して，点 $(a, 0)$ を通る曲線 $y=f(x)$ の接線の本数を求めなさい。

(☆☆☆◎◎◎)

解答・解説

【中学校】

【１】 (1) $2\sqrt{3}$　　(2) $2\sqrt{10}$　　(3) $(2x+3y-1)(x+y-3)$

(4) $\dfrac{11}{6}$ 倍　(5) $\dfrac{10}{21}$

〈解説〉(1) $x+y=(\sqrt{3}+\sqrt{2})+(\sqrt{3}-\sqrt{2})=2\sqrt{3}$

$xy=(\sqrt{3}+\sqrt{2})(\sqrt{3}-\sqrt{2})=3-2=1$ なので，

$x^2y+xy^2=xy(x+y)=1\times 2\sqrt{3}=2\sqrt{3}$

(2) $9<10<16$ より，$3<\sqrt{10}<4$ なので，$\sqrt{10}$ の小数部分 a は，

$a=\sqrt{10}-3$ と表せる。

よって，$a+\dfrac{1}{a}=\sqrt{10}-3+\dfrac{1}{\sqrt{10}-3}\times\dfrac{\sqrt{10}+3}{\sqrt{10}+3}=2\sqrt{10}$

(3) $2x^2+5xy+3y^2-7x-10y+3$

$=2x^2+(5y-7)x+3y^2-10y+3$

$=2x^2+(5y-7)x+(3y-1)(y-3)$

$=(2x+3y-1)(x+y-3)$

(4)　直線AFと辺BCの交点をGとする。

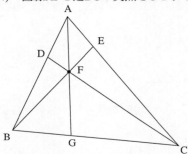

AD：DB＝1：2，AE：EC＝1：3であるから，チェバの定理から，

$\dfrac{\text{AD}}{\text{DB}} \cdot \dfrac{\text{BG}}{\text{GC}} \cdot \dfrac{\text{CE}}{\text{EA}}＝1$，　$\dfrac{1}{2} \times \dfrac{\text{BG}}{\text{GC}} \times \dfrac{3}{1}＝1$

よって，$\dfrac{\text{BG}}{\text{GC}}＝\dfrac{2}{3}$

△ABGと直線DFにおいて，メネラウスの定理から，

$\dfrac{\text{AD}}{\text{DB}} \cdot \dfrac{\text{BC}}{\text{CG}} \cdot \dfrac{\text{GF}}{\text{FA}}＝1$，　$\dfrac{1}{2} \times \dfrac{5}{3} \times \dfrac{\text{GF}}{\text{FA}}＝1$

よって，$\dfrac{\text{GF}}{\text{FA}}＝\dfrac{6}{5}$

したがって，AF：FG＝5：6となり，AG：FG＝11：6である。

ここで，△ABC：△BFC＝AG：FGであるから，

△ABC：△BFC＝11：6

ゆえに．△ABC＝$\dfrac{11}{6}$△BFCとなり，△ABCは△BFCの$\dfrac{11}{6}$倍

＜参考＞　下の図のような場合に，面積比は，

△ABC：△PBC＝$(a+b)：b$である。

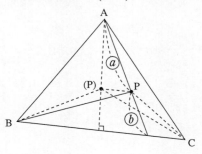

(5)　同時に5個を取り出し，赤玉を2個，白玉を3個取り出す確率であるから，

$$\frac{{}_4C_2 \times {}_5C_3}{{}_9C_5} = \frac{10}{21}$$

【２】体積　$\dfrac{32\sqrt{7}}{3}$　　半径　$\dfrac{4\sqrt{14}-2\sqrt{7}}{7}$

〈解説〉底面は一辺の長さが4である正方形BCDEなので，対角線の交点をFとすると，BF＝$2\sqrt{2}$

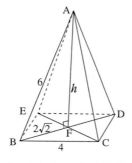
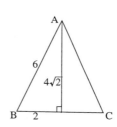

よって，正四角錐の高さhは，

$$h = \sqrt{6^2-(2\sqrt{2})^2} = \sqrt{28} = 2\sqrt{7}$$

よって，正四角錐の体積Vは，

$$V = \frac{1}{3} \times \square BCDE \times h = \frac{1}{3} \times 4^2 \times 2\sqrt{7} = \frac{32\sqrt{7}}{3}$$

内接球の半径をrとする。

△ABCの高さは，$\sqrt{6^2-2^2} = 4\sqrt{2}$ なので，

$\triangle ABC = \dfrac{1}{2} \times 4 \times 4\sqrt{2} = 8\sqrt{2}$ であり，

$$V = \frac{1}{3}(\triangle ABC + \triangle ACD + \triangle ADE + \triangle AEB) \times r + \frac{1}{3} \times \square BCDE \times r$$

と表せる。

$$\frac{1}{3}(8\sqrt{2} \times 4 + 4^2) \times r = \frac{32\sqrt{7}}{3}, \quad (2\sqrt{2}+1)r = 2\sqrt{7}$$

ゆえに，$r = \dfrac{2\sqrt{7}}{2\sqrt{2}+1} = \dfrac{4\sqrt{14}-2\sqrt{7}}{7}$

【3】 $x=6$

〈解説〉平面の方程式を $ax+by+cz+d=0$ とおいて，

3点A(3, −5, 3)，B(2, 3, 5)，C(1, −1, 3)を通るから，

$$\begin{cases} 3a-5b+3c+d=0 \\ 2a+3b+5c+d=0 \\ a-b+3c+d=0 \end{cases}$$

これらの式から，$a=\dfrac{d}{4}$，$b=\dfrac{d}{8}$，$c=-\dfrac{3d}{8}$

よって，平面の方程式は，

$\dfrac{d}{4}x+\dfrac{d}{8}y-\dfrac{3d}{8}z+d=0$，$2x+y-3z+8=0$

D(x, −2, 6)はこの平面上にあるから，

$2x-2-18+8=0$

ゆえに，$x=6$

【4】 $\dfrac{25}{2}\pi$

〈解説〉$x=\sqrt{y+1}$ のグラフは次の図のようになる。

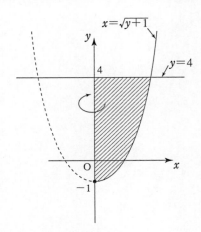

$x^2=y+1$　$(x\geqq0)$

よって，求める回転体の体積Vは，

$$V = \pi \int_{-1}^{4} x^2 \, dy = \pi \int_{-1}^{4} (y+1) \, dy = \pi \left[\frac{(y+1)^2}{2} \right]_{-1}^{4} = \frac{25}{2}\pi$$

【５】 $-\dfrac{13}{85}$

〈解説〉$\dfrac{\pi}{2} < \alpha < \pi$，$0 < \beta < \dfrac{\pi}{2}$，$\sin\alpha = \dfrac{4}{5}$，$\cos\beta = \dfrac{15}{17}$より，

$\cos\alpha = -\sqrt{1 - \left(\dfrac{4}{5}\right)^2} = -\dfrac{3}{5}$，$\sin\beta = \sqrt{1 - \left(\dfrac{15}{17}\right)^2} = \dfrac{8}{17}$

よって，

$$\cos(\alpha - \beta) = \cos\alpha\cos\beta + \sin\alpha\sin\beta$$
$$= \left(-\frac{3}{5}\right) \times \frac{15}{17} + \frac{4}{5} \times \frac{8}{17} = -\frac{13}{85}$$

【６】① 概念　　② 数理的　　③ 関数　　④ 批判的
　　　⑤ 多面的

〈解説〉「各学年の目標及び内容」については最も重要なので，学習指導
　　要領を精読し，確実に理解する必要がある。そして，各学年の目標，
　　内容や，細かい各単元の指導内容や指導計画の作成については実際の
　　授業展開に即して，解決ができるようにしておきたい。

【高等学校】

【１】$3a + 2b + 4c = 0$　…①

　　$2a + 3b - c = 0$　…②

　　①×３－②×２より

　　$5a + 14c = 0$，$\dfrac{a}{14} = -\dfrac{c}{5}$

　　②×３－①×２より

　　$5b - 11c = 0$，$-\dfrac{b}{11} = -\dfrac{c}{5}$

　　$\dfrac{a}{14} = -\dfrac{b}{11} = -\dfrac{c}{5} = k(\neq 0)$とおくと，

　　$a = 14k$，$b = -11k$，$c = -5k$

　　よって

$$与式 = \frac{2 \cdot 14k + (-11k) + 5 \cdot (-5k)}{14k + (-11k) + (-5k)} = \frac{-8k}{-2k} = 4$$

〈解説〉解答参照。

【2】(1)　1桁の数は3個

2桁の数は十の位が3通り，一の位が4通りであるから　$3 \times 4 = 12$〔個〕

3桁の数は百の位が3通り，下2桁が4通りであるから　$3 \times 4^2 = 48$〔個〕

4桁の数は同様に　$3 \times 4^3 = 192$〔個〕

5桁の数は同様に　$3 \times 4^4 = 768$〔個〕　だから

4桁までの数は　$3 + 12 + 48 + 192 = 255$〔個〕

5桁までの数は　$255 + 768 = 1023$〔個〕

よって321番目の数は5桁の数である。

ここで，10□□□の形の数は　$4^3 = 64$〔個〕あり　$255 + 64 = 319$〔個〕だから

321番目の数は11□□□の形の数の2番目である。

したがって求める数は　11001

(2)　(1)より

1桁，2桁の数の個数の合計は15〔個〕

1□□，2□□の形の数は　$2 \times 4^2 = 32$〔個〕

30□，31□の形の数は　$2 \times 4 = 8$〔個〕

したがって321は，$15 + 32 + 8 + 2 = 57$番目にある。

〈解説〉(1)　具体的にこの数列がどのようになっているかを3桁の最初の数くらいまでを調べる。1桁の数は3〔個〕，2桁の数は3×4〔個〕，3桁の数は3×4^2〔個〕，4桁の数は3×4^3〔個〕，…が分かる。また，4桁までの合計個数は255個，5桁までの合計個数が1023個あることから，321番目は5桁の数であることが分かるとよい。　(2)　3桁の数で，321の近くの数列は，…，233，300，301，302，303，310，311，312，313，320，321，のようになっていることが分かるとよい。

【3】$\sin\theta + \cos\theta = t$ とおくと,

$t = \sqrt{2}\sin\left(\theta + \dfrac{\pi}{4}\right)$ となり

$0 \leqq \theta < 2\pi$ より　$-\sqrt{2} \leqq t \leqq \sqrt{2}$　…① 　となる。

また, $\sin\theta + \cos\theta = t$ を両辺2乗すると,

$\sin^2\theta + 2\sin\theta\cos\theta + \cos^2\theta = t^2$, $1 + 2\sin\theta\cos\theta = t^2$ より,

$\sin\theta\cos\theta = \dfrac{t^2 - 1}{2}$ となる。

よって, 不等式は, $t + \dfrac{t^2 - 1}{2} + a + 4 \leqq 0$

$a \leqq -\dfrac{1}{2}t^2 - t - \dfrac{7}{2}$

右辺を　$f(t) = -\dfrac{1}{2}t^2 - t - \dfrac{7}{2}$ とおくと,

題意を満たすのは, ①の範囲において, a が $f(t)$ の最小値以下のときである。

$f(t) = -\dfrac{1}{2}t^2 - t - \dfrac{7}{2} = -\dfrac{1}{2}(t+1)^2 - 3$

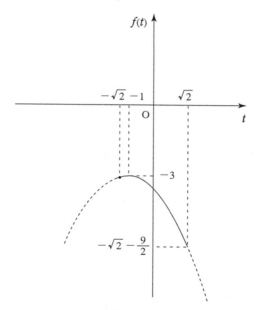

ここで, ①より, $t = \sqrt{2}$　のとき最小値をとる。

$f(\sqrt{2})=-\sqrt{2}-\dfrac{9}{2}$ となるので，求める定数aの値の範囲は，

$a\leqq-\sqrt{2}-\dfrac{9}{2}$

〈解説〉$\sin\theta+\cos\theta=t$とおいて，三角関数の合成からtの範囲を求める。

そして，不等式をaとtの式で表し，$a\leqq-\dfrac{1}{2}t^2-t-\dfrac{7}{2}$から，右辺の$t$の2

次関数のとり得る範囲を求めればよい。題意のaは$-\dfrac{1}{2}t^2-t+4$

$(-\sqrt{2}\leqq t\leqq\sqrt{2})$の最小値以下である。

【4】(1) $|\vec{a}-2\vec{b}|=4$の両辺を2乗すると，

$|\vec{a}|^2-4\vec{a}\cdot\vec{b}+4|\vec{b}|^2=16$

$9-4\vec{a}\cdot\vec{b}+16=16$

$\vec{a}\cdot\vec{b}=\dfrac{9}{4}$

(2) 点Cは，辺OA上にあるので，$0\leqq k\leqq1$である実数kを用いて，$\vec{OC}=k\vec{a}$とおける。

$\vec{BC}=\vec{OC}-\vec{OB}$

$\quad=k\vec{a}-\vec{b}$ となる。

$\vec{OA}\cdot\vec{BC}=\vec{a}\cdot(k\vec{a}-\vec{b})$

$\quad\quad\quad=9k-\vec{a}\cdot\vec{b}$

$\vec{OA}$，$\vec{BC}$は垂直なので，

$9k-\vec{a}\cdot\vec{b}=0$ より，

$9k-\dfrac{9}{4}=0$

ゆえに，$k=\dfrac{1}{4}$($0\leqq k\leqq1$を満たす。)

よって，$\vec{OC}=\dfrac{1}{4}\vec{a}$

(3) $\vec{BC}=\vec{OC}-\vec{OB}=\dfrac{1}{4}\vec{a}-\vec{b}$

$$|\overrightarrow{BC}|^2 = \left|\frac{1}{4}\overrightarrow{a} - \overrightarrow{b}\right|^2$$

$$= \frac{1}{16}|\overrightarrow{a}|^2 - \frac{1}{2}\overrightarrow{a}\cdot\overrightarrow{b} + |\overrightarrow{b}|^2$$

$$= \frac{9}{16} - \frac{9}{8} + 4$$

$$= \frac{55}{16}$$

よって，$|\overrightarrow{BC}| = \dfrac{\sqrt{55}}{4}$

〈解説〉解答参照。

【5】(1)　$f(x) = (2-x)e^x$ より

$f'(x) = -e^x + (2-x)e^x = (1-x)e^x$

$f''(x) = -e^x + (1-x)e^x = -xe^x$

$f'(x) = 0$ とすると，$x = 1$

$f''(x) = 0$ とすると，$x = 0$

$f(x)$ の増減やグラフの凹凸は，次の表のようになる。

x	$\cdots$	0	$\cdots$	1	$\cdots$
$f'(x)$	$+$	$+$	$+$	0	$-$
$f''(x)$	$+$	0	$-$	$-$	$-$
$f(x)$	↗	変曲点 2	↗	極大 e	↘

ここで，$\displaystyle\lim_{x\to-\infty}f(x) = 0$，$\displaystyle\lim_{x\to\infty}f(x) = -\infty$　である。

よって，グラフの概形は，次のようになる。

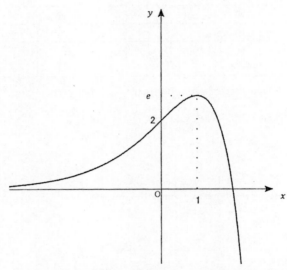

(2)　(1)より，曲線$y=f(x)$上の点$(t,\ f(t))$における接線ℓの方程式は，

$y-(2-t)e^t=(1-t)e^t(x-t)$

すなわち，$y=(1-t)e^t x+(t^2-2t+2)e^t$

この直線ℓが点$(a,\ 0)$を通るとき

$(1-t)e^t a+(t^2-2t+2)e^t=0$　$\cdots$①

$t=1$は方程式①の解ではないから，$t\neq1$としてよい。

また，$e^t>0$であるから，①より

$a=\dfrac{t^2-2t+2}{t-1}=t+\dfrac{1}{t-1}-1$

$g(t)=t+\dfrac{1}{t-1}-1$　とすると，

$g'(t)=1-\dfrac{1}{(t-1)^2}=\dfrac{t^2-2t}{(t-1)^2}=\dfrac{t(t-2)}{(t-1)^2}$

$g'(t)=0$とすると，$t=0,\ 2$

$g(t)$の増減は，次の表のようになる。

t	$\cdots$	0	$\cdots$	1	$\cdots$	2	$\cdots$
$g'(t)$	+	0	−		−	0	+
$g(t)$	↗	極大 −2	↘		↘	極小 2	↗

$$\lim_{t \to \infty} g(t) = \infty, \quad \lim_{t \to -\infty} g(t) = -\infty, \quad \lim_{t \to 1+0} g(t) = \infty, \quad \lim_{t \to 1-0} g(t) = -\infty$$

よって，$y=g(t)$のグラフの概形は，次のようになる。

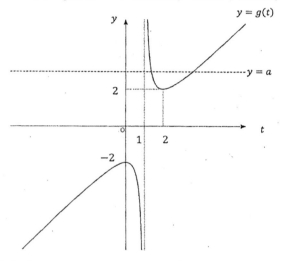

したがって，(1)より，$a=g(t)$を満たす実数tの個数が，接線の本数に一致するから，求める接線の本数は，

$a<-2$，$2<a$のとき2本

$a=\pm2$のとき1本

$-2<a<2$のとき0本

〈解説〉(1)　$\lim_{x \to -\infty} f(x)=0$，$\lim_{x \to \infty} f(x)=-\infty$に注意する。　　(2)　$y=f(x)$上の点$(t, f(t))$における接線の方程式を求めて，点$(a, 0)$を通ることから，tに関する方程式を導く。実数解の個数と接線の本数が一致していることに注目する。

2020年度　実施問題

【中学校】

【1】次の(1)～(5)の問いに答えよ。

(1) 次の式 $\dfrac{1}{1+\dfrac{1}{a+\dfrac{1}{b}}}=\dfrac{4}{7}$ を満たす自然数a, bを求めよ。

(2) 7^{47}の一の位の数を求めよ。

(3) $3x^3+(y-3)x^2-y$を因数分解せよ。

(4) 次の平行四辺形ABCDにおいて，∠ACDの大きさを求めよ。

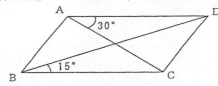

(5) さいころを3回ふって，1回目に出た目よりも2回目に出た目の方が大きくなり，さらに3回目に出た目が2回目に出た目よりも大きくなる確率を求めよ。

(☆☆☆◎◎◎)

【2】次の図において，直線ℓと点A，Bがある。点Pが直線ℓ上を動くとき，AP－BPが最大になるときの値を求めよ。

図

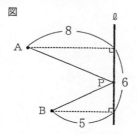

(☆☆☆◎◎◎)

【3】次の図は，原点をOとする座標平面上に$y=x^2$と$y=\dfrac{8}{x}$のグラフを示したものである。点Aは2つのグラフの交点，点Bはx軸上にあり，x座標が8，点Cはy軸上にあり，y座標が3である。

点Dが線分OB上にあるとき，△ACBと△ADBの面積が等しくなる点Dの座標を求めよ。

図

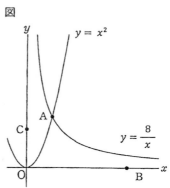

(☆☆☆◎◎◎)

【4】楕円$x^2+4y^2=4$と直線$y=x+k$が異なる2点で交わるとき，定数kのとりうる値の範囲を求めよ。

(☆☆☆◎◎◎)

【5】放物線$y=-x^2+3x+2$と$y=x-1$で囲まれた図形の面積を求めよ。

(☆☆☆◎◎◎)

【6】点$(1，2，-3)$を通り，ベクトル$\vec{a}=(3，-1，2)$に平行な直線lと，点$(4，-3，1)$を通り，ベクトル$\vec{b}=(3，7，-2)$に平行な直線mの交点の座標を求めよ。

(☆☆☆◎◎◎)

【7】 次の文は，中学校学習指導要領(平成29年3月告示)の「第2章　各教科　第3節　数学　第1　目標」である。(①)～(⑤)に入る語句を書け。

> 数学的な見方・(①)を働かせ，数学的活動を通して，数学的に考える(②)・能力を次のとおり育成することを目指す。
>
> (1)　数量や図形などについての基礎的な概念や原理・法則などを理解するとともに，事象を(③)したり，数学的に解釈したり，数学的に表現・処理したりする技能を身に付けるようにする。
>
> (2)　数学を活用して事象を論理的に考察する力，数量や図形などの性質を見いだし(④)・発展的に考察する力，数学的な表現を用いて事象を簡潔・明瞭・的確に表現する力を養う。
>
> (3)　数学的活動の楽しさや数学のよさを(⑤)して粘り強く考え，数学を生活や学習に生かそうとする態度，問題解決の過程を振り返って評価・改善しようとする態度を養う。

(☆☆☆◎◎◎)

【高等学校】

【1】 方程式$|x^2+x-2|-x-k=0$の異なる実数解の個数を調べなさい。ただし，kは実数とする。

(☆☆☆◎◎◎)

【2】 $x^2-xy-6y^2-2x+11y+5=0$ …①　とするとき，次の各問いに答えなさい。

(1)　①の方程式をxについて解きなさい。

(2)　①を満たす整数値の組(x, y)をすべて求めなさい。

(☆☆☆◎◎◎)

【3】 半径1の球に含まれる直円錐のうち，その側面積が最大になるときの側面積の値を求めなさい。

(☆☆☆◎◎◎)

【4】 初項9，公差3の等差数列$\{a_n\}$，初項$\frac{1}{9}$，公比$\frac{1}{3}$の等比数列$\{b_n\}$がある。また，数列$\{c_n\}$があり，

$$S_n = \sum_{k=1}^{n} a_k b_k c_k$$

とすると，$S_n = \frac{1}{2}(n+1)(n+2)(n+3)$ $(n=1, 2, 3\cdots)$である。このとき，次の各問いに答えなさい。

(1) 等差数列$\{a_n\}$，等比数列$\{b_n\}$の一般項をそれぞれ求めなさい。

(2) 数列$\{c_n\}$の一般項を求めなさい。

(☆☆☆◎◎◎)

【5】 円$(x-1)^2+y^2=4$で囲まれた図形をy軸のまわりに1回転してできる立体の体積を求めなさい。

(☆☆☆◎◎◎)

解答・解説

【中学校】

【1】 (1) $a=1$, $b=3$　　(2) 3　　(3) $(x-1)(3x^2+xy+y)$

(4) $105°$　　(5) $\frac{5}{54}$

〈解説〉(1) (与式)$= \dfrac{1}{1+\dfrac{b}{ab+1}} = \dfrac{4}{7}$ $\Leftrightarrow$ $\dfrac{ab+1}{ab+1+b} = \dfrac{4}{7}$ $\Leftrightarrow$

$7(ab+1)=4(ab+1+b)$

$\Leftrightarrow$ $3ab-4b+3=0$ $\Leftrightarrow$ $b(4-3a)=3$

a, bは自然数なので，$(b, 4-3a)=(1, 3)$, $(3, 1)$となる。

ここで，$(b, 4-3a)=(1, 3)$のとき，

$(a, b)=\left(\dfrac{1}{3}, 1\right)$となり$a$が自然数ではないので不適。

$(b, 4-3a)=(3, 1)$のとき，$(a, b)=(1, 3)$となる。

(2)　$7^1=7$, $7^2=49$, $7^3=343$, $7^4=2401$, $7^5=16807$, …と続く。したがって，7^nの1の位をk_nとすると，$k_1=7$, $k_2=9$, $k_3=3$, $k_4=1$, $k_5=7$, $k_6=9$, $k_7=3$, $k_8=1$, …となっているので，$k_{4m-3}=7$, $k_{4m-2}=9$, $k_{4m-1}=3$, $k_{4m}=1$　（mは自然数）

と表すことができる。よって，7^{47}の1の位は$k_{47}=k_{4\times12-1}=3$である。

(3)　(与式)$=3x^3+x^2y-3x^2-y=x^2y-y+3x^3-3x^2$

$\qquad\qquad=(x^2-1)y+3x^2(x-1)=(x-1)(x+1)y+3x^2(x-1)$

$\qquad\qquad=(x-1)\{(x+1)y+3x^2\}=(x-1)(3x^2+xy+y)$

(4)　次の図1のように，ACとBDの交点をEとする。

図1

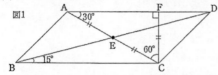

このとき，点Eは平行四辺形の2本の対角線の交点なのでAE＝CE…①となる。また，点Cから辺ADに垂線を引き，ADとの交点をFとする。∠CAD＝30°，∠AFC＝90°なので∠ACF＝60°となる。したがって，△ACFは3つの角が30°，60°，90°の直角三角形なので，辺の比がCF：AC＝1：2…②であり，①と②からCF＝AE＝CE…③となる。

次に，下の図2について，EFを線で結ぶと，△ECFはCE＝CF，∠ECF＝60°なので，正三角形である。

図2

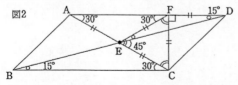

したがって，CE＝CF＝EF…④，∠CEF＝60°…⑤となる。③，④からEA＝EFである。またAD//BCなので錯角が等しいことより，∠ECB＝

∠EAD＝30°であり，∠EDF＝∠EBC＝15°…⑥である。△EBCの∠BECの外角なので，∠CED＝∠EBC＋∠ECB＝15°＋30°＝45°…⑦である。⑤と⑦より∠FED＝60°－45°＝15°…⑧なので，⑥，⑧より　△FEDは∠FDE＝∠FED＝15°の二等辺三角形であり，FE＝FD…⑨である。④と⑨からFD＝FCとなり，∠CFD＝90°なので△CDFは直角二等辺三角形より，∠DCF＝45°である。したがって，∠ACD＝∠ACF＋∠DCF＝60°＋45°＝105°

(5)　1回目，2回目，3回目の目の出方を(1回目，2回目，3回目)と表すこととする。問題の条件に合う目の出方は，(4，5，6)，(3，4，5)，(3，4，6)，(3，5，6)，(2，3，4)，(2，3，5)，(2，3，6)，(2，4，5)，(2，4，6)，(2，5，6)，(1，2，3)，(1，2，4)，(1，2，5)，(1，2，6)，(1，3，4)，(1，3，5)，(1，3，6)，(1，4，5)，(1，4，6)，(1，5，6)の20通りある。3回のサイコロの目の出方は全部で$6^3＝216$〔通り〕ある。よって，その確率は$\dfrac{20}{216}＝\dfrac{5}{54}$

【2】$3\sqrt{5}$

〈解説〉三角不等式より，AP－BP≦AB　…①

ここで，$AB^2＝6^2＋(8－5)^2＝45$

ゆえに，$AB＝3\sqrt{5}$

したがって，AP－BPの最大値は$3\sqrt{5}$

用いた不等式①の証明は以下の通りである。

$|x＋y|≦|x|＋|y|$において，xを$x－y$と置き換えると，

$|(x－y)＋y|≦|x－y|＋|y|$

よって，$|x|－|y|≦|x－y|$

【3】$\left(\dfrac{9}{2},\ 0\right)$

〈解説〉点Dはx軸上にあるのでD(d，0)とおく。点Aは$y＝x^2$と$y＝\dfrac{8}{x}$との交点なので，$x^2＝\dfrac{8}{x}$より$x^3＝8$となる。これを解いて$x＝2$となる。このとき，$y＝4$よりA(2，4)と分かる。ここで直線ABの傾きは$\dfrac{4－0}{2－8}＝－\dfrac{2}{3}$で

ある。△ACBと△ADBの面積が等しくなるので，これら2つの三角形の底辺を線分ABとすれば，点Cと点Dは直線ABと平行な直線上にあることがわかる。したがって，C(0, 3)とD(d, 0)の傾きが$-\frac{2}{3}$と等しくなればよいので，$\frac{3-0}{0-d}=-\frac{2}{3}$　これを解いて$d=\frac{9}{2}$　よってDの座標は$\left(\frac{9}{2},\ 0\right)$

【4】$-\sqrt{5}<k<\sqrt{5}$

〈解説〉楕円と直線の共有点のx座標を求める方程式は，$x^2+4(x+k)^2=4$

これを整理して，$5x^2+8kx+4k^2-4=0\cdots$①

①の判別式をDとすると，楕円と直線が異なる2点で交わるとき$D>0$となるので，

$(4k)^2-5\times(4k^2-4)>0$

これを整理して，$k^2-5<0$

これを解いて，$-\sqrt{5}<k<\sqrt{5}$

【5】$\frac{32}{3}$

〈解説〉放物線と直線の共有点のx座標を求める方程式は，

$-x^2+3x+2=x-1$より，$x^2-2x-3=0$

これを解くと，$(x+1)(x-3)=0$より，$x=-1$，3となる。

したがって，放物線と直線で囲まれた部分の面積は，

$$\int_{-1}^{3}\{(-x^2+3x+2)-(x-1)\}dx =\int_{-1}^{3}\{-(x+1)(x-3)\}dx$$
$$=\frac{|-\{3-(-1)\}^3|}{6}=\frac{64}{6}=\frac{32}{3}$$

【6】$\left(\frac{11}{2},\ \frac{1}{2},\ 0\right)$

〈解説〉点(1, 2, −3)を通り，$\vec{d}=(3,\ -1,\ 2)$に平行な直線の方程式を媒介変数sを用いて表すと，

$(x,\ y,\ z)=(1,\ 2,\ -3)+s(3,\ -1,\ 2)=(3s+1,\ -s+2,\ 2s-3)\cdots$①

点(4，−3，1)を通り，$\vec{b}=(3，7，−2)$に平行な直線の方程式を媒介変数tを用いて表すと，

$(x, y, z)=(4，−3，1)+t(3，7，−2)=(3t+4，7t−3，−2t+1)$…②

①と②の共有点なので$(3s+1，−s+2，2s−3)=(3t+4，7t−3，−2t+1)$

$$\begin{cases} 3s+1=3t+4 \\ -s+2=7t-3 \\ 2s-3=-2t+1 \end{cases}$$

これを解いて，$s=\dfrac{3}{2}$，$t=\dfrac{1}{2}$

これと①，②より，$(x, y, z)=\left(\dfrac{11}{2}，\dfrac{1}{2}，0\right)$

【７】①　考え方　　②　資質　　③　数学化　　④　統合的　　⑤　実感

〈解説〉教科の「目標」は，非常に重要なので，学習指導要領だけではなく，学習指導要領解説もあわせて理解するとともに，用語などもしっかり覚えておきたい。

【高等学校】

【１】(i)　$x^2+x-2\geqq0$　すなわち　$(x-1)(x+2)\geqq0$より　$x\leqq-2，1\leqq x$のとき

　　　方程式は　　$x^2+x-2-x=k$

　　　　　　　　　$x^2-2=k$　…①

(ii)　$x^2+x-2<0$　すなわち　$(x-1)(x+2)<0$より　$-2<x<1$のとき

　　　方程式は　　$-x^2-x+2-x=k$

　　　　　　　　　$-x^2-2x+2=k$

　　　　　　　　　$-(x+1)^2+3=k$　…②

①②の左辺を$f(x)$とおくと$y=f(x)$の放物線と$y=k$の直線の交点の個数が求める異なる実数解の個数であるからグラフより

$2<k<3$　のとき　4個

$k=2,\ 3$　のとき　3個

$-1<k<2,\ 3<k$　のとき　2個

$k=-1$　のとき　1個

$k<-1$　のとき　0個

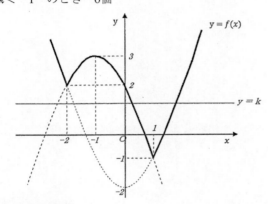

〈解説〉解答参照。

【2】(1)　$x=\dfrac{(y+2)\pm\sqrt{25y^2-40y-16}}{2}$

(2)　xが整数であるためには，根号の中が平方数でなければならない。

$25y^2-40y-16=N^2$　$(N\geqq0,\ N$は整数$)$　とおくと

$(5y-4)^2-32=N^2$

$\{(5y-4)+N\}\{(5y-4)-N\}=32$

$N,\ y$は整数であるから，32の約数を考えると

$5y-4+N\geqq5y-4-N$　だから

$(5y-4+N,\ 5y-4-N)=(-1,\ -32),\ (32,\ 1),\ (-2,\ -16),\ (16,\ 2),$
$\qquad\qquad\qquad\qquad\qquad\quad(-4,\ -8),\ (8,\ 4)$

$N,\ y$の連立方程式を解いて，$N\geqq0$とyが整数となるものだけを取り出す。

$(N,\ y)=(2,\ 2),\ (7,\ -1)$

xを①から求めて

$(x,\ y)=(1,\ 2),\ (3,\ 2),\ (4,\ -1),\ (-3,\ -1)$

〈解説〉解答参照。

【3】次図は直円錐の軸(頂点Aと底面の中心Hを通る直線)を含む平面による切り口で，Oは球の中心である。

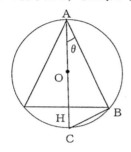

$\angle \mathrm{BAC} = \theta$ $\left(0 < \theta < \dfrac{\pi}{2}\right)$ とすると　$\angle \mathrm{ABC} = \dfrac{\pi}{2}$　だから

$\mathrm{AB} = \mathrm{AC}\cos\theta$

$\mathrm{BH} = \mathrm{AB}\sin\theta$

$\mathrm{AC} = 2$ より

$\mathrm{AB} = 2\cos\theta$,　$\mathrm{BH} = 2\cos\theta\sin\theta$

よって直円錐の側面積 $S(\theta)$ は

$$S(\theta) = \pi\,\mathrm{AB}\cdot\mathrm{BH}$$
$$= 4\pi\cos^2\theta\sin\theta$$
$$= 4\pi(1-\sin^2\theta)\sin\theta$$

ここで，$\sin\theta = t$ $(0 < t < 1)$ とおくと

$$S(\theta) = f(t) = 4\pi(1-t^2)t$$
$$= 4\pi(t-t^3) \quad (0 < t < 1)$$

$$S'(\theta) = f'(t) = 4\pi(1-3t^2)$$

t	0	$\cdots$	$\dfrac{1}{\sqrt{3}}$	$\cdots$	1
$f'(t)$		+	0	−	
$f(t)$		↗	極大	↘	

増減表より $f(t)$ は $t = \dfrac{1}{\sqrt{3}}$ のとき極大かつ最大で，このとき側面積の最大値は　$f\left(\dfrac{1}{\sqrt{3}}\right) = \dfrac{8\sqrt{3}}{9}\pi$

〈解説〉解答参照。

【4】(1) 数列 $\{a_n\}$ は初項9，公差3の等差数列であるから

$a_n = 9 + (n-1) \times 3 = 3n + 6$

数列 $\{b_n\}$ は初項 $\dfrac{1}{9}$，公比 $\dfrac{1}{3}$ の等比数列であるから

$b_n = \dfrac{1}{9}\left(\dfrac{1}{3}\right)^{n-1} = \left(\dfrac{1}{3}\right)^{n+1}$

(2) $\displaystyle S_n = \sum_{k=1}^{n} a_k b_k c_k$

$\qquad = \dfrac{1}{2}(n+1)(n+2)(n+3)$ より

$a_1 b_1 c_1 = S_1 = \dfrac{1}{2} \cdot 2 \cdot 3 \cdot 4 = 12$, $9 \cdot \dfrac{1}{9} \cdot c_1 = 12$ から $c_1 = 12$

$n \geqq 2$ のとき

$a_n b_n c_n = S_n - S_{n-1}$

$\qquad = \dfrac{1}{2}(n+1)(n+2)(n+3) - \dfrac{1}{2}n(n+1)(n+2)$

$\qquad = \dfrac{3}{2}(n+1)(n+2)$

ここで，$a_n = 3n + 6$, $b_n = \dfrac{1}{3^{n+1}}$ より

$(3n+6) \cdot \dfrac{1}{3^{n+1}} \cdot c_n = \dfrac{3}{2}(n+1)(n+2)$

よって $c_n = \dfrac{3(n+1)(n+2)3^{n+1}}{2(3n+6)} = \dfrac{(n+1)3^{n+1}}{2}$

以上より $c_1 = 12$，$n \geqq 2$ のとき $c_n = \dfrac{(n+1)3^{n+1}}{2}$

〈解説〉解答参照。

【5】円$(x-1)^2+y^2=4$で囲まれた図形はx軸に対称である。

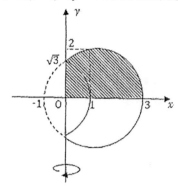

ここで$(x-1)^2=4-y^2$より$x=1\pm\sqrt{4-y^2}$であるから，図の斜線部分をy軸のまわりに1回転させてできる立体の体積をVとすると

$$V=\int_0^2 \pi (1+\sqrt{4-y^2})^2 dy-\int_{\sqrt3}^2 \pi (1-\sqrt{4-y^2})^2 dy$$

$$=\pi \int_0^{\sqrt3}(5-y^2)dy+2\pi\left(\int_0^2\sqrt{4-y^2}\,dy+\int_{\sqrt3}^2\sqrt{4-y^2}\,dy\right)$$

$y=2\sin\theta$　$\left(0\leqq\theta\leqq\dfrac{\pi}{2}\right)$　とおくと　$\dfrac{dy}{d\theta}=2\cos\theta$　より

$\sqrt{4-y^2}\,dy=4\cos^2\theta\,d\theta=2(1+\cos2\theta)d\theta$

y	$0\to2$
θ	$0\to\dfrac{\pi}{2}$

y	$\sqrt3\to2$
θ	$\dfrac{\pi}{3}\to\dfrac{\pi}{2}$

となるから

$$\int_0^2\sqrt{4-y^2}\,dy+\int_{\sqrt3}^2\sqrt{4-y^2}\,dy$$

$$=\int_0^{\frac{\pi}{2}}(2+2\cos2\theta)d\theta+\int_{\frac{\pi}{3}}^{\frac{\pi}{2}}(2+2\cos2\theta)d\theta$$

$$=\Big[2\theta+\sin2\theta\Big]_0^{\frac{\pi}{2}}+\Big[2\theta+\sin2\theta\Big]_{\frac{\pi}{3}}^{\frac{\pi}{2}}=\dfrac{4}{3}\pi-\dfrac{\sqrt3}{2}$$

$$V = \pi \left[5y - \frac{y^3}{3}\right]_0^{\sqrt{3}} + 2\pi\left(\frac{4}{3}\pi - \frac{\sqrt{3}}{2}\right) = 3\sqrt{3}\,\pi + \frac{8}{3}\pi^2$$

よって求める立体の体積は

$$2V = 6\sqrt{3}\,\pi + \frac{16}{3}\pi^2$$

〈解説〉解答参照。

【中学校】

【１】 次の(1)～(5)の問いに答えよ。

(1) 2つの数$\dfrac{35}{14}$と$\dfrac{55}{21}$のそれぞれに，ある分数をかけると，その値が自然数となる。このときの分数のうち最小のものを求めよ。

(2) 方程式$3x^2-2x-6=0$の2つの解をa，bとするとき，a^3+b^3の値を求めよ。

(3) $\sqrt{11a}<35$のとき，$\sqrt{11a}$が整数となるような正の整数aをすべて求めよ。

(4) ある中学校の2年生は全員で84人である。そのうち，夏休みにプールを利用した人が52人，図書館を利用した人が68人，両方とも利用した人と両方とも利用しなかった人を合わせると66人であった。図書館だけを利用した人の数を求めよ。

(5) 次の資料は，ある中学校の生徒11人が10日間に読んだ本の冊数を示したものである。資料を整理してみると，中央値と平均値が等しいことがわかった。

　　Ａさんの読んだ本の冊数を求めよ。

資料

生徒	A	B	C	D	E	F	G	H	I	J	K
冊数（冊）		2	1	4	2	1	5	4	1	6	3

(☆◎◎◎)

【２】 次の図において，AP：PB＝3：2，BQ：QC＝4：1，AR：RC＝3：5のとき，△PQRの面積は△ABCの面積の何倍であるか求めよ。

78

図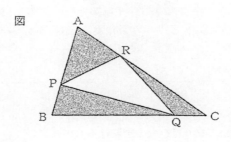

(☆○○○)

【3】 次の極限を求めよ。

$$\lim_{x\to 0} \frac{1-\cos x}{\sqrt{1+x^2}-\sqrt{1-x^2}}$$

(☆☆○○○)

【4】 AB＝2，BC＝3，∠B＝90°の直角三角形ABCの内部に，次の図のように正方形 a_1，a_2，a_3，…，a_nを作る。

下の(1)，(2)の問いに答えよ。

図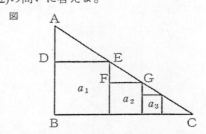

(1) △ADEと△EFGは相似である。相似比を求めよ。

(2) a_1，a_2，a_3，…，a_nの面積の和を求めよ。

(☆☆○○○)

【5】 次の曲線と直線で囲まれた図形をy軸のまわりに1回転してできる立体の体積を求めよ。

$$y=\sqrt{2x-3}，y=\sqrt{5}，x=0，y=0$$

(☆☆○○○)

【6】次の文は，中学校学習指導要領(平成20年3月告示)の「第2章　各教科　第3節　数学　第2　各学年の目標及び内容〔第3学年〕2　内容〔数学的活動〕(1)」について記したものである。(①)～(⑤)に入る語句をかきなさい。

---

(1)　「A(①)」，「B図形」，「C関数」及び「D資料の活用」の学習やそれらを(②)に関連付けた学習において，次のような数学的活動に取り組む機会を設けるものとする。

ア　既習の数学を基にして，数や(③)などを見いだし，発展させる活動

イ　日常生活や(④)で数学を利用する活動

ウ　数学的な(⑤)を用いて，根拠を明らかにし筋道立てて説明し伝え合う活動

(☆☆☆◎◎◎)

【高等学校】

【1】$0 \leqq x \leqq a$ における2次関数 $f(x) = x^2 - 2x + 2$ の最大値 $M(a)$ と最小値 $m(a)$ をそれぞれ求めなさい。ただし，$a \geqq 0$ とする。

(☆☆☆◎◎◎)

【2】n が整数のとき，$n^5 - n$ は30で割り切れることを証明しなさい。

(☆☆☆◎◎◎)

【3】実数 x，y が3つの不等式 $x^2 + y^2 \leqq 25$，$x \geqq 0$，$y \geqq 0$ を同時に満たしているとき，$3x + 4y$ の最大値を求めなさい。また，そのときの x，y の値を求めなさい。

(☆☆☆◎◎◎)

【4】△ABCにおいて，AB＝1，BC＝2，CA＝2とする。辺ACの中点をMとし，頂点Aから辺BCに下ろした垂線と直線BMとの交点をPとする。

このとき，次の各問いに答えなさい。

(1) 内積 $\overrightarrow{AB} \cdot \overrightarrow{AC}$ を求めなさい。

(2) $\overrightarrow{AP}$ を $\overrightarrow{AB}$ と $\overrightarrow{AC}$ を用いて表しなさい。

(☆☆☆◎◎◎)

【5】 n を0以上の整数とする。$I_n = \displaystyle\int_0^{\frac{\pi}{2}} \sin^n x \, dx$ とするとき，次の各問いに答えなさい。

(1) I_0，I_1 を求めなさい。

(2) $n \geqq 2$ のとき，I_n と I_{n-2} の関係式を作りなさい。

(3) I_n を求めなさい。

(☆☆☆◎◎◎)

解答・解説

【中学校】

【1】 (1) $\dfrac{42}{5}$　　(2) $\dfrac{116}{27}$　　(3) 11, 44, 99　　(4) 17人

(5) 4冊

〈解説〉(1)　14と21の最小公倍数は42，35と55の最大公約数は5，よって，題意を満たす最小の分数は，$\dfrac{42}{5}$

(2)　解と係数の関係より，$a+b=\dfrac{2}{3}$，$ab=-2$　よって，

与式 $=(a+b)^3-3ab(a+b)=\dfrac{8}{27}+4=\dfrac{116}{27}$

(3)　題意より，aは自然数nを使って，$a=11n^2$と表せる。

与式より，$a<\dfrac{1225}{11}=111.3\dot{6}$だから，

$a=11$，44，99

(4)　プールだけ利用した人の人数をa人，図書館だけ利用した人の人

数をb人，両方利用した人の人数をc人，どちらも利用しなかった人の人数をd人とすると，題意より，

$a+b+c+d=84$　…①

$a+c=52$　…②

$b+c=68$　…③

$c+d=66$　…④

①，④より，$a+b=18$　…⑤

(②＋③＋⑤)÷2より，$a+b+c=69$　よって，②より，$b=17$〔人〕

(5)　Aさんが読んだ本の冊数をm，平均値をnとすると，$29+m=11n$で，題意よりnは整数だから，

$n>\dfrac{29}{11}=2.63$より，$n=3$

よって，$m=4$　ゆえに，Aさんが読んだ本の冊数は4〔冊〕

【２】$\dfrac{33}{100}$倍

〈解説〉$\triangle APR=\dfrac{3}{8}\cdot\dfrac{3}{5}\triangle ABC=\dfrac{9}{40}\triangle ABC$

$\triangle BPQ=\dfrac{2}{5}\cdot\dfrac{4}{5}\triangle ABC=\dfrac{8}{25}\triangle ABC$

$\triangle CQR=\dfrac{1}{5}\cdot\dfrac{5}{8}\triangle ABC=\dfrac{1}{8}\triangle ABC$

よって，

$\triangle PQR=\triangle ABC-\dfrac{9}{40}\triangle ABC-\dfrac{8}{25}\triangle ABC-\dfrac{1}{8}\triangle ABC$

$=\left(1-\dfrac{9}{40}-\dfrac{8}{25}-\dfrac{1}{8}\right)\triangle ABC=\dfrac{33}{100}\triangle ABC$

ゆえに，$\dfrac{33}{100}$〔倍〕

【３】$\dfrac{1}{2}$

〈解説〉$\dfrac{1-\cos x}{\sqrt{1+x^2}-\sqrt{1-x^2}}$

$=\dfrac{(1-\cos x)(1+\cos x)(\sqrt{1+x^2}+\sqrt{1-x^2})}{(1+\cos x)(\sqrt{1+x^2}-\sqrt{1-x^2})(\sqrt{1+x^2}+\sqrt{1-x^2})}$

$$=\frac{\sqrt{1+x^2}+\sqrt{1-x^2}}{2(1+\cos x)}\cdot\left(\frac{\sin x}{x}\right)^2$$

よって，与式$=\dfrac{1+1}{2(1+1)}\cdot 1^2=\dfrac{1}{2}$

【4】 (1)　$5:3$　　(2)　$\dfrac{9}{4}\left\{1-\left(\dfrac{9}{25}\right)^n\right\}$

〈解説〉 a_1の一辺の長さをx_1, a_2の一辺の長さをx_2, …, a_nの一辺の長さを x_nとし，Bを原点，直線BCをx軸，直線ABをy軸，直線EFとx軸との交点をHとすると，直線ACの方程式は$2x+3y=6$，直線BEの方程式は$y=x$だから，各点の座標は，A$(0,\ 2)$，B$(0,\ 0)$，C$(3,\ 0)$，D$\left(0,\ \dfrac{6}{5}\right)$，E$\left(\dfrac{6}{5},\ \dfrac{6}{5}\right)$，BD$=\dfrac{3}{5}$ABとなる。

(1)　題意より，△ABC∽△EHCであり，相似比は同じだから，

AD：EF＝AB：DB$=2:\dfrac{6}{5}=5:3$

(2)　数列$\{a_n\}$は等比数列で，その初項は，$\left(\dfrac{6}{5}\right)^2=\dfrac{36}{25}$，公比は，$\left(\dfrac{3}{5}\right)^2$ $=\dfrac{9}{25}$

よって，求める面積の和は，

$$\frac{\dfrac{36}{25}}{1-\dfrac{9}{25}}\left\{1-\left(\dfrac{9}{25}\right)^n\right\}=\frac{9}{4}\left\{1-\left(\dfrac{9}{25}\right)^n\right\}$$

【5】 $6\sqrt5\ \pi$

〈解説〉 与式より，$x=\dfrac{1}{2}(y^2+3)$

よって，求める体積をVとすると，

$$V=\frac{1}{4}\pi\int_0^{\sqrt5}x^2dy=\frac{1}{4}\pi\int_0^{\sqrt5}(y^4+6y^2+9)\,dy=\frac{1}{4}\pi\left[\frac{1}{5}y^5+2y^3+9y\right]_0^{\sqrt5}$$

$$=\frac{1}{4}\pi(5+10+9)\sqrt5=6\sqrt5\ 〔\pi〕$$

【6】 ①　数と式　　②　相互　　③　図形の性質　　④　社会

⑤　表現

〈解説〉「各学年の目標及び内容」については，学習指導要領だけではな
　　く，学習指導要領解説とあわせて，整理し，理解・記憶しておくよう
　　にするとよい。

【高等学校】

【 1 】 $f(x)=x^2-2x+2=(x-1)^2+1$ より，グラフは次の図のようになり，
　 $x=0$ のとき，$y=2$

　　また，$y=2$ となる x の値は2である。

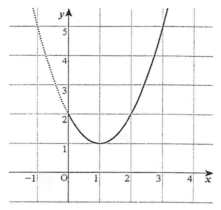

　よって，$0 \leqq x \leqq a$ における最大値，最小値は，以下のようになる。

i)　$0 \leqq a<1$ のとき，

　　$M(a)=f(0)=2$,

　　$m(a)=f(a)$

ii)　$1 \leqq a \leqq 2$ のとき，

　　$M(a)=f(0)=2$,

　　$m(a)=f(1)=1$

iii)　$2<a$ のとき，

　　$M(a)=f(a)$,

　　$m(a)=f(1)=1$

以上より，

　　　最大値$M(a)$は，$0≦a≦2$のとき2，$2<a$のときa^2-2a+2，

　　　最小値$m(a)$は，$0≦a<1$のときa^2-2a+2，$1≦a$のとき1

〈解説〉解答参照。

【2】 $n^5-n=n(n^2+1)(n+1)(n-1)$であり，$n-1$，n，$n+1$は連続する3つ
　　　の整数なので，3数の中には少なくとも1つの偶数が含まれ，また，い
　　　ずれか1つは3の倍数である。ゆえに，$n(n+1)(n-1)$は，2の倍数かつ3
　　　の倍数より，6の倍数である。

　　　さらに，nは整数kを用いて，$5k$，$5k+1$，$5k+2$，$5k+3$，$5k+4$のいず
　　　れかで表される。

　　① 　nが$5k$，$5k+1$，$5k+4$のいずれかのとき，

　　　　n，$n-1$，$n+1$のいずれかが5の倍数であり，n^5-nは5の倍数となる。

　　② 　$n=5k+2$のとき，

　　　　$\begin{aligned}n^2+1 &=(5k+2)^2+1\\ &=25k^2+20k+4+1\\ &=5(5k^2+4k+1)\end{aligned}$

　　　より，n^2+1は5の倍数であり，n^5-nは5の倍数となる。

　　③ 　$n=5k+3$のとき，

　　　　$\begin{aligned}n^2+1 &=(5k+3)^2+1\\ &=25k^2+30k+9+1\\ &=5(5k^2+6k+2)\end{aligned}$

　　　　より，n^2+1は5の倍数であり，n^5-nは5の倍数となる。

　　　①，②，③より，いずれのnの場合にもがn^5-nは5の倍数となる。

　　　よって，n^5-nが5の倍数かつ6の倍数より，5と6は互いに素だから，30
　　　の倍数となる。

　　　ゆえに，n^5-nは30で割りきれる。

〈解説〉解答参照。

【3】 $D=\{(x,\ y)|x^2+y^2≦25,\ x≧0,\ y≧0\}$とおく。

　　　領域Dは，原点中心，半径5の円の内側で，第1象限内の部分(境界線は

含む)である。

$3x+4y=k$ とおいて，線形計画法で求める。

直線 $3x+4y=k$ が領域 D と共有点をもつ k の値の範囲
を求めればよい。

k の値が最大となるのは，直線と円弧が接するときである。

$3x+4y=k$ より

$x^2+y^2=25$ に代入して

$25x^2-6kx+k^2-400=0$ …①

判別式 $\dfrac{D}{4}=-16k^2+10000=0$ より

$k=\pm25$

$k>0$ なので $k=25$

このとき $x=3$，$y=4$

よって，

$x=3$，$y=4$ のとき，

$3x+4y$ の最大値25

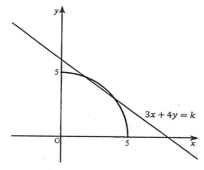

〈解説〉解答参照。

【4】(1)　△ABCについて余弦定理より，

$$\cos A=\frac{2^2+1^2-2^2}{2\times1\times2}=\frac{1}{4}$$

ゆえに，　$\overrightarrow{\mathrm{AB}}\cdot\overrightarrow{\mathrm{AC}}=|\overrightarrow{\mathrm{AB}}|\times|\overrightarrow{\mathrm{AC}}|\times\cos A=1\times2\times\dfrac{1}{4}=\dfrac{1}{2}$

(2)　点Pが線分BMを$s : (1-s)$に内分するとして，

$$\overrightarrow{AP} = (1-s)\overrightarrow{AB} + s\overrightarrow{AM}$$

$$= (1-s)\overrightarrow{AB} + \frac{1}{2}s\overrightarrow{AC} \quad \cdots ①$$

$\overrightarrow{AP} \cdot \overrightarrow{BC} = 0$より

$\overrightarrow{AP} \cdot \overrightarrow{BC}$

$$= \left\{ (1-s)\overrightarrow{AB} + \frac{1}{2}s\overrightarrow{AC} \right\} \cdot (\overrightarrow{AC} - \overrightarrow{AB})$$

$$= (s-1)|\overrightarrow{AB}|^2 + \left(1 - \frac{3}{2}s\right)\overrightarrow{AB} \cdot \overrightarrow{AC} + \frac{1}{2}s|\overrightarrow{AC}|^2$$

$$= (s-1) \times 1 + \left(1 - \frac{3}{2}s\right) \times \frac{1}{2} + \frac{1}{2}s \times 2^2$$

$$= \frac{9}{4}s - \frac{1}{2}$$

ここで，$\dfrac{9}{4}s - \dfrac{1}{2} = 0$より

$$s = \frac{2}{9}$$

ゆえに，①に代入して

$$\overrightarrow{AP} = \frac{7}{9}\overrightarrow{AB} + \frac{1}{9}\overrightarrow{AC}$$

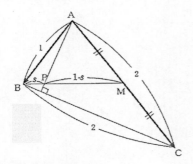

〈解説〉解答参照。

【5】(1)　与式に，$n=0$，1を代入すると，

$$I_0 = \int_0^{\frac{\pi}{2}} \sin^0 x dx = \left[x \right]_0^{\frac{\pi}{2}} = \frac{\pi}{2}$$

$$I_1 = \int_0^{\frac{\pi}{2}} \sin^1 x dx = \left[-\cos x \right]_0^{\frac{\pi}{2}} = 1$$

(2)　$\displaystyle I_n = \int_0^{\frac{\pi}{2}} \sin^n x dx = \int_0^{\frac{\pi}{2}} \sin^{n-1} x \cdot (-\cos x)' dx$

$$= \left[\sin^{n-1} x \cdot (-\cos x) \right]_0^{\frac{\pi}{2}} - \int_0^{\frac{\pi}{2}} (n-1) \sin^{n-2} x \cdot \cos x (-\cos x) dx$$

$$= \left[\sin^{n-1} x \cdot (-\cos x) \right]_0^{\frac{\pi}{2}} + \int_0^{\frac{\pi}{2}} (n-1) \sin^{n-2} x \cdot \cos^2 x dx$$

$$= (n-1) \int_0^{\frac{\pi}{2}} \sin^{n-2} x \cdot \cos^2 x dx$$

$$= (n-1) \int_0^{\frac{\pi}{2}} \sin^{n-2} x \cdot (1 - \sin^2 x) dx$$

$$= (n-1) \int_0^{\frac{\pi}{2}} \sin^{n-2} x dx - (n-1) \int_0^{\frac{\pi}{2}} \sin^n x dx$$

$$= (n-1) I_{n-2} - (n-1) I_n$$

よって，

$$n I_n = (n-1) I_{n-2}$$

以上より，

$$I_n = \frac{n-1}{n} I_{n-2} \quad \text{ただし，} n \geqq 2$$

(3)　(1)，(2)より

n が奇数のとき

$$I_n = \frac{n-1}{n} \cdot \frac{n-3}{n-2} \cdot \frac{n-5}{n-4} \cdot \cdots \cdot \frac{2}{3} I_1$$

$$= \frac{n-1}{n} \cdot \frac{n-3}{n-2} \cdot \frac{n-5}{n-4} \cdot \cdots \cdot \frac{2}{3} \cdot 1$$

$$= \frac{(n-1)!!}{n!!}$$

n が偶数のとき

$$I_n = \frac{n-1}{n} \cdot \frac{n-3}{n-2} \cdot \frac{n-5}{n-4} \cdot \cdots \cdot \frac{1}{2} I_0$$

$$= \frac{n-1}{n} \cdot \frac{n-3}{n-2} \cdot \frac{n-5}{n-4} \cdot \cdots \cdot \frac{1}{2} \cdot \frac{\pi}{2}$$

$$= \frac{\pi}{2} \cdot \frac{(n-1)!!}{n!!}$$

〈解説〉解答参照。

2018年度　　実施問題

【中学校】

【1】次の(1)～(5)の問いに答えよ。

(1)　$x^4 + 2x^3y - 2xy^3 - y^4$を因数分解しなさい。

(2)　ある水そうに水道管で水を満たすのに，Aの管では12分，Bの管では18分かかる。

　　両方の管を一緒に使って水を入れると，何分何秒でいっぱいになるか求めよ。

(3)　次の図は，点A，B，C，Dを中心とした，扇形を組み合わせて作った図形を方眼紙に示したものである。影をつけた部分の面積を求めよ。ただし，円周率はπとする。

図

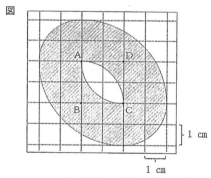

(4)　3つのサイコロA，B，Cを投げたとき，出た目の数をそれぞれa，b，cとする。このとき，$a>b>c$となる確率を求めよ。ただし，サイコロはどの目が出ることも同様に確からしいものとする。

(5)　あるバス停における10日間の利用人数を調べたところ，平均値は30人であり，各日における利用人数は次のようになった。

[　37　　A　　27　　28　　30　　32　　30　　22　　B　　27　]
(単位は人)

さらに，この10日間の利用人数の最頻値がただ1つに決まり，それが30人であったとするとき，*A*および*B*の値を求めよ。ただし，*A*>*B*とする。

(☆☆☆◎◎◎)

【2】次の図のように，AB＝4，BC＝5，CA＝3で，∠A＝90°の直角三角形ABCに円が内接している。直角三角形と円が点D，E，Fで接しているとき，△CEFと△ABCの面積の比を求めよ。

図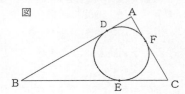

(☆☆☆◎◎◎)

【3】0°≦ θ ≦360°のとき，$2\cos^2\theta - 3\sin\theta < 0$を解きない。

(☆☆☆◎◎◎)

【4】次の図のように，同じ太さの600本の丸太を1段上がるごとに1本ずつ減らして積み重ねていく。ただし，最上段はこの限りではない。
下の(1)，(2)の問いに答えよ。

図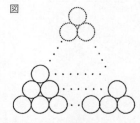

(1) 最下段には最小限で何本置かなければならないか求めよ。
(2) (1)のとき，最上段には，何本置かれているか求めよ。

(☆☆☆◎◎◎)

【5】曲線 $y^2＝x+1$ と直線 $x-y＝1$ で囲まれた部分の面積を求めよ。

(☆☆☆◎◎◎)

【6】次の文は，中学校学習指導要領(平成20年3月告示)の「第2章　各教科　第3節　数学　第1　目標」について記したものである。(①)〜(⑤)に入る語句を下のア〜コから選んで記号で答えよ。

> 　数学的活動を通して，(①)や図形などに関する基礎的な概念や原理・(②)についての理解を深め，(③)的な表現や処理の仕方を習得し，事象を(④)的に考察し表現する能力を高めるとともに，数学的活動の楽しさや数学のよさを実感し，それらを(⑤)して考えたり判断したりしようとする態度を育てる。

ア　数学　　イ　活用　　ウ　表現　　エ　操作　　オ　処理
カ　式　　　キ　法則　　ク　原則　　ケ　数量　　コ　数理

(☆☆☆◎◎◎)

【高等学校】

【1】図のように，円に内接する四角形ABCDの各辺の長さを p, q, r, s とするとき，四角形ABCDの2本の対角線の長さは次の式で表されることを示しなさい。

$$\sqrt{\frac{(pq+rs)(pr+qs)}{ps+qr}}, \quad \sqrt{\frac{(ps+qr)(pr+qs)}{pq+rs}}$$

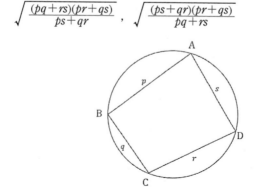

(☆☆☆◎◎◎)

【2】2つのベクトル $\vec{a}$，$\vec{b}$ が $|\vec{a}|=1$，$|\vec{b}|=3$，$|3\vec{a}-\vec{b}|=2\sqrt{3}$ を満たしているとき，$|\vec{a}+t\vec{b}|$を最小にするtの値とそのときの最小値を求めなさい。

(☆☆☆◎◎◎)

【3】2次方程式 $x^2+ax+b=0$ が $0\leqq x\leqq 1$ の範囲で少なくとも1つの実数解をもつように，実数a，bを定めるとき，点$(a,\ b)$の存在範囲を図示しなさい。

(☆☆☆◎◎◎)

【4】直線lは，点A$(0,\ 1,\ 4)$を通り，球面S：$x^2+y^2+(z-1)^2=1$と接しながら動く。このとき，直線lがxy平面と交わる点Pの軌跡を求めなさい。

(☆☆☆◎◎◎)

【5】次図のように，半径rの円O_1に内接する正六角形$A_1B_1C_1D_1E_1F_1$を考える。次に，この正六角形$A_1B_1C_1D_1E_1F_1$に内接する円O_2を描く。続いて，円O_2に内接する正六角形$A_2B_2C_2D_2E_2F_2$を考える。同様に，円O_3を描くというように，このような作業を限りなく続ける。このとき，このように描かれる全ての円O_1，O_2，O_3，$\cdots$の面積の総和Sを求めなさい。

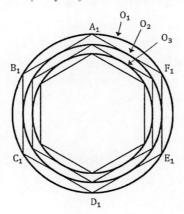

(☆☆☆◎◎◎)

【6】次図のように，半径1の球に外接している直円錐を考える。この直
円錐の体積が最小になるときの底面の円の半径rを求めなさい。

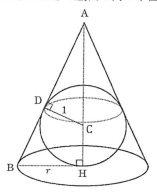

(☆☆☆◎◎◎)

解答・解説

【中学校】

【1】(1)　$(x+y)^3(x-y)$　　(2)　7分12秒　　(3)　$8\pi\,\mathrm{cm}^2$　　(4)　$\dfrac{5}{54}$
　　(5)　$A=37$，$B=30$

〈解説〉(1)　$x^4+2x^3y-2xy^3-y^4$

$=x^4-y^4+2x^3y-2xy^3$

$=(x^2+y^2)(x+y)(x-y)+2xy(x+y)(x-y)$

$=(x+y)(x-y)(x^2+y^2+2xy)$

$=(x+y)^3(x-y)$

(2)　水そうの容量を1とおく。

1分間に出る水の量はAの管は$\dfrac{1}{12}$，Bの管は$\dfrac{1}{18}$である。

A・B両方の管を一緒に使ったとき1分間に出る水の量は

$\dfrac{1}{12}+\dfrac{1}{18}=\dfrac{3+2}{36}=\dfrac{5}{36}$　である。

94

よって，水そうがいっぱいになるのは，

$1 \div \dfrac{5}{36} = \dfrac{36}{5}$分＝7分12秒　$(\because$　60秒$\times \dfrac{1}{5}$＝12秒$)$

(3)

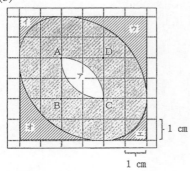

上図アの面積は，

$\left(\dfrac{1}{4} \pi \cdot 2^2 \right) \times 2 - 2 \times 2 = 2\pi - 4$〔cm²〕

上図イとエの面積は同じで，

$2 \times 2 - \dfrac{1}{4} \pi \cdot 2^2 = 4 - \pi$〔cm²〕

上図ウとオの面積は同じで，

$4 \times 4 - \dfrac{1}{4} \cdot \pi \cdot 4^2 = 16 - 4\pi$〔cm²〕

よって，求める面積は

$6 \times 6 - (2\pi - 4) - 2(4 - \pi) - 2(16 - 4\pi)$

$= 36 - 2\pi + 4 - 8 + 2\pi - 32 + 8\pi = 8\pi$〔cm²〕

(4)　全事象は$6 \times 6 \times 6 = 216$〔通り〕

サイコロの目1から6の6通りより，3つの目を選べば，目の数の大きい

方から順にa，b，cとなるので，

${}_6 C_3 = \dfrac{6 \cdot 5 \cdot 4}{3 \cdot 2 \cdot 1} = 20$〔通り〕　　よって，求める確率は，

$\dfrac{20}{216} = \dfrac{5}{54}$

(5)　平均値が30人より

$(37 + A + 27 + 28 + 30 + 32 + 30 + 22 + B + 27) \times \dfrac{1}{10} = 30$

$233+A+B=300$

$A+B=67$　…①

問題文の表において，A，Bを除くと，最頻値は27人と30人である。ここで，最頻値がただ1つに決まり，それが30人であるので，AまたはBのどちらかは30である。($\because$　$A \neq B$)

①にA＝30を代入すると，$B=37$

これは$A>B$に反するので不適。

①にB＝30を代入すると，$A=37$

これは$A>B$に適する。

以上より，$A=37$，$B=30$である。

【２】4：15

〈解説〉CF＝xとおく。

　AF＝AD＝$3-x$

　BD＝BE＝$4-(3-x)=1+x$

　EC＝$5-(1+x)=4-x$

　ここで，CF＝ECより，$x=4-x$　$\therefore$　$x=2$

　よって，

　$\triangle$CEF：$\triangle$ABC $= \dfrac{1}{2} \cdot$ CF $\cdot$ CE $\cdot \sin C$：$\dfrac{1}{2} \cdot$ CA $\cdot$ CB $\cdot \sin C$

　　　　　　　　　　　$= 2 \times 2$：3×5

　　　　　　　　　　　$= 4$：15

【３】$30° < \theta < 150°$

〈解説〉$2\cos^2\theta - 3\sin\theta < 0$　$(0° \leqq \theta \leqq 360°)$

　$2(1-\sin^2\theta) - 3\sin\theta < 0$

　$2-2\sin^2\theta - 3\sin\theta < 0$

　$2\sin^2\theta + 3\sin\theta - 2 > 0$

　$(2\sin\theta - 1)(\sin\theta + 2) > 0$

　$\therefore$　$\sin\theta > \dfrac{1}{2}$，$\sin\theta < -2$

　$0° \leqq \theta < 360°$より$-1 \leqq \sin\theta \leqq 1$なので，

$\sin\theta > \dfrac{1}{2}$

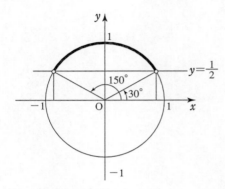

よって，$30°< \theta <150°$

【4】(1) 35本 (2) 6本

〈解説〉(1) 最下段にn本置いたとする。

1＋2＋3＋…＋n≧600となる最小のnであればよい。

$$\sum_{k=1}^{n} k \geqq 600$$

$$\frac{1}{2}n(n+1) \geqq 600$$

$$n(n+1) \geqq 1200$$

これを満たす最小の自然数nは35

よって，35本

(2) $1＋2＋3＋…＋35＝\dfrac{1}{2}\cdot 35\cdot 36＝630$

よって，最上段が1本，最下段が35本のとき，最上段より630－600＝30本分がない場合である。

1＋2＋…＋m＜30となる最大のmを求めると

$$\frac{1}{2}m(m+1) < 30$$

$$m(m+1) < 60$$

より，$m＝7$

最下段を35本にして630本を積んだとき，最上段から7段目までの合計

は

$$1+2+\cdots+7=\frac{1}{2} \cdot 7 \cdot (7+1)=28 \text{〔本〕}$$

となり，8段目に2本分余る。

よって，最下段を35本にして，600本を積んだときの最上段は

$$8-2=6 \text{〔本〕}$$

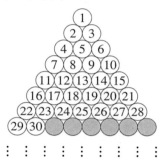

【5】$\dfrac{9}{2}$

〈解説〉$y^2=x+1$より，$x=y^2-1$　…①

　$x-y=1$より，$x=y+1$　…②

　①を②に代入して，$y^2-1=y+1$

　$y^2-y-2=0$

　$(y-2)(y+1)=0$

　∴　$y=-1, 2$　（交点のy座標）

　よって，①，②のグラフは次の図のようになる。

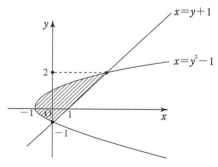

よって，求める面積は

$$\int_{-1}^{2}\{(y+1)-(y^2-1)\}dy$$

$$=\int_{-1}^{2}\{-(y^2-y-2)\}dy$$

$$=\int_{-1}^{2}\{-(y-2)(y+1)\}dy$$

$$=-\frac{-1}{6}(2+1)^3$$

$$=\frac{1}{6}\times 3^3$$

$$=\frac{9}{2}$$

【6】① ケ　② キ　③ ア　④ コ　⑤ イ

〈解説〉教科の目標は，重要なので，学習指導要領だけではなく，学習指導要領解説もあわせて理解するとともに，用語などもしっかり覚えておきたい。

【高等学校】

【1】∠A＝θとする。

△ABDと△BCDに余弦定理を用いて

$BD^2=p^2+s^2-2ps\cos\theta$　…①

$BD^2=q^2+r^2-2qr\cos(180°-\theta)$

$\quad=q^2+r^2+2qr\cos\theta$　…②

①×qr＋②×ps

$(qr+ps)BD^2=qr(p^2+s^2)+ps(q^2+r^2)$

$\qquad\qquad=(pq+rs)(pr+qs)$

$BD^2=\dfrac{(pq+rs)(pr+qs)}{qr+ps}$

BD＞0より，

$BD=\sqrt{\dfrac{(pq+rs)(pr+qs)}{ps+qr}}$

同様に，△ABCと△ACDから，

$$AC = \sqrt{\dfrac{(ps+qr)(pr+qs)}{pq+rs}}$$

〈解説〉①×qr＋②×psの因数分解は次の通り。

$$qrBD^2 = qrp^2 + qrs^2 - 2psqr\cos\theta$$
$$\underline{+)\quad psBD^2 = psq^2 + psr^2 + 2qrps\cos\theta}$$
$$(qr+ps)BD^2 = qrp^2 + qrs^2 + psq^2 + psr^2$$
$$= p^2qr + pq^2s + qrs^2 + pr^2s$$
$$= pq(pr+qs) + sr(qs+pr)$$
$$= (pq+sr)(pr+qs)$$

【2】 $|3\vec{a}-\vec{b}|=2\sqrt{3}$ より，$|3\vec{a}-\vec{b}|^2 = (2\sqrt{3})^2$

$$9|\vec{a}|^2 - 6\vec{a}\cdot\vec{b} + |\vec{b}|^2 = 12$$

$|\vec{a}|=1$，$|\vec{b}|=3$だから，$9-6\vec{a}\cdot\vec{b}+9=12$ 　∴ $\vec{a}\cdot\vec{b}=1$

$$|\vec{a}+t\vec{b}|^2 = |\vec{a}|^2 + 2t\vec{a}\cdot\vec{b} + t^2|\vec{b}|^2$$
$$= 9t^2 + 2t + 1$$
$$= 9\left(t+\dfrac{1}{9}\right)^2 + \dfrac{8}{9}$$

従って，$t=-\dfrac{1}{9}$のとき，$|\vec{a}+t\vec{b}|$は最小値$\dfrac{2\sqrt{2}}{3}$をとる。

〈解説〉解答参照。

【3】 $f(x)=x^2+ax+b$とする。$f(x)=\left(x+\dfrac{a}{2}\right)^2 + b - \dfrac{a^2}{4}$だから，

$y=f(x)$のグラフは軸$x=-\dfrac{a}{2}$，頂点$\left(-\dfrac{a}{2},\ b-\dfrac{a^2}{4}\right)$の放物線である。

題意を満たすためには，$y=f(x)$のグラフが，x軸と$0\leqq x\leqq 1$において少なくとも1つの共有点をもてばよい。そのためには，次の[Ⅰ]または[Ⅱ]を満たせばよい。

[Ⅰ] $f(0)f(1)\leqq 0$ ⇔ $\begin{cases}f(0)\geqq 0 \\ f(1)\leqq 0\end{cases}$ または $\begin{cases}f(0)\leqq 0 \\ f(1)\geqq 0\end{cases}$

$$\Leftrightarrow \quad \begin{cases} b \geqq 0 \\ 1+a+b \leqq 0 \end{cases} \quad \text{または} \quad \begin{cases} b \leqq 0 \\ 1+a+b \geqq 0 \end{cases}$$

$$\Leftrightarrow \quad \begin{cases} b \geqq 0 \\ b \leqq -a-1 \end{cases} \quad \text{または} \quad \begin{cases} b \leqq 0 \\ b \geqq -a-1 \end{cases}$$

$$[\text{II}] \quad \begin{cases} f(0) \geqq 0 \\ f(1) \geqq 0 \\ 0 \leqq -\dfrac{a}{2} \leqq 1 \\ b - \dfrac{a^2}{4} \leqq 0 \end{cases} \Leftrightarrow \begin{cases} b \geqq 0 \\ 1+a+b \geqq 0 \\ 0 \leqq -\dfrac{a}{2} \leqq 1 \\ b - \dfrac{a^2}{4} \leqq 0 \end{cases} \Leftrightarrow \begin{cases} b \geqq 0 \\ b \geqq -a-1 \\ -2 \leqq a \leqq 0 \\ b \leqq \dfrac{1}{4}a^2 \end{cases}$$

従って，題意を満たす点$(a,\ b)$の存在する範囲は，次図の斜線部分である。

ただし，境界線も含む。

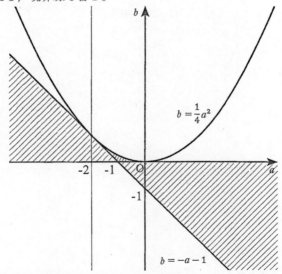

〈解説〉(参考)　放物線$b=\dfrac{1}{4}a^2$と直線$b=-a-1$の位置関係は，2式を連立して，

$\dfrac{1}{4}a^2 = -a-1$

$a^2 = -4a-4$

$(a+2)^2 = 0$

$a = -2$

よって，点$(-2,\ 1)$で接している。

【4】$P(X,\ Y,\ 0)$とし，点Pの軌跡をLとする。

直線AP上の点を$Q(x,\ y,\ z)$とすると，

$\overrightarrow{OQ} = \overrightarrow{OA} + t\overrightarrow{AP}$

$(x,\ y,\ z) = (0,\ 1,\ 4) + t(X,\ Y-1,\ -4)$

　∴　$x = tX,\ y = 1+t(Y-1),\ z = 4-4t$　…①

①を$x^2+y^2+(z-1)^2 = 1$に代入

$t^2X^2 + \{1+t(Y-1)\}^2 + (4-4t-1)^2 = 1$

$t^2X^2 + 1 + 2t(Y-1) + \{t(Y-1)\}^2 + 9 - 24t + 16t^2 = 1$

$\{X^2+(Y-1)^2+16\}t^2 + 2(Y-13)t + 9 = 0$　…②

直線APは球Sと接するので，tの2次方程式②は重解を持つ。

②の判別式$\dfrac{D}{4} = (Y-13)^2 - \{(X^2+(Y-1)^2+16\}\times 9 = 0$

これを整理して，

$9X^2 + 8Y^2 + 8Y - 16 = 0$

∴　$\dfrac{X^2}{2} + \dfrac{(2Y+1)^2}{9} = 1$

よって，求める点Pの軌跡Lは，楕円$\dfrac{x^2}{2} + \dfrac{(2y+1)^2}{9} = 1$，$z = 0$

〈解説〉解答参照。

【5】円O_1の中心をOとする。

円O_nの半径をr_nとすると，

$r_1 = r,\ r_2 = r_1 \cdot \cos\dfrac{\pi}{6} = \dfrac{\sqrt{3}}{2}r_1$だから，

$r_n = r \cdot \left(\dfrac{\sqrt{3}}{2}\right)^{n-1}$

円O_nの面積をS_nとすると，

$$S_n = \pi r_n^2 = \pi r^2\left(\frac{3}{4}\right)^{n-1}$$

よって，数列$\{S_n\}$は初項πr^2，公比$\frac{3}{4}$の無限等比数列である。

面積の総和Sは，初項πr^2，公比$\frac{3}{4}$の無限等比級数で表され，$\left|\frac{3}{4}\right|<1$

だから収束する。

したがって，$S=\dfrac{\pi r^2}{1-\frac{3}{4}}=4\pi r^2$

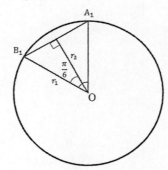

〈解説〉解答参照。

【6】$r>1$

直円錐の高さを$h\,(h>2)$とする。

$AH=h$，$AC=h-1$，$AB=\sqrt{r^2+h^2}$

$\triangle ABH \backsim \triangle ACD$より，$AB:AC=BH:CD$

$\sqrt{r^2+h^2}:(h-1)=r:1$

これをhについて解くと，　$\therefore\ h=\dfrac{2r^2}{r^2-1}$

直円錐の体積を$V(r)$とすると，

$$V(r)=\frac{1}{3}\pi r^2 h=\frac{1}{3}\pi r^2\cdot\frac{2r^2}{r^2-1}=\frac{2}{3}\pi\cdot\frac{r^4}{r^2-1}$$

$$V'(r)=\frac{4}{3}\pi\cdot\frac{r^3(r^2-2)}{(r^2-1)^2}$$

$V'(r) = 0$ のとき，$r = \sqrt{2}$

r	1	$\cdots$	$\sqrt{2}$	$\cdots$
$V'(r)$		$-$	0	$+$
$V(r)$		$\searrow$	極小 $\dfrac{8}{3}\pi$	$\nearrow$

　増減表から，直円錐の体積$V(r)$が最小となるのは，$r = \sqrt{2}$ のときである。

〈解説〉解答参照。

2017年度　実施問題

【中学校】

【1】次の(1)～(5)の問いに答えよ。

(1) $a=5.25$, $b=3.25$のときの, a^2-b^2の式の値を求めよ。

(2) 時速$x$kmで走っている自動車が, ブレーキをかけてからym進んで止まるときyはxの2乗に比例する。

　時速40kmで走っていた自動車が, ブレーキをかけてから16m進んで止まるとすると, 時速70kmで走った場合, ブレーキをかけてから何m進んで止まるかを求めよ。

(3) 次の図において, 点C, O, Dは線分AB上の点で, 線分AC, 線分CO, 線分OD, 線分DBはそれぞれ4cmである。また, 点EはABを直径とする半円の周上の点で, 点FはCDを直径とする半円と線分OEとの交点である。

　∠EOB＝140°のとき, 影をつけた部分の面積は, 扇形ODFの面積の何倍か求めよ。

図

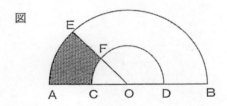

(4) 次のような5枚のカードがある。この5枚のカードをよくきって, 1枚ずつ取り出し, 取り出した順に左から右に並べて3けたの整数をつくる。

　この整数が3の倍数になる確率を求めよ。

(5)　次の資料は，ある中学校の生徒24人のハンドボール投げの記録である。

　　　中央値を求めよ。

22	16	17	27	13	25	13	24
16	25	19	14	18	15	26	30
12	17	15	28	11	24	26	27

（単位はm）

（☆○○○）

【２】次の図のように，点を六角形状に並べたとき，左隅からそれぞれの区切りまでに並ぶ点の個数の合計を1，6，15，……を六角数という。このとき，下の(1)，(2)の問いに答えよ。

図

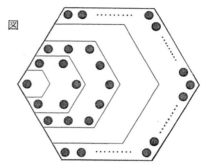

(1)　各区切りにある点の個数は順に1，5，9，……である。第n番目の区切りにある点の個数をnの式で表せ。

(2)　第n番目の六角数をnの式で表せ。

（☆☆☆○○○）

【３】正の数xに対して，次の式で表されるxの値を求めよ。

$$x = \sqrt{3 + \sqrt{3 + \sqrt{3 + \sqrt{3 + \sqrt{3 \cdots}}}}}$$

（☆☆☆☆○○○）

【4】 曲線$f(x)=x^3+ax+b$が$(x-2)^2$で割りきれるとき，定数a，bの値を求めよ。

(☆☆◎◎◎)

【5】 1辺の長さが2cmの立方体に外接する球の体積V_1と内接する球の体積V_2の体積の比をもっとも簡単な比で表せ。

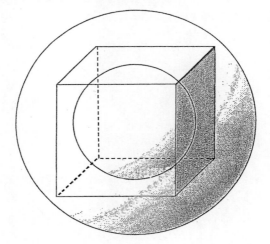

(☆☆◎◎◎)

【6】 曲線$y=x^2-2x+1$とx軸，y軸で囲まれた部分をy軸の周りに1回転してできる立体の体積を求めよ。

(☆☆☆◎◎◎)

【7】 次の文は，中学校学習指導要領(平成20年3月告示)の「第2章　各教科　第3節　数学　第2　各学年の目標及び内容　〔第2学年〕　1　目標　(1)　(2)」の抜粋である。(①)～(⑤)に入る語句をあとのア～コから選んで記号で答えよ。

> (1) 文字を用いた式について，目的に応じて(①)したり変形したりする能力を養うとともに，連立二元一次方程式について理解し用いる能力を培う。
>
> (2) 基本的な(②)の性質について，(③)，操作や実験などの活動を通して理解を深めるとともに，図形の性質の考察における数学的な(④)の必要性と意味及びその方法を理解し，論理的に考察し(⑤)する能力を養う。

ア	平面図形	イ	証明	ウ	処理	エ	推論
オ	表現	カ	判断	キ	空間図形	ク	観察
ケ	計算	コ	移項				

(☆☆☆◎◎◎)

【高等学校】

【1】次の(1)～(3)の設問に答えなさい。

(1) $1 \leqq x \leqq 4$における2次関数$f(x) = ax^2 - 4ax + a + b$の最大値が12，最小値が4であるとき，定数$a$, bの値を求めなさい。

(2) $(1 + \sqrt{3}\, i)^{10}$を計算しなさい。ただし，iは虚数単位とする。

(3) 「ハノイの塔」と呼ばれるパズルを考える。

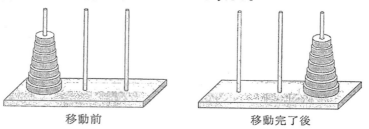

移動前　　　　　　　　　　　移動完了後

　上図のように，3本の柱のうちの1本に，大きさの異なるn枚の円盤が大きいものを下にして順番に積み重ねられている。これらの円盤すべてを図のように，他の2本の柱のいずれかに移動させるパズルである。

　ただし，移動の際には，次の2つの約束を守らなければならない。

[Ⅰ]　1回に動かせる円盤は1枚である。

[Ⅱ]　大きな円盤を小さな円盤の上に重ねることはできない。

n枚の円盤の移動が完了する最小の操作回数をa_nとする。

①　a_{n+1}とa_nの間の関係式を求めなさい。

②　a_nをnの式で表しなさい。

(☆☆◎◎◎)

【２】三角形の3本の中線は1点で交わることを証明しなさい。

(☆☆◎◎◎)

【３】正方形ABCDにおいて，図のように，対角線BDを3等分する点をP，Qとするとき，$\angle \mathrm{BAP} < \dfrac{\pi}{6} < \angle \mathrm{PAQ}$であることを示しなさい。

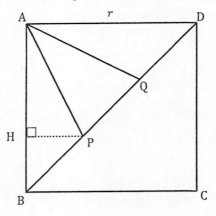

(☆☆☆◎◎◎)

【４】kを定数とするとき，方程式$k(x-1)^2 = |x|$の異なる実数解の個数を求めなさい。

(☆☆☆☆◎◎◎)

【5】曲線$y=\sin x\left(0\leqq x\leqq\dfrac{\pi}{2}\right)$と$x$軸および直線$x=\dfrac{\pi}{2}$で囲まれた部分の面積が，曲線$y=k\cos x\left(0\leqq x\leqq\dfrac{\pi}{2}\right)$によって2等分されるような定数$k$の値を求めなさい。

(☆☆☆☆◎◎◎)

解答・解説

【中学校】

【1】(1)　$a^2-b^2=(a+b)(a-b)=(5.25+3.25)\times(5.25-3.25)$

$\qquad\qquad=8.5\times2=17$　答　17

(2)　$y=ax^2$　より　$16=a\times40^2$　$a=\dfrac{1}{100}$

したがって　$y=\dfrac{1}{100}x^2$

$x=70$を代入して　$y=\dfrac{1}{100}\times70^2$　$y=49$　答　49m

(3)　①　扇形COFの面積$=16\pi\times\dfrac{40}{360}=\dfrac{16}{9}\pi$〔cm²〕

②　影をつけた部分の面積$=$(扇形AOE)$-$(扇形COF)

$\qquad\qquad=64\pi\times\dfrac{40}{360}-\dfrac{16}{9}\pi=\dfrac{48}{9}\pi=\dfrac{16}{3}\pi$〔cm²〕

③　扇形ODFの面積$=16\pi\times\dfrac{140}{360}=16\pi\times\dfrac{7}{18}=\dfrac{56}{9}\pi$〔cm²〕

②，③より　$\dfrac{6}{7}$倍　答　$\dfrac{6}{7}$倍

(4)　3けたの整数は$5\times4\times3=60$通りできる。

そのうち，3の倍数になるのは次の3枚のカードを使ったときである。

(1, 2, 3)　(1, 3, 5)　(2, 3, 4)　(3, 4, 5)

それぞれ3けたの整数は6通りずつできるので　$6\times4=24$通り

したがって　$\dfrac{24}{60}=\dfrac{2}{5}$　答　$\dfrac{2}{5}$

(5)　記録を順に並べると，18と19が中央にくる。

したがって中央値は　$\dfrac{18+19}{2}=18.5$　　答　中央値18.5m

〈解説〉1　(1)・(2)　解答参照

(3)　別解

影をつけた部分の面積をSとすると，

$S:(扇形COF):(扇形ODF)=(2^2-1):1:\dfrac{140}{40}=1:\dfrac{1}{3}:\dfrac{6}{7}$

よって，$\dfrac{6}{7}$倍

(4)　解答参照

(5)　記録を順に並べると，下記のようになる。

11	16	25
12	17	25
13	17	26
13	18	26
14	19	27
15	22	27
15	24	28
16	24	30

【2】(1)　$4n$(個)のうち3個重なっているので　$(4n-3)$個　　答　$4n-3$

個　　(2)　第n番目の区切りにある点の個数は　$(4n-3)$個であるから

$(4\times1-3)+(4\times2-3)+(4\times3-3)+\cdots\cdots+(4\times n-3)$

$=4(1+2+3+\cdots\cdots+n)-3n=4\times\dfrac{1}{2}n(n+1)-3n$

$=2n(n+1)-3n=n(2n-1)$　　答　$n(2n-1)$

〈解説〉(1)・(2)　解答参照

【3】両辺を2乗すると

$x^2=3+\underbrace{\sqrt{3+\sqrt{3+\sqrt{3+\cdots}}}}_{\text{この部分は}x\text{であるので}}$

$$x^2＝3+\underline{x}\quad x^2-x-3＝0\quad x＝\frac{1\pm\sqrt{3}}{2}\quad x＞0より$$

$$x＝\frac{1+\sqrt{13}}{2}\quad 答\quad x＝\frac{1+\sqrt{13}}{2}$$

〈解説〉問題文「正の数xに対して，次の式で表されるx」には，xが有限の確定値であること，即ちxは収束する数列の極限値である事が明言されてない。従って計算の前に，まずxが有限の確定値であることを証明する部分を補足として証明例を提示する。

証明例

数列$\{x_n\}$を，$x_1＝\sqrt{3}$，$x_{n+1}＝\sqrt{3+x_n}$ …①

で定めると，題意を満たすxは，　$x＝\lim_{n\to\infty}x$ …②　である。

まず数列$\{x_n\}$が収束することを，数学的帰納法によって証明する。

①より任意の自然数nに対して，$0＜x_n＜x_{n+1}$ …②　が成り立つ

（Ⅰ）　$x_1＝\sqrt{3}＜3$　である。

（Ⅱ）　$n＝k$　のとき，$(0＜)x_k＜3$　すなわち，$x_k-3＜0$　とすると①より，$x_{k+1}^2-3^2＝x_k-3-6＜0$　$x_{k+1}＞0$だから，$x_{k+1}＜3$

（Ⅰ），（Ⅱ）から，数学的帰納法により，すべての自然数について，

$x_n＜3$ …④　が成り立つ。

③，④より，数列$\{x_n\}$は上に有界な単調増加数列だから，収束する。

よって，xは有限確定値であるから，①，②より，

$x＝\sqrt{3+x}$　$x^2-x-3＝0$　$x＞0$　だから，$x＝\frac{1+\sqrt{13}}{2}$

【4】$f(x)$は$(x-2)$で割り切れるので，

$f(2)＝8+2a+b＝0$　よって

$b＝-2a-8$　したがって

$f(x)＝x^3+ax-2a-8＝x^3-8+a(x-2)$

　　　$＝(x-2)(x^2+2x+4)+a(x-2)＝(x-2)(x^2+2x+4+a)$

$g(x)＝x^2+2x+4+a$とおくと　$g(2)＝0$より

$g(2)＝4+4+4+a＝0$

$a＝-12$

$b=-2\times(-12)-8=16$　　答　$a=-12,\ b=16$

〈解説〉別解

題意より，$f(x)=x^3+ax+b=(x-2)^2Q(x)$ とおくと，

$f'(x)=3x^3+a=2(x-2)Q(x)+(x-2)^2Q'(x)$

$f(2)=2a+b+8=0$　…①

$f'(2)=a+12=0$　よって，$a=-12$　…②

②を①に代入して，$b=-2a-8=16$

【5】

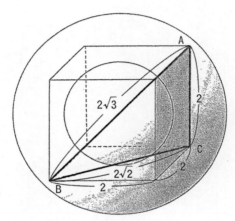

AB$=2\sqrt{3}$，BC$=2\sqrt{2}$，AC$=2$

V_1はABを直径とする球の体積であるので，半径は$\sqrt{3}$より

$V_1=\dfrac{4}{3}\pi\times(\sqrt{3})^3=4\sqrt{3}\ \pi$〔cm³〕

V_2は半径1cmの球であるので，$V_2=\dfrac{4}{3}\pi$〔cm³〕　したがって

$V_1:V_2=4\sqrt{3}\ \pi:\dfrac{4}{3}\pi=3\sqrt{3}:1$　答　$V_1:V_2=3\sqrt{3}:1$

〈解説〉別解

2つの球は相似な図形だから，

$V_1:V_2=\left(\dfrac{\mathrm{AB}}{2}\right)^3:\left(\dfrac{\mathrm{AC}}{2}\right)^3=(\sqrt{3})^3:1^3=3\sqrt{3}:1$

【６】

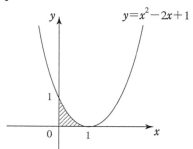

$y=x^2-2x+1$

$y=x^2-2x+1$　より　$y=(x-1)^2$

斜線部分を回転させる

体積$V=\pi\displaystyle\int_0^1 x^2 dy$

$y=x^2-2x+1$　より　$dy=(2x-2)dx$

yとxの対応は

x	0 → 1
y	1 → 0

なので

$V=\pi\displaystyle\int_0^1 x^2 dy=\pi\displaystyle\int_1^0 x^2(2x-2)dx=\pi\displaystyle\int_0^1(2x^2-2x^3)dx$

$=\pi\left[\dfrac{2}{3}x^3-\dfrac{1}{2}x^4\right]_0^1=\pi\left(\dfrac{2}{3}\times1^3-\dfrac{1}{2}\times1^4\right)=\dfrac{1}{6}\pi$　　答　$\dfrac{1}{6}\pi$

〈解説〉解答参照

【７】① ケ　② ア　③ ク　④ エ　⑤ オ

〈解説〉学習指導要領の「目標」部分は特によく出題されるので，重点的に読み込んでおきたい。また，記述式で出題される場合もあるので，穴埋め以外の対策も講じておく必要がある。

【高等学校】

【1】 (1) $f(x)=a(x-2)^2-3a+b$ より,

① $a>0$ のとき,

$$\begin{cases} f(4)=a+b=12 \\ f(2)=-3a+b=4 \end{cases}$$

よって, $a=2$, $b=10$ …(答)

② $a<0$ のとき,

$$\begin{cases} f(2)=-3a+b=12 \\ f(4)=a+b=4 \end{cases}$$

よって, $a=-2$, $b=6$ …(答)

(2) $1+\sqrt{3}\,i=2\left(\dfrac{1}{2}+\dfrac{\sqrt{3}}{2}i\right)=2\left(\cos\dfrac{\pi}{3}+i\sin\dfrac{\pi}{3}\right)$ だから,

$$(1+\sqrt{3}\,i)^{10}=\left\{2\left(\cos\dfrac{\pi}{3}+i\sin\dfrac{\pi}{3}\right)\right\}^{10}=2^{10}\left(\cos\dfrac{10\pi}{3}+i\sin\dfrac{10\pi}{3}\right)$$

$$=2^{10}\left(\cos\dfrac{4\pi}{3}+i\sin\dfrac{4\pi}{3}\right)$$

$$=2^{10}\left(-\dfrac{1}{2}-\dfrac{\sqrt{3}}{2}i\right)=-2^9(1+\sqrt{3}\,i)$$

$$=-512(1+\sqrt{3}\,i) \quad\text{…(答)}$$

(3) ① $n+1$ 枚の積み重ねられた円盤の一番下にある最も大きな円盤が移動できるときは, 残りの n 枚の円盤が残り2本の支柱の一方にすべて積み重ねられており, もう一方の支柱には何もない状態になっているときである。最も大きな円盤を移動した後, その上に残りの n 枚の円盤を移動させれば完成であるから,

$a_{n+1}=a_n+1+a_n$　∴　$a_{n+1}=2a_n+1$ …(答)

② $a_1=1$

$a_{n+1}=2a_n+1$ を変形して, $a_{n+1}+1=2(a_n+1)$

よって, 数列 $\{a_n+1\}$ は, 初項 $a_1+1=2$, 公比2の等比数列である。

$a_n+1=2\cdot2^{n-1}$　∴　$a_n=2^n-1$ …(答)

〈解説〉解答参照

【２】

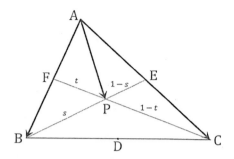

△ABCにおいて，BC，CA，ABの中点をそれぞれD，E，Fとする。
$\overrightarrow{AB} = \overrightarrow{b}$，$\overrightarrow{AC} = \overrightarrow{c}$　とする。

中線BEとCFの交点をPとし，BP：PE＝s：$(1-s)$，FP：PC＝t：$(1-t)$とおく。

$$\overrightarrow{AP} = (1-s)\,\overrightarrow{b} + s \cdot \frac{1}{2}\,\overrightarrow{c} \quad \cdots ①$$

$$\overrightarrow{AP} = (1-t) \cdot \frac{1}{2}\,\overrightarrow{b} + t\,\overrightarrow{c} \quad \cdots ②$$

$\overrightarrow{b}$ と $\overrightarrow{c}$ は1次独立だから，①，②より，
$$\begin{cases} 1-s = \dfrac{1}{2}(1-t) \\ \dfrac{1}{2}s = t \end{cases}$$

これを解いて，$s = \dfrac{2}{3}$，$t = \dfrac{1}{3}$　よって，$\overrightarrow{AP} = \dfrac{1}{3}\,\overrightarrow{b} + \dfrac{1}{3}\,\overrightarrow{c}$

このとき，$\overrightarrow{AP} = \dfrac{2}{3}\left(\dfrac{\overrightarrow{b}+\overrightarrow{c}}{2}\right) = \dfrac{2}{3}\,\overrightarrow{AD}$　と表されるから，点Pは中線AD上にある。ゆえに題意は示された。

〈解説〉別解1

題意より，$\dfrac{CE}{EA} = \dfrac{AF}{FB} = \dfrac{BD}{DC} = 1$　よって，チェバの定理の逆が成り立つので，3直線AD，BE，CFは1点Pで交わる。

別解2

斜交座標においても，直線の方程式は直行座標のときと同様にx，yの1次式で表されるので，本問は以下のように直行座標と同様の解き方ができる。

$\overrightarrow{AP} = x\overrightarrow{b} + y\overrightarrow{c}$ とする。題意より，

$\overrightarrow{AF} = \dfrac{1}{2}\overrightarrow{b}$, $\overrightarrow{AE} = \dfrac{1}{2}\overrightarrow{c}$, $\overrightarrow{AD} = \dfrac{1}{2}\overrightarrow{b} + \dfrac{1}{2}\overrightarrow{c}$ （直行座標において $\overrightarrow{b}$

をx軸の基本ベクトル，$\overrightarrow{c}$ をy軸の基本ベクトルとすると，$F\left(\dfrac{1}{2},\ 0\right)$,

$E\left(0,\ \dfrac{1}{2}\right)$, $D\left(\dfrac{1}{2},\ \dfrac{1}{2}\right)$ になる。これが斜交座標にも使える。）

Pは直線CF上の点だから，$y = -2x + 1$ …①

Pは直線BE上の点だから，$y = -\dfrac{1}{2}x + \dfrac{1}{2}$ …②

①，②より，$x = y = \dfrac{1}{3}$ よって，$\overrightarrow{AP} = \dfrac{1}{3}\overrightarrow{b} + \dfrac{1}{3}y\overrightarrow{c} = \dfrac{1}{3}\overrightarrow{AD}$

ゆえに点Pは中線AD上にあるので，題意は示された。

【3】

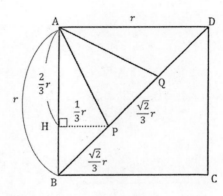

正方形の1辺の長さをrとする。上図で，

$AP = \sqrt{\left(\dfrac{2}{3}r\right)^2 + \left(\dfrac{1}{3}r\right)^2} = \dfrac{\sqrt{5}}{3}r$

△ABPにおいて，余弦定理より

$\cos\angle BAP = \dfrac{r^2 + \left(\dfrac{\sqrt{5}}{3}r\right)^2 - \left(\dfrac{\sqrt{2}}{3}r\right)^2}{2 \times r \times \dfrac{\sqrt{5}}{3}r} = \dfrac{\dfrac{4}{3}r^2}{\dfrac{2\sqrt{5}}{3}r^2} = \dfrac{2\sqrt{5}}{5}$

同様に，△APQにおいて，余弦定理より

117

$$\cos\angle\mathrm{PAQ}=\frac{\left(\frac{\sqrt{5}}{3}r\right)^2+\left(\frac{\sqrt{5}}{3}r\right)^2-\left(\frac{\sqrt{2}}{3}r\right)^2}{2\times\frac{\sqrt{5}}{3}r\times\frac{\sqrt{5}}{3}r}=\frac{\frac{8}{9}r^2}{\frac{10}{9}r^2}=\frac{4}{5}$$

また，$\cos\dfrac{\pi}{6}=\dfrac{\sqrt{3}}{2}$

$\left(\dfrac{2\sqrt{5}}{5}\right)^2=\left(\dfrac{4\sqrt{5}}{10}\right)^2=\dfrac{80}{100}$, $\left(\dfrac{4}{5}\right)^2=\left(\dfrac{8}{10}\right)^2=\dfrac{64}{100}$, $\left(\dfrac{\sqrt{3}}{2}\right)^2=\left(\dfrac{5\sqrt{3}}{10}\right)^2=\dfrac{75}{100}$ より，

$\dfrac{4}{5}<\dfrac{\sqrt{3}}{2}<\dfrac{2\sqrt{5}}{5}$　　∴　$\cos\angle\mathrm{PAQ}<\cos\dfrac{\pi}{6}<\cos\angle\mathrm{BAP}$

$0<\theta<\dfrac{\pi}{2}$において，$\cos\theta$ は単調減少なので，

∴　$\angle\mathrm{PAQ}>\dfrac{\pi}{6}>\angle\mathrm{BAP}$

〈解説〉解答参照

【４】$k(x-1)^2=|x|$　において，$x\neq1$　より，$k=\dfrac{|x|}{(x-1)^2}$

$f(x)=\dfrac{|x|}{(x-1)^2}$　とすると，与えられた方程式の異なる実数解の個数は，曲線 $y=f(x)$ と直線 $y=k$ の共有点の個数を調べればよい。

$g(x)=\dfrac{x}{(x-1)^2}$　とすると，$g'(x)=\dfrac{(x-1)^2-x\cdot2(x-1)}{(x-1)^4}=\dfrac{-(x+1)}{(x-1)^3}$

$g'(x)=0$　のとき，$x=-1$

また，$\displaystyle\lim_{x\to+\infty}g(x)=0$, $\displaystyle\lim_{x\to-\infty}g(x)=0$, $\displaystyle\lim_{x\to1-0}g(x)=+\infty$, $\displaystyle\lim_{x\to1+0}g(x)=+\infty$

x	$\cdots$	-1	$\cdots$	1	$\cdots$
$g'(x)$	$-$	0	$+$		$-$
$g(x)$	$\searrow$	極小 $-\dfrac{1}{4}$	$\nearrow$		$\searrow$

よって，$y=f(x)$ のグラフは次図のとおり。

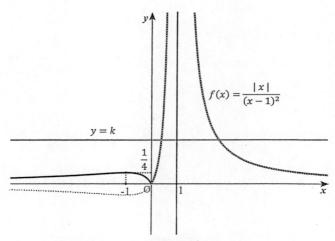

ゆえに，求める異なる実数解の個数は，

$$\begin{cases} k > \dfrac{1}{4} \text{のとき，2個} \\ k = \dfrac{1}{4} \text{のとき，3個} \\ 0 < k < \dfrac{1}{4} \text{のとき，4個} \quad \cdots \text{(答)} \\ k = 0 \text{のとき，1個} \\ k < 0 \text{のとき，0個} \end{cases}$$

〈解説〉別解

分数関数の導関数は，積の微分法で求めることもできる。

$g(x) = x(x-1)^{-2}$ とすると，

$$\begin{aligned} g'(x) &= x(x-1)^{-2} + x - 2(x-1)^{-3} \\ &= \{(x-1) - 2x\}(x-1)^{-3} \\ &= -(x+1)(x-1)^{-3} \quad \left(= -\frac{x+1}{(x-1)^3} \right) \end{aligned}$$

【5】2等分された部分の面積 S は，

$$S=\frac{1}{2}\int_0^{\frac{\pi}{2}}\sin x\,dx=\frac{1}{2}\Big[-\cos x\Big]_0^{\frac{\pi}{2}}=\frac{1}{2}$$

$0\le x\le\frac{\pi}{2}$ において，$k\cos x=\sin x$ …①を満たす実数はただ1つ存在する。

それを α とすると，①により，$k\cos\alpha=\sin\alpha$ …②

②を $\sin^2\alpha+\cos^2\alpha=1$ に代入して $(k\cos\alpha)^2+\cos^2\alpha=1$

$$\cos^2\alpha=\frac{1}{k^2+1}\qquad\cos\alpha>0 より \quad\therefore\quad\cos\alpha=\frac{1}{\sqrt{k^2+1}}\quad…③$$

このとき，$\sin\alpha>0$ より $\quad\therefore\quad\sin\alpha=\frac{k}{\sqrt{k^2+1}}\quad$…④

よって，$\alpha\le x\le\frac{\pi}{2}$ において，$\sin x\ge k\cos x$ であるから，

$$S=\int_\alpha^{\frac{\pi}{2}}(\sin x-k\cos x)dx=\Big[-\cos x-k\sin x\Big]_\alpha^{\frac{\pi}{2}}=-k+\cos\alpha+k\sin\alpha$$

$$=-k+\frac{1}{\sqrt{k^2+1}}+\frac{k^2}{\sqrt{k^2+1}}=\sqrt{k^2+1}-k\quad(\because\ \text{③④より})$$

$S=\frac{1}{2}$ であるから，$\sqrt{k^2+1}-k=\frac{1}{2}\qquad\therefore\quad k=\frac{3}{4}\quad$…(答)

〈解説〉解答参照

2016年度　実施問題

【中学校】

【1】　次の(1)〜(5)の問いに答えよ。

(1)　24にできるだけ小さい自然数nをかけて，その結果をある自然数の2乗にしたい。このときnの値を求めよ。

(2)　ある市の先月のごみの重さは，燃えるごみ，燃えないごみを合わせて550トンであった。今月は先月に比べると，燃えるごみは2%増え，燃えないごみは8%減り，合わせて14トン減った。今月の燃えるごみと，燃えないごみの重さをそれぞれ求めよ。

(3)　次の図のように，2点A(0，8)，B(−8，0)を通る直線$y=x+8$と，2点A，C(16，0)を通る直線$y=-\dfrac{1}{2}x+8$がある。4点D，E，F，Gが，それぞれ線分OC，CA，AB，BO上にあるような四角形DEFGをつくる。四角形DEFGが正方形になるとき，Dの座標を求めよ。

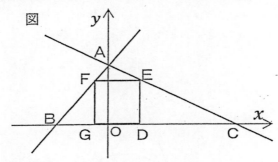

(4)　次の図のように，直方体の頂点DからFまで，表面上にひもをかけ，ひもの長さをできるだけ短くしたい。辺BC上を通るようにひもをかける場合，ひもの長さを求めよ。

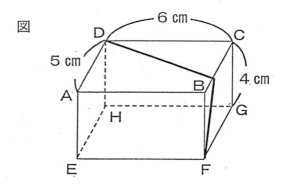

(5)　1，2，3，4，5の数字を1つずつ記入した5個の玉が袋の中に入っている。この袋から，2個の玉を同時に取り出すとき，2個の玉に書かれた数の積が偶数である確率を求めよ。

(☆☆◎◎◎)

【2】次の図で，点A，B，C，D，Gは円Oの円周上にあり，BCは円Oの中心を通る。BD，ACの交点をFとし，BA，CDを延長して交わった点をEとする。このとき，あとの(1)，(2)の問いに答えよ。

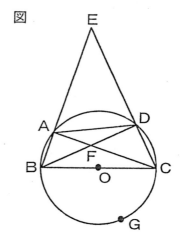

(1) $\overset{\frown}{BA}=4\text{cm}$, $\overset{\frown}{AD}=8\text{cm}$, $\overset{\frown}{DC}=6\text{cm}$のとき，∠AFDの大きさを求めよ。ただし，$\overset{\frown}{BA}$，$\overset{\frown}{AD}$，$\overset{\frown}{DC}$は，点Gを含まない弧とする。

(2) ∠BED＝45°，BC＝10cmのとき，ADの長さを求めよ。

(☆☆○○○)

【3】曲線$y=x^3+2x^2-x-2$とx軸で囲まれた図形の面積Sを求めよ。

(☆☆☆○○○)

【4】点P(1, 0, 1)を通り，直線$\dfrac{x-6}{2}=y-2=\dfrac{1-z}{3}$に垂直な平面の方程式を求めよ。

(☆☆☆○○○)

【5】次の図のように，同じ円柱型パイプを1段ごとに1本ずつ減らして積み重ねる。ただし，最上段にはこの限りではないとする。いま，333本のパイプを積み重ねると，最下段には最小限何本置かなければならないか求めよ。

図

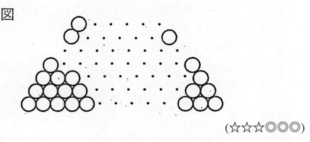

(☆☆☆○○○)

【6】方程式$\sin 2\theta-\sin 3\theta+\sin 4\theta=0$を解け。ただし，$0\leqq\theta\leqq\pi$とする。

(☆☆☆○○○)

【7】次の文は，中学校学習指導要領(平成20年3月告示)の「第2章　各教科　第3節　数学　第2　各学年の目標及び内容　〔第3学年〕　1　目標(2)」の抜粋である。(①)～(⑤)に入る語句を下のア～コから選んで記号で答えよ。

(2)　図形の(①)，円周角と中心角の関係や三平方の定理について，観察，(②)や実験などの活動を通して理解し，それらを図形の性質の考察や(③)に用いる能力を伸ばすとともに，図形について(④)をもって(⑤)的に考察し表現する能力を伸ばす。

ア　数学的活動　　イ　調査　　ウ　論理　　エ　相似
オ　計量　　　　　カ　合同　　キ　操作　　ク　数理
ケ　証明　　　　　コ　見通し

(☆☆○○○○)

【高等学校】

【1】次の(1)～(3)の設問に答えよ。

(1)　定義域$0 \leqq x \leqq 2$において，2次関数$f(x) = -x^2 + 2ax - a + 2$の最大値が3であるとき，定数$a$の値を求めよ。

(2)　円に内接する四角形ABCDにおいて，AB＝4，BC＝3，CD＝2，$\cos \angle ABC = \dfrac{1}{3}$とする。

①　対角線ACの長さを求めよ。

②　四角形ABCDの面積Sを求めよ。

(3)　次の表は10人の生徒の数学と国語のテスト結果と平均である。

生徒 番号	数学の 得点	国語の 得点
1	9	7
2	10	9
3	6	6
4	5	6
5	10	7
6	9	6
7	8	6
8	4	4
9	4	3
10	5	6
平均	7.0	6.0

（単位は点）

①　数学の得点の分散を求めよ。

②　数学と国語の得点の相関関係を求めよ。ただし，四捨五入して小数第2位まで求めよ。

(☆☆◎◎◎)

【2】初項1，公差2の等差数列を$\{a_n\}$とし，初項2，公比2の等比数列を$\{b_n\}$とするとき，次の和を求めよ。

(1)　$\displaystyle\sum_{k=1}^{n}(a_k+b_k)$

(2)　$\displaystyle\sum_{k=1}^{n}a_k b_k$

(☆☆◎◎◎)

【3】四面体OABCにおいて，辺OAを1：2に内分する点をD，辺ABを1：2に内分する点をE，辺BCの中点をF，辺COを4：1に内分する点をGとする。また，$\overrightarrow{\mathrm{OA}}=\vec{a}$，$\overrightarrow{\mathrm{OB}}=\vec{b}$，$\overrightarrow{\mathrm{OC}}=\vec{c}$とする。

(1)　$\overrightarrow{\mathrm{DE}}$，$\overrightarrow{\mathrm{DF}}$，$\overrightarrow{\mathrm{DG}}$ をそれぞれ $\overrightarrow{a}$，$\overrightarrow{b}$，$\overrightarrow{c}$ を用いて表せ。

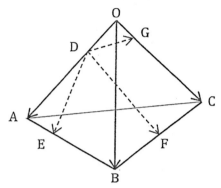

(2)　4点D，E，F，Gは同一平面上にあることを示せ。

(☆☆☆◎◎)

【4】微分可能な関数$f(x)$，$g(x)$の積$f(x)g(x)$の導関数は次の式となることを，導関数の定義をもとに証明せよ。

$$\{f(x)g(x)\}'=f'(x)g(x)+f(x)g'(x)$$

(☆☆◎◎◎)

【5】曲線$C：y=2\log x$上の点$(e，2)$における接線をℓとする。ただし，eは自然対数の底とし，対数の底はeとする。

(1)　接線ℓの方程式を求めよ。

(2)　曲線Cと接線ℓおよびx軸とで囲まれた部分の面積Sを求めよ。

(☆☆◎◎◎)

解答・解説

【中学校】

【1】(1)　$24＝2^3×3×n＝2^2×(2×3)×n$

よって，$n＝6$　　答　$n＝6$

(2)　先月の燃えるごみをxトン，先月の燃えないごみをyトンとすると，

$$\begin{cases} x＋y＝550 \quad \cdots① \\ \dfrac{102}{100}x＋\dfrac{92}{100}y＝550－14 \quad \cdots② \end{cases}$$

①×46－②×50

$$\begin{array}{r} 46x＋46y＝25300 \\ －)\ 51x＋46y＝26800 \\ \hline －5x＝－1500 \\ x＝300 \end{array}$$

①に代入して，$y＝250$

よって，今月のごみの重さは，燃えるごみ　$\dfrac{102}{100}×300＝306$

燃えないごみ　$\dfrac{92}{100}×250＝230$

答　燃えるごみ　306トン　　燃えないごみ　230トン

(3)　D$(t,\ 0)$とすると，E$\left(t,\ -\dfrac{1}{2}t＋8\right)$，F$\left(-\dfrac{1}{2}t,\ -\dfrac{1}{2}t＋8\right)$，

G$\left(-\dfrac{1}{2}t,\ 0\right)$と表せる。ただし，$0＜t＜16$

ED＝GDだから，$-\dfrac{1}{2}t＋8＝t-\left(-\dfrac{1}{2}t\right)$　　$t＝4$　　答　D$(4,\ 0)$

(4)　△ADFは直角三角形だから，$DA^2＋AF^2＝DF^2$　　　$5^2＋10^2＝DF^2$

DF＞0より，$DF＝\sqrt{125}＝5\sqrt{5}$　　答　$5\sqrt{5}$cm

(5)　同時に2個取り出すときの取り出し方は，$\dfrac{5×4}{2}＝10$〔通り〕

2数の積が奇数である取り出し方は，(1, 3)(1, 5)(3, 5)の3通り。

よって，$1-\dfrac{3}{10}＝\dfrac{7}{10}$　　答　$\dfrac{7}{10}$

〈解説〉(1)　24を素因数分解し，$24＝\square^2×\bigcirc$の形にして何をかければよいかを考える。この問題では，$24＝2^3×3＝2^2×6$より，$n＝6$とすると，$24×n＝2^2×6^2＝12^2$となる。　　(2)　今月の燃えるごみと燃えないごみの重さを求めるが題意から先月の燃えるごみと燃えないごみの重さを

それぞれxとyとおく。xとyを求めた後にそのまま答えにせず今月の分を求めることを忘れないようにする。また，解答例のように，

$$\begin{cases}(x+y)=550 \quad \cdots① \\ \dfrac{102}{100}x+\dfrac{92}{100}y=550-14 \quad \cdots②\end{cases}$$ と式を立ててもよいが，②については

14トン減ったという増減だけに注目して②のかわりに，$\dfrac{2}{100}x-\dfrac{8}{100}y$ $=-14$を使うと計算が楽にできる。注意として，もし今月の燃えるごみと燃えないごみの重さをそれぞれXとYとおいた場合，式は，

$$\begin{cases}(X+Y)=550-14 \\ \dfrac{100}{102}X+\dfrac{100}{92}Y=550\end{cases}$$ のように立てられるが，計算が解答例に比べる

と大変になる。　　(3)　1次関数$y=ax+b$上の点で，x座標がtである点のy座標は$at+b$，y座標がuである点のx座標は，$ax+b=u$より，$\dfrac{u-b}{a}$となる。この問題では，D$(t, 0)$とおいて，E，F，Gと順番に座標をtを用いて表す。そして，四角形DEFGが正方形であるからED＝GDを用いて方程式を立てればよい。　　(4)　立体図形にひもなどをかけて，ひもの長さを最短にするには，その立体図形の展開図を考える。この問題では必要部分の展開図は図1のようになる。

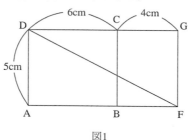

図1

△ADFが直角三角形であることに注目してひもの長さDFを使った方程式を立てればよい。　　(5)　異なる5個のものから2個同時に取り出すのは，${}_5C_2$通りである。2個の玉に書かれた数の積が偶数になる場合を求めるが，その余事象の積が奇数になる場合の方が少ない。その場合の確率を求めて1から引けばよい。

【2】 (1)　∠AFD＝130°

(2)　半円の弧に対する円周率だから，∠BDC＝90°

△BDEで，∠EBD＝180°−(45°＋90°)＝180°−135°＝45°

△AODで，円周角の定理より，∠AOD＝2∠EBD＝90°

△AODはAO＝DOの直角二等辺三角形だから，1：$\sqrt{2}$＝AO：AD

AD＝$\sqrt{2}$ AO＝5$\sqrt{2}$　　　答　AD＝5$\sqrt{2}$ cm

〈解説〉(1)　図2のようにOが中心，ABが直径の円において，円上の点P
に関して，弧APの中心角，円周角はそれぞれ，∠AOP＝180°×$\dfrac{a}{a+b}$，
∠ABP＝90°×$\dfrac{a}{a+b}$となる。

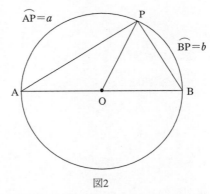

図2

この問題では，BCが直径であるから∠BAC＝90°，∠ABD＝
90°×$\dfrac{8}{4+8+6}$＝40°となる。そして△ABFに対して三角形の外角の性
質より，∠AFD＝∠BAF＋∠ABF＝90°＋40°＝130°となる。

(2)　この問題では∠BED＝45°が与えられているから，△DEBに注目
して∠DBE＝45°(あるいは△ACEに注目して∠ACE＝45°)となる。そこ
から∠AOD＝90°となるから，△AODは直角二等辺三角形になること
に気が付けばよい。

【3】 $y=x^2(x+2)-(x+2)=(x+2)(x+1)(x-1)$

よって，曲線とx軸との交点は，$x=\pm1$，-2

$$S=\int_{-2}^{-1}(x^3+2x^2-x-2)dx+\int_{-1}^{1}\{-(x^3+2x^2-x-2)dx\}$$

$$=\left[\frac{1}{4}x^4+\frac{2}{3}x^3-\frac{1}{2}x^2-2x\right]_{-2}^{-1}-2\cdot2\left[\frac{1}{3}x^3-x\right]_{0}^{1}$$

$$=\left\{\left(\frac{1}{4}-\frac{2}{3}-\frac{1}{2}+2\right)-\left(4-\frac{16}{3}-\frac{4}{2}+4\right)\right\}-\left(\frac{4}{3}-4\right)$$

$$=\frac{5}{12}+\frac{8}{3}=\frac{37}{12}\qquad 答\quad S=\frac{37}{12}$$

〈解説〉一般に$a<b$のとき，$y=f(x)$，x軸，$x=a$，$x=b$で囲まれる図形の面積Sは，

$$S=\begin{cases}\displaystyle\int_{a}^{b}f(x)dx & (a\leqq x\leqq b でf(x)\geqq0のとき)\\ \displaystyle-\int_{a}^{b}f(x)dx & (a\leqq x\leqq b でf(x)\leqq0のとき)\end{cases}$$

で与えられる。また，

$$\int_{-a}^{a}f(x)dx=\begin{cases}0 & (f(x)が奇関数とき)\\ \displaystyle2\int_{0}^{a}f(x)dx & (f(x)が偶関数とき)\end{cases}$$

となる。この問題では，

$y=x^3+2x^2-x-2=(x-1)(x+1)(x+2)$となるから，グラフは図3のようになる。

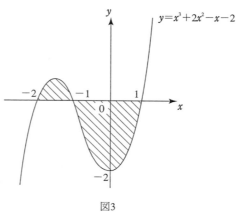

図3

よって，$S=\displaystyle\int_{-2}^{-1}(x^3+2x^2-x-2)dx-\int_{-1}^{1}(x^3+2x^2-x-2)dx$とかける。

ここで，$\displaystyle\int_{-1}^{1}(x^3+2x^2-x-2)dx=2\int_{0}^{1}(2x^2-2)dx$になることに注意して

積分を計算すればよい。

【4】$\dfrac{x-6}{2}=y-2=\dfrac{z-1}{-3}$の方向ベクトル$\vec{d}=(2,\ 1,\ -3)$

　　求める平面は，点P(1, 0, 1)を通り，$\vec{d}$を法線ベクトルとするから，

　　$2\cdot(x-1)+1\cdot(y-0)-3\cdot(z-1)=0$　　　$2x-2+y-3z+3=0$　　　$2x+$

　　$y-3z+1=0$　　　答　$2x+y-3z+1=0$

〈解説〉一般に，空間内で点P$(x_0,\ y_0,\ z_0)$を通り方向ベクトル$\vec{d}=(a,\ b,\ c)$

　　に平行な直線の方程式は，$\dfrac{x-x_0}{a}=\dfrac{y-y_0}{b}=\dfrac{z-z_0}{c}$となり，点P$(x_0,\ y_0,\ z_0)$

　　を通り法線ベクトル$\vec{n}=(a,\ b,\ c)$に垂直な平面の方程式は，$a(x-x_0)$

　　$+b(y-y_0)+c(z-z_0)=0$となる。この問題では，直線$\dfrac{x-6}{2}=y-2=$

　　$\dfrac{1-z}{3}$　つまり，$\dfrac{x-6}{2}=\dfrac{y-2}{1}=\dfrac{z-1}{-3}$を$L$とおくと，求

　　める平面のイメージは図4のようになるから，直線Lの方向ベクトル$(2,$

　　$1,\ -3)$が求める平面の法線ベクトルになる。

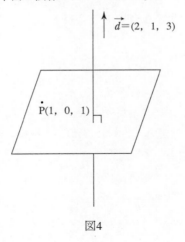

図4

【５】最下段をn本，最上段を1本とすると，総数は$1+2+\cdots+n=$
$\dfrac{1}{2}n(n+1)$

$\dfrac{1}{2}n(n+1)\geqq333$を満たす$n$の最小値は，

$\dfrac{1}{2}\cdot26\cdot27=351>333>\dfrac{1}{2}\cdot25\cdot26=325$

よって，$n=26$　　答　26本

〈解説〉nを自然数とするとき，1からnまでの和は$\dfrac{1}{2}n(n+1)$となる。題意より，例えば17本のパイプを積み重ねた場合は，最下段に6本，上に向かって5本，4本，2本と積むので最上段が2本となる。これを式で表すと，$1+2+3+4+5+6>17$となる。パイプが15本の場合は，最下段に5本，上に向かって4本，3本，2本，1本と積むので最上段が1本となる。これを式で表すと，$1+2+3+4+5=15$となる。以上からn_0本のパイプを最下段にn本にして積み重ねた場合は，$1+2+3+\cdots+n\geqq n_0$が成り立つ。この問題では333本のパイプを最下段にn本にして積み重ねるので，$1+2+3+\cdots+n\geqq333$が成り立つ。これより，$\dfrac{1}{2}n(n+1)\geqq333$となるので，あとは適当に見当をつけて$n$に自然数を代入して最小の$n$を求めればよい。

【６】$(\sin2\theta+\sin4\theta)-\sin3\theta=0$

ここで，$\sin2\theta+\sin4\theta=2\sin\dfrac{2\theta+4\theta}{2}\cos\dfrac{2\theta-4\theta}{2}=2\sin3\theta\cos(-\theta)$
$=2\sin3\theta\cos\theta$

よって，$2\sin3\theta\cos\theta-\sin3\theta=0$

$\sin3\theta(2\cos\theta-1)=0$

したがって，$\sin3\theta=0$　または，$\cos\theta=\dfrac{1}{2}$

$0\leqq\theta\leqq\pi$だから，$0\leqq3\theta\leqq3\pi$

$\sin3\theta=0$より，$3\theta=0,\ \pi,\ 2\pi,\ 3\pi$　　　$\theta=0,\ \dfrac{\pi}{3},\ \dfrac{2}{3}\pi,\ \pi$

また，$\cos\theta=\dfrac{1}{2}$より，$\theta=\dfrac{\pi}{3}$　　答　$\theta=0,\ \dfrac{\pi}{3},\ \dfrac{2}{3}\pi,\ \pi$

〈解説〉三角関数における和積の公式は，$\sin A+\sin B=2\sin\dfrac{A+B}{2}$
$\cos\dfrac{A-B}{2}$となる。この問題では方程式，$\sin2\theta-\sin3\theta+\sin4\theta=0$に対して$\sin2\theta$，$-\sin3\theta$，$\sin4\theta$の3つの項があるが，どの2つを組み合

わせて和積の公式を使うかがポイントになる。今，$\sin2\theta$ と $\sin4\theta$ を組み合わせて和積の公式を使って計算すると，$\sin2\theta+\sin4\theta=2\sin3\theta\cos\theta$ より，もとの方程式が $\sin3\theta$ を共通因数として因数分解できる。あとは $0\leqq\theta\leqq\pi$ に注意して θ を求めればよい。別解として，2倍角の公式，$\sin2\theta=2\sin\theta\cos\theta$，$\cos2\theta=2\cos^2\theta-1$ と3倍角の公式，$\sin3\theta=-4\sin^3\theta+3\sin\theta$ を用いて解くこともできが，解答例のように和積の公式を使うほうが計算は楽である。

【7】① エ　② キ　③ オ　④ コ　⑤ ウ

〈解説〉各学年の目標は(1)～(4)があり，内容の「A　数と式」「B　図形」「C　関数」「D　資料の活用」と対応している。第3学年の図形では，相似な図形，円周角と中心角，三平方の定理が主な目標と内容になっている。各学年の目標と内容が，どのように発展しているかを確認しておくとよい。

【高等学校】

【1】(1) $f(x)=-(x-a)^2+a^2-a+2$

グラフの軸は $x=a$ であり，定義域との位置関係から場合分けすると，

(i) $a<0$ のとき，最大値 $f(0)=3$ より，$-a+2=3$

$a=-1$　これは $a<0$ を満たす。

(ii) $0\leqq a\leqq2$ のとき，最大値 $f(a)=3$ より，$a^2-a+2=3$　$a^2-a-1=0$

$0\leqq a\leqq2$ を満たすものは，$a=\dfrac{1+\sqrt{5}}{2}$

(iii) $2<a$ のとき，最大値 $f(2)=3$ より，$3a-2=3$

$a=\dfrac{5}{3}$　　これは $2<a$ を満たさない。

以上のことから，$a=-1$，$\dfrac{1+\sqrt{5}}{2}$　…(答)

(2) ① △ABCにおいて，余弦定理より，

$AC^2=4^2+3^2-2\cdot4\cdot3\cdot\dfrac{1}{3}=17$

AC＞0であるから，$AC=\sqrt{17}$　…(答)

② ∠CDA＝180°−∠ABCであり，cos∠CDA＝−cos∠ABC＝$-\dfrac{1}{3}$となり，△ACDにおいて，余弦定理より，

$17＝AD^2＋2^2−2・AD・2・\left(-\dfrac{1}{3}\right)$　　　$3AD^2＋4AD−39＝0$　　（3AD＋13)(AD−3)＝0

AD＞0であるから，AD＝3

また，$\sin B＝\sin D＝\sqrt{1-\dfrac{1}{9}}＝\dfrac{2\sqrt{2}}{3}$

求める面積は，$S＝△ABC＋△ACD$

$$＝\dfrac{1}{2}・4・3・\sin B＋\dfrac{1}{2}・2・3・\sin D＝6\sqrt{2}　\cdots(答)$$

(3)　① 数学の得点をX，国語の得点をYとする。

生徒番号	数学の得点	国語の得点	$X-7$	$Y-6$	$(X-7)^2$	$(Y-6)^2$	$(X-7)(Y-6)$
1	9	7	2	1	4	1	2
2	10	9	3	3	9	9	9
3	6	6	-1	0	1	0	0
4	5	6	-2	0	4	0	0
5	10	7	3	1	9	1	3
6	9	6	2	0	4	0	0
7	8	6	1	0	1	0	0
8	4	4	-3	-2	9	4	6
9	4	3	-3	-3	9	9	9
10	5	6	-2	0	4	0	0
平均	7.0	6.0			計 54	計 24	計 29

表より，数学の得点の分散は，$\dfrac{54}{10}＝5.4$　…(答)

② 求める相関関係は，

$$\dfrac{29}{\sqrt{54}\sqrt{24}}＝\dfrac{29}{36}＝0.805\cdots$$

0.81　…(答)

〈解説〉(1)　2次関数$y＝a(x-p)^2＋q(a＜0)$の定義域$\alpha\leqq x\leqq\beta$における最大値を求めるとき，軸$x＝p$と定義域の位置関係から，次の3つの場合分けを図のようにかいて考える。

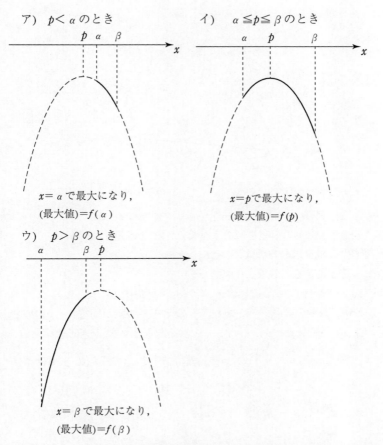

ア）$p < \alpha$ のとき

$x = \alpha$ で最大になり，
（最大値）$= f(\alpha)$

イ）$\alpha \leqq p \leqq \beta$ のとき

$x = p$ で最大になり，
（最大値）$= f(p)$

ウ）$p > \beta$ のとき

$x = \beta$ で最大になり，
（最大値）$= f(\beta)$

本問の場合，軸 $x = a$ と定義域 $0 \leqq x \leqq 2$ から，$a < 0$ と $0 \leqq a \leqq 2$ と $a > 2$ の場合に分けて解けばよい。

(2)　図を書いて考えるとよい。

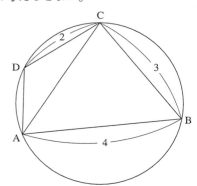

①　余弦定理$b^2 = a^2 + c^2 - 2ac\cos B$を用いて計算すればよい。

②　四角形ABCDの面積を図のように△ABCと△ACDに分けて，三角形の面積を求める公式，$\triangle ABC = \dfrac{1}{2}bc\sin A$を使う。

また，正弦と余弦の性質として，

$\sin(180° - \theta) = \sin\theta$ と$\cos(180° - \theta) = \cos\theta$ が成り立つ。

(3)　一般に2つの変量x, yがあり，そのデータの値が両方ともn個の値 x_1, x_2, x_3, $\cdots$, x_n と，y_1, y_2, y_3, $\cdots$, y_n であるとする。変量xの平均値を$\overline{x}$とおくと，$\overline{a} = \dfrac{x_1 + x_2 + \cdots + x_n}{n}$ とかける。yの平均値$\overline{y}$も同様にかける。つぎにxの標準偏差をs_xとおくとxの分散s_x^2は，$s_x^2 = \dfrac{1}{n}\{(x_1 - \overline{x})^2 + (x_2 - \overline{x})^2 + \cdots + (x_n - \overline{x})^2\}$ とかける。yの標準偏差s_y，分散s_y^2も同様にかける。さらに，xとyの共分散をs_{xy}とすると，$s_{xy} = \dfrac{1}{n}\{(x_1 - \overline{x})(y_1 - \overline{y}) + (x_2 - \overline{x})(y_2 - \overline{y}) + \cdots + (x_n - \overline{x})(y_n - \overline{y})\}$ とかける。ここで相関係数をrとすると，$r = \dfrac{s_{xy}}{s_x s_y}$ とかける。

①　解答例のように，ていねいに数学の得点の平均，$X-$(平均)，$(X-$(平均$))^2$を計算していけばよい。　②　数学と国語の分散，共分散を求めて相関係数を求めればよい。本問では相関係数が0.81なので正の相関関係がある。

【2】(1) 等差数列より，$a_n = 1 + (n-1) \cdot 2$　　　$a_n = 2n-1$

等比数列より，$b_n = 2 \cdot 2^{n-1}$　　　$b_n = 2^n$

$$\sum_{k=1}^{n}(a_k + b_k) = 2 \cdot \frac{1}{2} \cdot n(n+1) - n + \frac{2(2^n - 1)}{2-1}$$

$$= n^2 + 2^{n+1} - 2 \quad \cdots(\text{答})$$

(2) 求める和をSとすると，

$$S = 1 \cdot 2 + 3 \cdot 2^2 + 5 \cdot 2^3 + \cdots\cdots + (2n-1) \cdot 2^n$$

$$2S = \qquad 1 \cdot 2^2 + 3 \cdot 2^3 + \cdots\cdots + (2n-3) \cdot 2^n \cdot + (2n-1) \cdot 2^{n+1}$$

辺々引くと，

$$-S = 1 \cdot 2 + 2(2^2 + 2^3 + \cdots\cdots + 2^n) - (2n-1) \cdot 2^{n+1}$$

$$= 2 + 2 \cdot \frac{4(2^{n-1} - 1)}{2-1} - (2n-1) \cdot 2^{n+1}$$

$$= -(2n-3) \cdot 2^{n+1} - 6$$

よって，$\displaystyle\sum_{k=1}^{n} a_k b_k = (2n-3) \cdot 2^{n+1} + 6$ $\cdots(\text{答})$

〈解説〉(1) 初項a，公差dの等差数列$\{a_n\}$に対して，一般項は$a_n = a + (n-1)d$となり，和S_nは，$S_n = \frac{1}{2}n(a + a_n)$　つまり，和は$\frac{1}{2}$(項数)(初項＋末項)となる。次に初項b，公比rの等比数列$\{b_n\}$に対して，一般項は，$b_n = br^{n-1}$となり，和T_nは，$T_n = \begin{cases} \dfrac{b(1-r^n)}{1-r} & (r \neq 1\text{のとき}) \\ b_n & (r=1\text{のとき}) \end{cases}$ となる。

解答例では，

$$\sum_{k=1}^{n}(a_k + b_k) = \sum_{k=1}^{n}(2k - 1 + 2^k) = 2\sum_{k=1}^{n}k - \sum_{k=1}^{n}1 + \sum_{k=1}^{n}2^k$$

$$= 2 \cdot \frac{1}{2} \cdot n(n+1) - n + \frac{2(2^n - 1)}{2-1} = \cdots \text{と計算している。}$$

つまり$2k-1$の和の部分を$2k$と-1に分けて計算しているが，$2k-1$のまま，つまり等差数列の和とみて計算する方が早い，すなわち，

$$\sum_{k=1}^{n}(a_k + b_k) = \sum_{k=1}^{n}(2k - 1 + 2^k) = \sum_{k=1}^{n}(2k-1) + \sum_{k=1}^{n}2^k$$

$$= \frac{1}{2}n\{1 + (2n-1)\} + \frac{2(2^n - 1)}{2-1} = \cdots \text{と計算する。}$$

(2) $\sum$(等差数列)(等比数列) に対しては，その和をSとしたとき$S - $(等差の公比)$\times S$を計算する。そのときに$\sum$の記号を使わずに$S$と(等差の

137

公比)×Sを具体的に並べてかき，辺々を引けばよい。

【３】 (1)　$\overrightarrow{DE}=\dfrac{1}{3}\overrightarrow{a}+\dfrac{1}{3}\overrightarrow{b}$

$\overrightarrow{DF}=-\dfrac{1}{3}\overrightarrow{a}+\dfrac{1}{2}\overrightarrow{b}+\dfrac{1}{2}\overrightarrow{c}$

$\overrightarrow{DG}=-\dfrac{1}{3}\overrightarrow{a}+\dfrac{1}{5}\overrightarrow{c}$　…(答)

(2)　$\overrightarrow{DF}=s\overrightarrow{DE}+t\overrightarrow{DG}$となる実数$s$, tが存在することを示せばよい。

(1)より，　$\overrightarrow{DF}=s\overrightarrow{DE}+t\overrightarrow{DG}$とすると，

$-\dfrac{1}{3}\overrightarrow{a}+\dfrac{1}{2}\overrightarrow{b}+\dfrac{1}{2}\overrightarrow{c}=\left(\dfrac{1}{3}s-\dfrac{1}{3}t\right)\overrightarrow{a}+\dfrac{1}{3}s\overrightarrow{b}+\dfrac{1}{5}t\overrightarrow{c}$

4点O, A, B, Cは同一平面上にないから，

$$\begin{cases} \dfrac{1}{3}s-\dfrac{1}{3}t=-\dfrac{1}{3} & \cdots① \\[2mm] \dfrac{1}{3}s=\dfrac{1}{2} & \cdots② \\[2mm] \dfrac{1}{5}t=\dfrac{1}{2} & \cdots③ \end{cases}$$

②・③から，$s=\dfrac{3}{2}$, $t=\dfrac{5}{2}$　　これは①を満たしている。

よって，　$\overrightarrow{DF}=\dfrac{3}{2}\overrightarrow{DE}+\dfrac{5}{2}\overrightarrow{DG}$が成り立ち，4点D, E, F, Gは同一平面上にある。

〈解説〉(1)　線分ABを$m:n$に内分する点をPとすると，

$\overrightarrow{OP}=\dfrac{n\overrightarrow{OA}+m\overrightarrow{OB}}{m+n}$となる。また，ABの中点(1：1に内分)をQとすると，

$\overrightarrow{OQ}=\dfrac{\overrightarrow{OA}+\overrightarrow{OB}}{2}$となる。これらを用いて計算するとよい。

(2)　4点D, E, F, Gが同一平面上にあるというのは，図のようなイメージになっている。

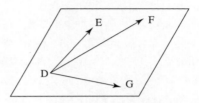

これを示すためには，$\vec{\text{DF}} = s\,\vec{\text{DE}} + t\,\vec{\text{DG}}$　…(※)となる実数s, tが存在することを示せばよい。もちろんこれ以外の式，例えば，$\vec{\text{GE}} = s\,\vec{\text{GD}} + t\,\vec{\text{GF}}$ でもかまわないが，(1)の結果を使うと計算が楽にできるので(※)のようにおくとよい。注意として解答例の式②，③からs, tの値が求まるが，求めた値が①の式も満たすことを確認すること。

【4】 $\{f(x)g(x)\}' = \displaystyle\lim_{h \to 0} \dfrac{f(x+h)g(x+h)-f(x)g(x)}{h}$

$\qquad\qquad = \displaystyle\lim_{h \to 0} \dfrac{(x+h)g(x+h)-f(x)g(x+h)+f(x)g(x+h)-f(x)g(x)}{h}$

$\qquad\qquad = \displaystyle\lim_{h \to 0} \dfrac{f(x+h)-f(x)}{h}g(x+h) + \lim_{h \to 0} f(x)\dfrac{g(x+h)-g(x)}{h}$

ここで，関数$f(x)$, $g(x)$は連続であり，

$\displaystyle\lim_{h \to 0} \dfrac{f(x+h)-f(x)}{h} = f'(x)$

$\displaystyle\lim_{h \to 0} \dfrac{g(x+h)-g(x)}{h} = g'(x)$

$\displaystyle\lim_{h \to 0} g(x+h) = g(x)$

よって，$\{f(x)g(x)\}' = f'(x)g(x) + f(x)g'(x)$

〈解説〉(1)　関数$f(x)$が$x=a$で微分可能であるとは，$x=a$における微分係数$f'(a)$が存在することである。微分係数$f'(a)$の定義は，

$f'(a) = \displaystyle\lim_{h \to 0} \dfrac{f(a+h)-f(a)}{h} = \lim_{x \to a} \dfrac{f(x)-f(a)}{x-a}$

となる。$f(x)$の導関数の定義は，

$f'(x) = \displaystyle\lim_{h \to 0} \dfrac{f(x+h)-f(x)}{h}$　…①

となる。また，次の定理が成り立つ。

$f(x)$が$x=a$で微分可能ならば，$f(x)$は$x=a$で連続

逆は成り立つとは限らない。ここで，$f(x)$が$x=a$で連続であることの定義は，$\lim_{x \to a} f(x) = f(a)$ が成り立つことである。本問では，積の微分の公式を定義にしたがって示せとあるので①を用いて示す。計算する際に，

$$f(x+h)g(x+h)-f(x)g(x)=f(x+h)g(x+h)-f(x)g(x+h)+f(x)g(x+h)-f(x)g(x)$$

と変形するところがポイントである。

【5】(1)　$y'=\dfrac{2}{x}$　　接点$(e,\ 2)$より，

接線ℓ：$y=\dfrac{2}{e}(x-e)+2$

　　　　　$y=\dfrac{2}{e}x$　…(答)

(2)　面積$S=\dfrac{1}{2} \cdot e \cdot 2-\displaystyle\int_{1}^{e} \log x\,dx$

　　　　　$=e-2\Big[x\log x-x\Big]_{1}^{e}$

　　　　　$=e-2$　…(答)

〈解説〉(1)　$y=f(x)$上の点$(a,\ f(a))$における接線の方程式は，$y-f(a)=f'(a)(x-a)$となる。また，$(\log x)'=\dfrac{1}{x}$である。これらを用いて計算すればよい。　(2)　(1)からもとめる部分の面積は図の斜線部分である。

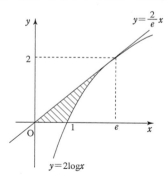

求める面積は，$S=$ △ $-$ △ のように考えて計算する。

また，$\int \log x \, dx = x \log x - x + C$ (Cは積分定数)の公式は覚えておくこと。

2015年度 ｜ 実施問題

【中学校】

【１】次の(1)～(5)の問いに答えよ。

(1)　$1+\sqrt{2}$ の整数部分をa，小数部分をbとするとき，bの値を求めよ。

(2)　放物線$y=\dfrac{1}{3}x^2$と直線$y=-2x-3$の交点の座標を求めよ。

(3)　円Oの中心から7cmの距離に点Aがある。点Aから円Oにひいた接線の長さが2cmであるとき，円Oの半径を求めよ。

(4)　下のヒストグラムは，ある中学校の生徒31人が読書週間の間に図書室で借りた本の冊数の記録をまとめたものである。このヒストグラムから，例えば，本を1冊借りた生徒は1人いたことがわかる。本の貸出し冊数の最頻値と中央値を求めよ。

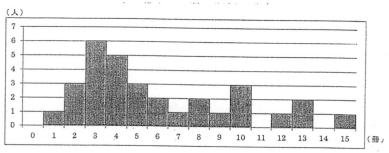

(5)　赤と白と青の3個のさいころを同時に投げて，その目の和が5以下となる場合は何通りあるか求めよ。

(☆☆☆◎◎◎)

【２】関数$y=4^{x+1}-2^{x+2}+2$の最大値と最小値を求めよ。ただし，$-3\leqq x\leqq 2$とする。

(☆☆☆◎◎◎)

【3】 $f'(x)=(3x-4)(1-2x)$で$f(1)=0$となる関数$f(x)$を求めよ。

(☆☆☆◎◎◎)

【4】 次の図のように，∠A＝75°の△ABCを，線分DEを折り目として，頂点Aが辺BC上の点A′と重なるように折り返す。DA′⊥BC, AD＝6cm, BA′＝$2\sqrt{3}$ cm, とする。このとき，下の(1), (2)の問いに答えよ。

図

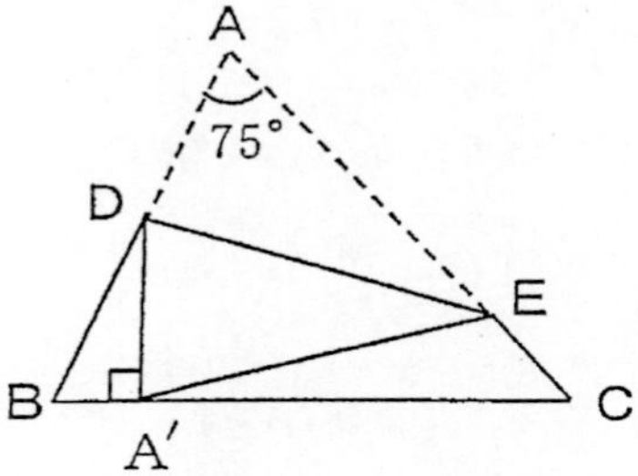

(1) ∠ACBの大きさを求めよ。
(2) 辺BCの長さを求めよ。

(☆☆☆◎◎◎)

【5】 aを定数とするθに関する方程式$\sin^2\theta-2\cos\theta+a=0$について，この方程式が解をもつための$a$の条件を求めよ。ただし，$0\leq\theta<2\pi$とする。

(☆☆☆◎◎◎)

【6】 次の数列の初項から第n項までの和を求めよ。

6, 66, 666, 6666, ……

(☆☆☆◎◎◎)

【7】 次の文は，中学校学習指導要領(平成20年3月告示)の「第2章　各教科　第3節　数学　第2　各学年の目標及び内容〔第1学年〕1　目標(1)(2)」である。(①)〜(⑤)に入る語句をあとのア〜コから選

んで記号で答えよ。

(1)　数を正の数と負の数まで拡張し，(　①　)についての理解を深める。また，文字を用いることや方程式の必要性と(　②　)を理解するとともに，数量の関係や法則などを一般的にかつ(　③　)表現して処理したり，一元一次方程式を用いたりする能力を培う。

(2)　平面図形や空間図形についての観察，操作や実験などの活動を通して，図形に対する(　④　)見方や考え方を深めるとともに，(　⑤　)考察し表現する能力を培う。

ア　表現	イ　意味	ウ　直観的な	エ　具体的な
オ　論理的に	カ　数の性質	キ　抽象的に	ク　数の概念
ケ　簡潔に	コ　的確に		

(☆☆☆◎◎◎)

【高等学校】

【1】次の(1)～(4)の問いに答えよ。

(1)　6個の数字1，2，2，3，3，3の全部を使って，6桁の整数をつくるとき，何個の整数がつくれるか求めよ。

(2)　不定方程式$7x-17y=1$について，次の問いに答えよ。

　(ア)　この不定方程式を満たす整数x，yの組を1つ求めよ。

　(イ)　この不定方程式の整数解を，整数kを用いて表せ。

(3)　生徒10人の小テストの得点を調べたところ，次のとおりであった。

　　5，3，8，6，9，5，8，6，4，5　(単位は点)

　　　この10人の得点の平均値，中央値，第1四分位数，第3四分位数を求めよ。

(4)　0でない2つの複素数α，βが，等式$\alpha^2-2\alpha\beta+2\beta^2=0$を満たしている。

　(ア)　$\dfrac{\alpha}{\beta}$，$\left|\dfrac{\alpha}{\beta}\right|$，$\arg\dfrac{\alpha}{\beta}$を求めよ。

　(イ)　複素数平面上の3点O(0)，A(α)，B(β)を頂点とする三角形はどのような三角形か。

(☆☆☆◎◎◎)

【2】 △ABCの3辺の長さがBC＝2，CA＝3，AB＝4である。この三角形の内接円の中心をIとする。

(1) 内接円の半径rを求めよ。

(2) $\overrightarrow{AI}$ を $\overrightarrow{AB}$，$\overrightarrow{AC}$ で表せ。

(3) AIの長さを求めよ。

(☆☆☆◎◎◎)

【3】 次の問いに答えよ。

(1) $\displaystyle\lim_{n\to 0}\frac{\sin x}{x}=1$を証明せよ。

(2) $f(x)＝\cos x$の$x＝a$における微分係数を，定義に従って求めよ。

(☆☆☆◎◎◎)

【4】 2以上の自然数nについて，不等式

$\log(n+1)<1+\dfrac{1}{2}+\dfrac{1}{3}+\cdots+\dfrac{1}{n}<1+\log n$が成り立つことを証明せよ。

(☆☆☆◎◎◎)

【5】 関数$y=\left(\dfrac{e}{x}\right)^{\log x}$の増減，グラフの凹凸，漸近線を調べ，グラフの概形をかけ。

(☆☆☆◎◎◎)

解答・解説

【中学校】

【1】 (1) $b＝\sqrt{2}-1$　　(2) $(-3, 3)$　　(3) $3\sqrt{5}$ cm

(4) 最頻値 3冊　　中央値 5冊　　(5) 10通り

〈解説〉(1) $1\leqq\sqrt{2}<2$より，$2\leqq 1+\sqrt{2}<3$であり，$a＝2$であることが

わかり，$b=1+\sqrt{2}-2=\sqrt{2}-1$

(2)　$\dfrac{1}{3}x^2=-2x-3$　　　$x^2+6x+9=0$　　　$(x+3)^2=0$　　　$x=-3,\ y=\dfrac{1}{3}$

$\times(-3)^2=3$

よって，交点の座標は$(-3,\ 3)$

(3)　円の半径をr，接点をTとすると，$\angle$ATO$=90°$であるため，

$r=\sqrt{7^2-2^2}=\sqrt{45}=3\sqrt{5}$〔cm〕

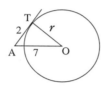

(4)　最頻値とは，最も頻繁に出現する値のことであるので，3冊。中央値とは，データを小さい順に並べたときに中央に位置する値，つまり，この問題では，少ないほうから数えて16番目の人の冊数なので，5冊。

(5)　$(1,\ 1,\ 1),\ (1,\ 1,\ 2),\ (1,\ 2,\ 1),\ (2,\ 1,\ 1),\ (2,\ 2,\ 1),\ (2,\ 1,\ 2),\ (1,\ 2,\ 2),\ (1,\ 1,\ 3),\ (1,\ 3,\ 1),\ (3,\ 1,\ 1)$

以上の10通り

【２】最大値　50　　　最小値　1

〈解説〉$2^x=X$とおくと，$-3\le x\le2$のとき，$2^{-3}\le X\le2^2$　　　$\dfrac{1}{8}\le X\le4$

また，関数yをXで表すと，

$y=4\cdot(2^x)^2-4\cdot2^x+2=4X^2-4X+2=4\left(X-\dfrac{1}{2}\right)^2+1$

$X=4$のとき，すなわち，$x=2$のとき　最大値　50

$X=\dfrac{1}{2}$のとき，すなわち，$x=-1$のとき　最小値　1

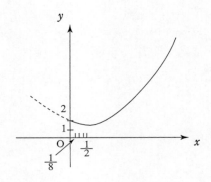

【3】 $f(x)=-2x^3+\dfrac{11}{2}x^2-4x+\dfrac{1}{2}$

〈解説〉 $f(x)=\displaystyle\int f'(x)dx=\int(3x-4)(1-2x)dx$

$\qquad\qquad =\displaystyle\int(-6x^2+11x-4)dx$

$\qquad\qquad =-6\cdot\dfrac{x^3}{3}+\dfrac{11}{2}x^2-4x+C$

$\qquad\qquad =-2x^3+\dfrac{11}{2}x^2-4x+C$

ただし，Cは積分定数である。

$f(1)=0$より，

$-2+\dfrac{11}{2}-4+C=0 \qquad C=\dfrac{1}{2}$

よって，$f(x)=-2x^3+\dfrac{11}{2}x^2-4x+\dfrac{1}{2}$

【4】 (1) ∠ACB＝45° (2) BC＝9＋5$\sqrt{3}$ cm

〈解説〉(1) △BA′Dに関して，∠A′＝90°，BA′：DA′＝2$\sqrt{3}$：6

$=1：\sqrt{3}$ より，∠B＝60°

ゆえに，

∠ACB＝180°−(∠BAC＋∠ABC)＝180°−(75°＋60°)＝45°

(2) 点Aから辺BCにおろした垂線の足をHとする。

また，DBsin60°＝6より，DB＝4$\sqrt{3}$ なので，

147

$$BH=\frac{1}{2}AB=\frac{1}{2}(6+4\sqrt{3})=3+2\sqrt{3}$$

また，△AHCは∠H＝90°の直角二等辺三角形なので，

$$CH=AH=\frac{\sqrt{3}}{2}AB=\frac{\sqrt{3}}{2}(6+4\sqrt{3})=3\sqrt{3}+6$$

$$BC=BH+CH=(3+2\sqrt{3})+(3\sqrt{3}+6)=9+5\sqrt{3}\quad〔cm〕$$

【5】 $-2\leqq a\leqq2$

〈解説〉$\cos\theta=x$とおくと，$0\leqq\theta<2\pi$ より，$-1\leqq x\leqq1$

　　$(1-x^2)-2x+a=0$　　$x^2+2x-1=a$

　　ここで，$f(x)=x^2+2x-1$とすると，$f(x)=(x+1)^2-2$であり，さらに，

　　$-1\leqq x\leqq1$であることから，$f(x)$のとりうる値の範囲は，

　　$-2\leqq f(x)\leqq2$である。よって，$-2\leqq a\leqq2$

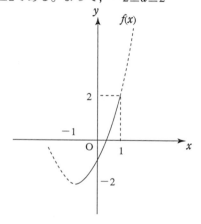

【6】 $\frac{2}{27}(10^{n+1}-9n-10)$

〈解説〉この数列は，$6,6(1+10),6(1+10+10^2),\cdots$と表せる。

　　よって，第k項は，

　　$6(1+10+10^2+10^3+\cdots+10^{k-1})=6\cdot\dfrac{10^k-1}{10-1}=\dfrac{2}{3}(10^k-1)$

　　求める和は，

　　$\displaystyle\sum_{k=1}^{n}\frac{2}{3}(10^k-1)=\frac{2}{3}\left\{\frac{10(10^n-1)}{(10-1)}-n\right\}=\frac{2}{27}(10^{n+1}-9n-10)$

【7】　①　ク　②　イ　③　ケ　④　ウ　⑤　オ

〈解説〉教科の目標と各学年の目標及び内容は，学習指導要領で最も重要である。本設問は第1学年の目標で，(1)は内容の「A　数と式」，(2)は内容の「B　図形」と対応している。(3)，(4)についても確認しておこう。

【高等学校】

【1】(1)　60個　　(2)　(ア)　$(x, y)=(5, 2)$　　(イ)　$x=17k+5$，$y=7k+2$　(kは整数)　　(3)　平均値…5.9点　　中央値…5.5点　第1四分位数…5点　　第3四分位数…8点

(4)　(ア)　$\frac{\alpha}{\beta}=1\pm i$，$\left|\frac{\alpha}{\beta}\right|=\sqrt{2}$，$\arg\frac{\alpha}{\beta}=\pm\frac{\pi}{4}+2n\pi$　(nは自然数)

　　　(イ)　△OABはAB＝OBで　∠B＝$\frac{\pi}{2}$の直角二等辺三角形

〈解説〉(1)　$\dfrac{6!}{2!3!}=\dfrac{6\cdot5\cdot4\cdot3\cdot2\cdot1}{2\cdot1\times3\cdot2\cdot1}=60$〔個〕

(2)　(ア)　$y=1$，2，…と代入して，xの値を探すと，

$y=1$のとき，$7x=17+1=18$で，これを満たす整数xはない。

$y=2$のとき，$7x=34+1=35$で，これを満たすのは$x=5$となる。

よって，$(x, y)=(5, 2)$

(イ)　$7x-17y=1$　…①

$7\times5-17\times2=1$　…②

①－②より，

$7(x-5)-17(y-2)=0$　　$7(x-5)=17(y-2)$　…③

7と17は互いに素だから，$x-5$は17の倍数で，$x-5=17k$　(kは整数)とおける。

これを③に代入して，

$7\cdot17k=17(y-2)$　　つまり，$y=7k+2$

したがって，求める一般解は，$x=17k+5$，$y=7k+2$　(kは整数)

(3)　平均値は，$\dfrac{5+3+8+6+9+5+8+6+4+5}{10}=5.9$〔点〕

データを小さいほうから並べて，$\dfrac{1}{4}$のところにある値が第1四分位数，

$\dfrac{1}{2}$ のところにある値が中央値，$\dfrac{3}{4}$ のところにある値が第3四分位数

データを小さいほうから並べると，

3，4，5，5，5，6，6，8，8，9

よって，中央値は5番目と6番目の平均だから，

$\dfrac{5+6}{2}=5.5$〔点〕

第1四分位数は3番目だから，5点

第3四分位数は8番目だから，8点

(4)　(ア)　$\beta\neq0$ より，$\left(\dfrac{\alpha}{\beta}\right)^2-2\left(\dfrac{\alpha}{\beta}\right)+2=0$

これを解いて，$\dfrac{\alpha}{\beta}=1\pm i$

これより，$\dfrac{\alpha}{\beta}=\sqrt{2}\left\{\cos\left(\pm\dfrac{\pi}{4}\right)+i\sin\left(\pm\dfrac{\pi}{4}\right)\right\}$(複号同順)

よって，$\dfrac{\alpha}{\beta}=1\pm i$，$\left|\dfrac{\alpha}{\beta}\right|=\sqrt{2}$，$\arg\dfrac{\alpha}{\beta}=\pm\dfrac{\pi}{4}+2n\pi$（$n$は自然数）

(イ)　$\left|\dfrac{\alpha}{\beta}\right|=\sqrt{2}$ より，OA：OB$=\sqrt{2}$：1

$\arg\dfrac{\alpha}{\beta}=\pm\dfrac{\pi}{4}+2n\pi$ より，$\angle$AOB$=\dfrac{\pi}{4}$

よって，$\triangle$OABはAB＝OBで$\angle$B$=\dfrac{\pi}{2}$の直角二等辺三角形

【2】(1)　$r=\dfrac{\sqrt{15}}{6}$　　(2)　$\overrightarrow{\text{AI}}=\dfrac{1}{3}\overrightarrow{\text{AB}}+\dfrac{4}{9}\overrightarrow{\text{AC}}$　　(3)　AI$=\dfrac{2\sqrt{15}}{3}$

〈解説〉(1)　余弦定理より，$\cos$A$=\dfrac{4^2+3^2-2^2}{2\cdot4\cdot3}=\dfrac{7}{8}$

$\sin$A$=\sqrt{1-\cos^2\text{A}}=\sqrt{1-\left(\dfrac{7}{8}\right)^2}=\dfrac{\sqrt{15}}{8}$

$\triangle$ABC$=\dfrac{1}{2}$AB$\cdot$AC$\sin$A$=\dfrac{3}{4}\sqrt{15}$

求める内接円の半径をrとすると，$\triangle$ABC$=\dfrac{1}{2}r($AB$+$BC$+$CA$)$ より，

$\dfrac{3}{4}\sqrt{15}=\dfrac{1}{2}r(2+3+4)$　　$r=\dfrac{\sqrt{15}}{6}$

(2)　直線AIと辺BCとの交点をDとすると，ADは∠Aの二等分線だから，BD：DC＝4：3となって，BD＝$2 \cdot \frac{4}{7} = \frac{8}{7}$

同様に，BIは∠Bの二等分線なので，AI：ID＝BA：BD＝$4 : \frac{8}{7} = 7 : 2$

だから，AI＝$\frac{7}{9}$AD

したがって，$\overrightarrow{AD} = \frac{3\overrightarrow{AB} \cdot 4\overrightarrow{AC}}{7}$　　$\overrightarrow{AI} = \frac{7}{9}\overrightarrow{AD} = \frac{7}{9} \cdot \frac{3\overrightarrow{AB} + 4\overrightarrow{AC}}{7}$

$= \frac{1}{3}\overrightarrow{AB} + \frac{4}{9}\overrightarrow{AC}$

(3)　$AI = \sqrt{|\overrightarrow{AI}|^2} = \sqrt{\frac{1}{9}|\overrightarrow{AB}|^2 + \frac{8}{27}\overrightarrow{AB} \cdot \overrightarrow{AC} + \frac{16}{81}|\overrightarrow{AC}|^2}$

$= \sqrt{\frac{16}{9} + \frac{8}{27} \cdot 4 \cdot 3 \cdot \frac{7}{8} + \frac{16}{81} \cdot 9} = \frac{2\sqrt{15}}{3}$

【3】(1)　$x \to +0$のとき，$0 < x < \frac{\pi}{2}$として，半径r，中心角xの扇形OAPをつくり，点Aにおける円の接線が直線OPと交わる点をTとする。このとき，面積を比べると，△OAP＜(扇形OAP)＜△OAT

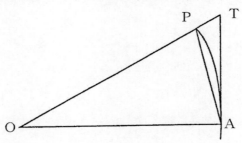

つまり，$\frac{1}{2}r^2 \sin x < \frac{1}{2}r^2 x < \frac{1}{2}r \cdot (r\tan x)$

したがって，$\sin x < x < \tan x$

$\sin x > 0$より，$1 < \frac{x}{\sin x} < \frac{1}{\cos x}$

よって，$1 > \frac{\sin x}{x} > \cos x$

ここで，$\displaystyle\lim_{x\to+0}\cos x=1$ より，はさみうちの原理から，$\displaystyle\lim_{x\to+0}\frac{\sin x}{x}=1$

$x\to-0$ のとき，$x=-t$ とおくと，$t\to+0$ だから，

$$\lim_{x\to-0}\frac{\sin x}{x}=\lim_{t\to+0}\frac{\sin(-t)}{-t}=\lim_{t\to+0}\frac{-\sin t}{-t}=\lim_{t\to+0}\frac{\sin t}{t}=1$$

このことから，$\displaystyle\lim_{x\to0}\frac{\sin x}{x}=1$

(2) $\displaystyle\cos\left(a+\frac{h}{2}+\frac{h}{2}\right)=\cos\left(a+\frac{h}{2}\right)\cos\frac{h}{2}-\sin\left(a+\frac{h}{2}\right)\sin\frac{h}{2}$

$\displaystyle\cos\left(a+\frac{h}{2}-\frac{h}{2}\right)=\cos\left(a+\frac{h}{2}\right)\cos\frac{h}{2}+\sin\left(a+\frac{h}{2}\right)\sin\frac{h}{2}$

から，$\displaystyle\cos(a+h)-\cos a=-2\sin\left(a+\frac{h}{2}\right)\sin\frac{h}{2}$

これを用いて，

$$
\begin{aligned}
f'(a)&=\lim_{h\to0}\frac{\cos(a+h)-\cos a}{h}\\[2mm]
&=\lim_{h\to0}\frac{-2\sin\dfrac{2a+h}{2}\sin\dfrac{h}{2}}{h}\\[2mm]
&=\lim_{h\to0}\left\{-2\sin\left(a+\frac{h}{2}\right)\cdot\frac{1}{2}\cdot\frac{\sin\dfrac{h}{2}}{\dfrac{h}{2}}\right\}=-\sin a
\end{aligned}
$$

〈解説〉解答参照。

【４】自然数 k において，$k\leqq x\leqq k+1$ とすると，

各辺を $x:k\to k+1$ として積分したとき，

$$\frac{1}{k+1}<\int_{k}^{k+1}\frac{1}{x}dx<\frac{1}{k}\quad\cdots①$$

となる。①の左の不等式に $k=1$，2，3，$\cdots$，$n-1$ と代入して，辺々加えると，

$$\frac{1}{2}+\frac{1}{3}+\frac{1}{4}+\cdots+\frac{1}{n}<\int_{1}^{n}\frac{1}{x}dx$$

$$\int_{1}^{n}\frac{1}{x}dx=\Big[\log x\Big]_{1}^{n}=\log n$$

よって，$\displaystyle\frac{1}{2}+\frac{1}{3}+\frac{1}{4}+\cdots+\frac{1}{n}<\log n$

したがって，$1+\dfrac{1}{2}+\dfrac{1}{3}+\dfrac{1}{4}+\cdots+\dfrac{1}{n}<1+\log n$

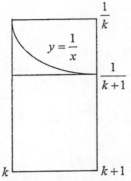

また，①の右の不等式に$k=1$，2，3，$\cdots$，nと代入して，辺々加えると，

$$\int_{1}^{n+1}\dfrac{1}{x}dx<1+\dfrac{1}{2}+\dfrac{1}{3}+\dfrac{1}{4}+\cdots+\dfrac{1}{n}$$

$$\int_{1}^{n+1}\dfrac{1}{x}dx=\Big[\log x\Big]_{1}^{n+1}=\log(n+1)$$

よって，$\log(n+1)<1+\dfrac{1}{2}+\dfrac{1}{3}+\dfrac{1}{4}+\cdots+\dfrac{1}{n}$

したがって，$\log(n+1)<1+\dfrac{1}{2}+\dfrac{1}{3}+\dfrac{1}{4}+\cdots+\dfrac{1}{n}<1+\log n$

〈解説〉解答参照。

【5】真数は正だから$x>0$より，$y>0$

両辺対数をとって，$\log y=\log x\cdot\log\Big(\dfrac{e}{x}\Big)$

両辺xで微分して，

$$\dfrac{y'}{y}=\dfrac{1}{x}\cdot\log\Big(\dfrac{e}{x}\Big)+\log x\cdot\Big(-\dfrac{1}{x}\Big)=\dfrac{1}{x}(1-2\log x)$$

$$y'=\Big(\dfrac{e}{x}\Big)^{\log x}\dfrac{1}{x}(1-2\log x)$$

$y'=0$となるのは，$\log x=\dfrac{1}{2}$　　つまり，$x=e^{\frac{1}{2}}$のとき

また，$y''=\left(\dfrac{e}{x}\right)^{\log x}\dfrac{2(\log x-1)(2\log x+1)}{x^2}$

$y''=0$ となるのは，$x=e,\ e^{-\frac{1}{2}}$

漸近線は，$\displaystyle\lim_{x\to\infty}y=0$ より，$y=0$

増減表は，

x	0	$\cdots$	$e^{-\frac{1}{2}}$	$\cdots$	$e^{\frac{1}{2}}$	$\cdots$	e	$\cdots$	∞
y'		+	+	+	0	−	−	−	
y''		+	0	−	−	−	0	+	
y	(0)	↗	$e^{-\frac{3}{4}}$ (変曲点)	↗	$e^{\frac{1}{4}}$ (極大)	↘	1 (変曲点)	↘	(0)

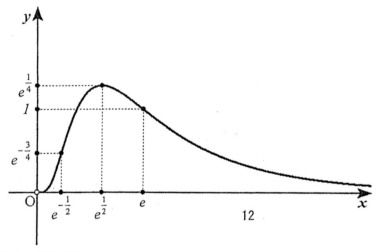

12

〈解説〉解答参照。

2014年度 実施問題

【中学校】

【1】 次の(1)～(5)の問いに答えよ。

(1) x, yは自然数とする。方程式$4x+9y=50$を解け。

(2) 「ある学校の昨年の生徒数はx人で，今年の生徒数は昨年よりa％増えて600人以上になった。」という数量の関係を不等式で表せ。

(3) 2次関数$y=2x^2+4x+1$の頂点の座標を求めよ。

(4) 底面の半径が2cm，高さが4cmの円柱形の筒を，次の図のように片側が3cmのところを通る平面で切ったとき，この立体の側面積を求めよ。ただし，円周率はπとする。

図

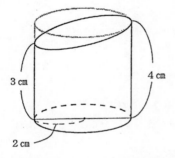

(5) 男子5人と女子2人がくじ引きで順番を決めて1列に並ぶとき，女子2人が隣り合う確率を求めよ。

(☆☆☆◎◎◎◎)

【2】 実数x, yがx^2+y^2を満たすとき，$5x^2+2xy+3y^2$の最大値と最小値を求めよ。

(☆☆☆☆◎◎◎)

【３】不等式$3ax^2-x^3<4a$　が$x≧0$に対して常に成り立つような定数aの値の範囲を求めよ。

(☆☆☆☆○○○○)

【４】次の図のように，△ABCは，AB＝12cm，BC＝14cm，CA＝6cmで，円Oは，直線AB，BC，CAとそれぞれ点P，Q，Rで接している。このとき，下の(1)，(2)の問いに答えよ。

図

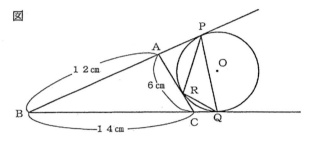

(1)　線分ARの長さを求めよ。
(2)　△ABCと△PQRの面積比を求めよ。

(☆☆☆☆○○○)

【５】次の4点が同じ平面上にあるように，xの値を定めよ。
　A(0，1，1)，B(−6，−1，−1)，C(3，−1，1)，P(−3，3，x)
(☆☆☆○○○○)

【６】次の数列$\{a_n\}$の一般項を求めよ。
　　8，30，72，140，240，378，560，……

(☆☆☆☆○○○○)

【７】次の文は，中学校学習指導要領(平成20年3告示)の「第2章　各教科　第3節　数学　第1　目標」について記したものである。(　①　)～(　⑤　)に入る語句をあとのア～コから選んで記号で答えよ。

（　①　）を通して，数量や図形などに関する基礎的な概念や原理・法則についての理解を深め，数学的な表現や処理の仕方を習得し，事象を数理的に考察し（　②　）する能力を高めるとともに，数学的活動の楽しさや数学の（　③　）を実感し，それらを（　④　）して考えたり判断したりしようとする（　⑤　）を育てる。

ア．表現　　イ．処理　　ウ．有用性　　エ．よさ

オ．意識　　カ．態度　　キ．操作活動　　ク．数学的活動

ケ．活用　　コ．適用

(☆☆☆◎◎◎◎)

【高等学校】

【1】次の各問いに答えよ。

(1) $f(x) = -x^2 + ax + a - 2$，$g(x) = x^2 - (a-2)x + 3$について，どんなxの値に対しても$f(x) < g(x)$が成り立つような，定数aの値の範囲を求めよ。

(2) $\log_3 2$が無理数であることを証明せよ。

(3) A，B，C，D，Eの5チームがリーグ戦を行う。すなわち，各チームは他のすべてのチームとそれぞれ1回ずつ対戦する。引き分けはないものとし，勝つ確率はすべて$\dfrac{1}{2}$で，各回の勝敗は独立に決まるものとする。A，Bの2チームだけが3勝1敗となる確率を求めよ。

(4) 複素数zを$z = \cos\dfrac{2\pi}{5} + i\sin\dfrac{2\pi}{5}$とするとき，$z + z^2 + z^3 + z^4$の値を求めよ。ただし，$i$は虚数単位とする。

(☆☆☆☆◎◎◎◎)

【2】平面上に$\angle A = 90°$の直角三角形ABCがある。この平面上の点Pが条件$\overrightarrow{PA} \cdot \overrightarrow{PB} + \overrightarrow{PB} \cdot \overrightarrow{PC} + \overrightarrow{PC} \cdot \overrightarrow{PA} = 0$を満たしているとき，次の問いに答えよ。

(1) 三角形ABCの重心をGとするとき，$\overrightarrow{AG}$を$\overrightarrow{AB}$と$\overrightarrow{AC}$で表せ。

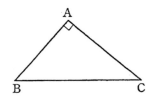

(2)　点Pの軌跡を求めよ。

(☆☆☆☆◎◎◎)

【3】四面体OABCがある。三角形ABCは正三角形であり，OA＝OB＝OC＝a，∠AOB＝$\theta\left(0<\theta<\dfrac{\pi}{2}\right)$とする。点AをP$_1$とし，P$_1$から辺OBに垂線P$_1P_2$を下ろす。

また，P$_2$から辺OCに垂線P$_2$P$_3$を下ろし，P$_3$から辺OAに垂線P$_3$P$_4$を下ろす。このようにして順次，点P$_n$(n＝2，3，4，……)を定める。線分P$_n$P$_{n+1}$の長さをl_n(n＝1，2，3，……)とするとき，次の問いに答えよ。

(1)　l_nとl_{n+1}の間の関係式を求めよ。

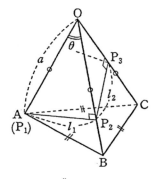

(2)　$S_n=\displaystyle\sum_{k=1}^{n} l_k$ および $S=\displaystyle\lim_{n\to\infty}S_n$ を求めよ。

(3)　Sをθの関数と考えて，$S=S(\theta)\left(0<\theta<\dfrac{\pi}{2}\right)$とするとき，極限 $\displaystyle\lim_{\theta\to 0}\theta S(\theta)$ を求めよ。

(☆☆☆☆◎◎◎)

【4】 導関数が連続であるような $f(x)$ に対して，$g(x)=\displaystyle\int_0^x (x-t)f'(t)dt$ とおく。$f(x)$，$g(x)$ が，関係式 $f'(x)-1=g'(x)-g''(x)$，$f(0)=1$ を満たすとき，次の問いに答えよ。

(1) $g'(x)=f(x)-1$ を証明せよ。

(2) $f(x)$，$g(x)$ を求めよ。

(☆☆☆☆◎◎◎)

解答・解説

【中学校】

【1】(1) $x=8$，$y=2$　　(2) $x\left(1+\dfrac{a}{100}\right)\geqq 600$　　(3) $(-1, -1)$

(4) $14\pi\,\mathrm{cm}^2$　　(5) $\dfrac{2}{7}$

〈解説〉(1) $4x=50-9y>0$ より，$y<\dfrac{50}{9}=5.55\cdots$　　よって，$1\leqq y\leqq 5$

また，$9y=50-4x=2(25-2x)$　　$25-2x$ は整数より，右辺は2の倍数であるから，y も2の倍数である。$y=2$ のとき，$4x+9\cdot 2=50$

$4x=32$　　$x=8$　　$y=4$ のとき，$4x+9\cdot 4=50$　　$4x=14$

これを満たす自然数 x はない。よって，求める解は，$x=8$，$y=2$

(2) 今年の生徒数は，$x\times\left(1+\dfrac{a}{100}\right)$ と表せるから，$x\left(1+\dfrac{a}{100}\right)\geqq 600$

(3) $y=2x^2+4x+1=2(x^2+2x)+1=2\{(x+1)^2-1\}+1$

$=2(x+1)^2-2+1=2(x+1)^2-1$

よって，頂点の座標は，$(-1, -1)$

(4) この立体を2つ組み合わせると，底面の半径が2cm，高さが，$4+3=7$〔cm〕の円柱になる。円柱の側面積は，$2\pi\cdot 2\cdot 7=28\pi$〔cm²〕だから，求める立体の側面積は，$28\pi\div 2=14\pi$〔cm²〕

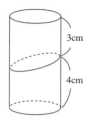

3cm

4cm

(5)　女子2人を1組とみなすと，並び方は，6!×2!〔通り〕

よって，求める確率は，$\dfrac{6! \times 2!}{7!} = \dfrac{2}{7}$

【２】最大値…$4+\sqrt{2}$　　　最小値…$4-\sqrt{2}$

〈解説〉$x = \cos\theta$，$y = \sin\theta$　$(0 \leqq \theta < 2\pi)$とおくと，

$5x^2 + 2xy + 3y^2 = 2x^2 + 2xy + 3 = 2\cos^2\theta + 2\sin\theta\cos\theta + 3$

$= 2 \cdot \dfrac{1+\cos 2\theta}{2} + \sin 2\theta + 3 = \sin 2\theta + \cos 2\theta + 4 = \sqrt{2}\sin\left(2\theta + \dfrac{\pi}{4}\right) + 4$

ここで，$0 \leqq \theta < 2\pi$より，$\dfrac{\pi}{4} \leqq 2\theta + \dfrac{\pi}{4} < \dfrac{17}{4}\pi$であるから，

$-1 \leqq \sin\left(2\theta + \dfrac{\pi}{4}\right) \leqq 1$　　よって，最大値は，$\sqrt{2} \cdot 1 + 4 = 4 + \sqrt{2}$，

最小値は，$\sqrt{2} \cdot (-1) + 4 = 4 - \sqrt{2}$

【３】$0 < a < 1$

〈解説〉$f(x) = x^3 - 3ax^2 + 4a$とすると，$x \geqq 0$に対して常に$f(x) > 0$となるaの値
の範囲を求めればよい。$f'(x) = 3x^2 - 6ax = 3x(x - 2a)$　　$f'(x) = 0$とする
と，$x = 0, 2a$

(i)　$2a < 0$　すなわち，$a < 0$のとき　　$f(x)$の増減表は次のようになる
ので，$f(x) > 0$となる条件は，$4a > 0$　　これを満たすaはない。

x	$\cdots$	$2a$	$\cdots$	0	$\cdots$
$f'(x)$	$+$	0	$-$	0	$+$
$f(x)$	$\nearrow$	$-4a^3+4a$	$\searrow$	$4a$	$\nearrow$

(ii) $2a=0$　すなわち，$a=0$のとき　　$f'(x)=3x^2\geqq0$より，$f(x)$は単調に増加するので，$f(x)>0$となる条件は，$f(0)=4a>0$　　これを満たすaはない。

(iii) $2a>0$　すなわち，$a>0$のとき　　$f(x)$の増減表は次のようになるので，$f(x)>0$となる条件は，$-4a^3+4a>0$

$4a(a+1)(a-1)<0$　　よって，$a<-1$，$0<a<1$　$a>0$より，

$0<a<1$

x	$\cdots$	0	$\cdots$	$2a$	$\cdots$
$f'(x)$	$+$	0	$-$	0	$+$
$f(x)$	↗	$4a$	↘	$-4a^3+4a$	↗

(i)～(iii)より，$0<a<1$

【4】 (1)　4cm　　(2)　63：16

〈解説〉(1)　AR$=x$cmとおくと，AP$=$AR$=x$cm，CQ$=$CR$=6-x$〔cm〕

ここで，BP$=$BQより，$12+x=14+(6-x)$　　$2x=8$　　$x=4$

よって，AR$=4$cm

(2)　△PBQの面積をScm²とおく。BC：CQ$=7：1$より，△PBC$=\dfrac{7}{8}S$

BA：AP$=3：1$より，△ABC$=\dfrac{3}{4}$△PBC$=\dfrac{3}{4}\times\dfrac{7}{8}S=\dfrac{21}{32}S$　　また，

△PAC$=\dfrac{1}{3}$△ABC$=\dfrac{1}{3}\times\dfrac{21}{32}S=\dfrac{7}{32}S$であり，AR：RC$=2：1$より，

△PAR$=\dfrac{2}{3}$△PAC$=\dfrac{2}{3}\times\dfrac{7}{32}S=\dfrac{7}{48}S$

△ACQ$=\dfrac{1}{7}$△ABC$=\dfrac{1}{7}\times\dfrac{21}{32}S=\dfrac{3}{32}S$より，

△RCQ$=\dfrac{1}{3}$△ACQ$=\dfrac{1}{3}\times\dfrac{3}{32}S=\dfrac{1}{32}S$

よって，△PQR$=$△PBQ$-($△ABC$+$△PAR$+$△RCQ$)$

$=S-\left(\dfrac{21}{32}S+\dfrac{7}{48}S+\dfrac{1}{32}S\right)=S-\dfrac{5}{6}S=\dfrac{1}{6}S$　　したがって，

△ABC：△PQR$=\dfrac{21}{32}S：\dfrac{1}{6}S=63：16$

【5】 $x=1$

〈解説〉3点A，B，Cは一直線上にないから，原点をOとすると，点Pが平面ABC上にあるための条件は，

$$\overrightarrow{\mathrm{OP}}=s\overrightarrow{\mathrm{OA}}+t\overrightarrow{\mathrm{OB}}+u\overrightarrow{\mathrm{OC}},\ s+t+u=1$$

となる実数 $s,\ t,\ u$ があることである。よって，

$$(-3,\ 3,\ x)=s(0,\ 1,\ 1)+t(-6,\ -1,\ -1)+u(3,\ -1,\ 1)$$

すなわち，

$$(-3,\ 3,\ x)=(-6t+3u,\ s-t-u,\ s-t+u)$$

ゆえに，$-6t+3u=-3,\ s-t-u=3,\ s-t+u=x$

また，$s+t+u=1$

これらを解くと，$s=2,\ t=0,\ u=-1$

$x=2-0-1=1$

［別解］

$\overrightarrow{\mathrm{AB}}=(-6,\ -2,\ -2),\ \overrightarrow{\mathrm{AC}}(3,\ -2,\ 0),\ \overrightarrow{\mathrm{AP}}=(-3,\ 2,\ x-1)$

点Pが3点A，B，Cと同一平面上にあるから，$\overrightarrow{\mathrm{AP}}=s\overrightarrow{\mathrm{AB}}+t\overrightarrow{\mathrm{AC}}$ となる実数 $s,\ t$ が存在する。よって，

$$(-3,\ 2,\ x-1)=s(-6,\ -2,\ -2)+t(3,\ -2,\ 0)$$
$$=(-6s+3t,\ -2s-2t,\ -2s)$$

成分を比較すると，

$-3=-6s+3t\ \cdots①,\ 2=-2s-2t\ \cdots②,\ x-1=-2s\ \cdots③$

①，②より，$s=0,\ t=-1$

これを③に代入して，$x-1=0\qquad x=1$

【6】 $a_n=n(n+1)(n+3)$

〈解説〉$\{a_n\}$ の階差数列を $\{b_n\}$，$\{b_n\}$ の階差数列を $\{c_n\}$ とする。

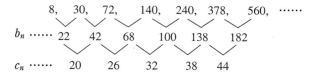

$\{c_n\}$ は，初項20，公差6の等差数列であるから，

$c_n = 20 + (n-1) \cdot 6 = 6n + 14$

$n \geqq 2$ のとき，$b_n = 22 + \displaystyle\sum_{k=1}^{n-1} (6k + 14)$

$= 22 + 6 \cdot \dfrac{1}{2} n(n-1) + 14(n-1) = 3n^2 + 11n + 8$

この式で $n=1$ とすると，$b_1 = 3 \cdot 1^2 + 11 \cdot 1 + 8 = 22$ となるので，
$n=1$ のときも成り立つ。

また，$n \geqq 2$ のとき，$a_n = 8 + \displaystyle\sum_{k=1}^{n-1} (3k^2 + 11k + 8)$

$= 8 + 3 \cdot \dfrac{1}{6} n(n-1)(2n-1) + 11 \cdot \dfrac{1}{2} n(n-1) + 8(n-1)$

$= \dfrac{1}{2} n\{(n-1)(2n-1) + 11(n-1) + 16\} = \dfrac{1}{2} n(2n^2 + 8n + 6)$

$= n(n^2 + 4n + 3) = n(n+1)(n+3)$

この式で $n=1$ とすると，$a_1 = 1 \cdot 2 \cdot 4 = 8$ となるので，$n=1$ のときも成り立つ。よって，求める一般項は，$n(n+1)(n+3)$

【7】 ① ク ② ア ③ エ ④ ケ ⑤ カ

〈解説〉教科の目標は全文をおぼえ，空欄補充が選択式でなくても正確に書けるようにしておく必要がある。また，学習指導要領の学習は，解説とあわせて理解を深めるようにすることが大切である。

【高等学校】

【1】 (1) $-3 < a < 3$ (2) $\log_3 2$ が無理数でない，つまり有理数であると仮定すると，$\log_3 2 > 0$ であるから，$\log_3 2 = \dfrac{n}{m}$ (m, n は互いに素な自然数)とおける。このとき，$2 = 3^{\frac{n}{m}}$ よって，$2^m = 3^n$

m, n は自然数であるから，2^m は偶数であり，3^n は奇数である。

よって，$2^m = 3^n$ は成り立たず，矛盾する。

したがって，$\log_3 2$ は有理数ではない。つまり無理数である。

(3) $\dfrac{9}{256}$ (4) -1

〈解説〉(1)　$g(x)-f(x)=2x^2-2(a-1)x-a+5$　　どんなxの値に対しても
$f(x)<g(x)$，すなわち$g(x)-f(x)>0$が成り立つための条件は，$D<0$

$\dfrac{D}{4}=\{-(a-1)\}^2-2\cdot(-a+5)=a^2-9$より，$a^2-9<0$

$(a+3)(a-3)<0$　　　よって，$-3<a<3$

(2)　解答参照。

(3)　AとBとの勝敗の決まり方は2通りあり，そこで勝ったチームは他の1チームだけに負けるが，その負ける相手(Xチームとする)の選び方は3通りある。A，BおよびXチーム間の3試合の勝敗が決まる確率は$\left(\dfrac{1}{2}\right)^3$である。さらに，A，Bが残り2チームに勝ち，Xチームが残り2チームのうち少なくとも1チームに負ける確率は，$\left\{\left(\dfrac{1}{2}\right)^2\right\}^2\left\{1-\left(\dfrac{1}{2}\right)^2\right\}$である。ゆえに，求める確率は　$2\times3\times\left(\dfrac{1}{2}\right)^3\times\left\{\left(\dfrac{1}{2}\right)^2\right\}\left\{1-\left(\dfrac{1}{2}\right)^2\right\}=\dfrac{9}{256}$

[別解]　AはBに勝ち，AはXに負け，BはXに勝つとすると，Xチームの選び方は3通りあるので，確率は，$3\times\left(\dfrac{1}{2}\right)^3$　　BはAに勝ち，BはXに負け，AはXに勝つ確率も$3\times\left(\dfrac{1}{2}\right)^3$　　A，Bは残りの2チームに勝ち，Xは残り2チームのうち少なくとも1チームに負けるから，求める確率は，$2\times3\times\left(\dfrac{1}{2}\right)^3\times\left\{\left(\dfrac{1}{2}\right)^2\right\}^2\times\left\{1-\left(\dfrac{1}{2}\right)^2\right\}=\dfrac{9}{256}$

(4)　ド・モアブルの定理より，$z^5=\left(\cos\dfrac{2\pi}{5}+i\sin\dfrac{2\pi}{5}\right)^5=\cos5\cdot\dfrac{2\pi}{5}+i\sin5\cdot\dfrac{2\pi}{5}=1$　　よって，$z^5=1$　　$(z-1)(z^4+z^3+z^2+z+1)=0$

$z\neq1$より，$z^4+z^3+z^2+z+1=0$　　よって，$z+z^2+z^3+z^4=-1$

[別解]

$z\neq1$なので，等比数列の和の公式より，$S=z+z^2+z^3+z^4=\dfrac{z(1-z^4)}{1-z}=\dfrac{z-z^5}{1-z}$　　ここで，$z^5=\cos2\pi+i\sin2\pi=1$　であるから，

$S=\dfrac{z-1}{1-z}=-1$

【2】(1) $\overrightarrow{AG}=\dfrac{\overrightarrow{AB}+\overrightarrow{AC}}{3}$ (2) 重心Gを中心とする半径AGの円

〈解説〉(1) $\overrightarrow{AG}=\dfrac{\overrightarrow{AA}+\overrightarrow{AB}+\overrightarrow{AC}}{3}=\dfrac{\overrightarrow{AB}+\overrightarrow{AC}}{3}$

(2) 条件式より，$-\overrightarrow{AP}\cdot(\overrightarrow{AB}-\overrightarrow{AP})+(\overrightarrow{AB}-\overrightarrow{AP})\cdot(\overrightarrow{AC}-\overrightarrow{AP})+$

$(\overrightarrow{AC}-\overrightarrow{AP})\cdot(-\overrightarrow{AP})=0$　∠A=90°より，$\overrightarrow{AB}\cdot\overrightarrow{AC}=0$であるから，

$-\overrightarrow{AB}\cdot\overrightarrow{AP}+|\overrightarrow{AP}|^2-\overrightarrow{AB}\cdot\overrightarrow{AP}-\overrightarrow{AC}\cdot\overrightarrow{AP}+|\overrightarrow{AP}|^2$

$-\overrightarrow{AC}\cdot\overrightarrow{AP}+|\overrightarrow{AP}|^2=0$　よって，$3|\overrightarrow{AP}|^2-2(\overrightarrow{AB}+\overrightarrow{AC})\cdot\overrightarrow{AP}=0$

辺BCの中点をMとすると，$\overrightarrow{AB}+\overrightarrow{AC}=2\overrightarrow{AM}$より，

$3|\overrightarrow{AP}|^2-4\overrightarrow{AM}\cdot\overrightarrow{AP}=0$

よって，$|\overrightarrow{AP}|^2-\dfrac{4}{3}\overrightarrow{AM}\cdot\overrightarrow{AP}=0$　$|\overrightarrow{AP}-\dfrac{2}{3}\overrightarrow{AM}|^2=|\dfrac{2}{3}\overrightarrow{AM}|^2$

$\dfrac{2}{3}\overrightarrow{AM}=\overrightarrow{AG}$であるから，$|\overrightarrow{AP}-\overrightarrow{AG}|=|\overrightarrow{AG}|$　したがって，

$|\overrightarrow{GP}|=|\overrightarrow{AG}|$より，点Pの軌跡は，重心Gを中心とする半径AGの円である。

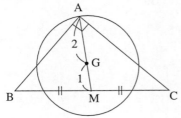

【3】(1) $l_{n+1}=l_n\cos\theta$ (2) $S_n=\dfrac{a\sin\theta(1-\cos^n\theta)}{1-\cos\theta}$，$S=\dfrac{a\sin\theta}{1-\cos\theta}$

(3) $2a$

〈解説〉(1) 三角形の合同条件より，∠AOB=∠BOC=∠COA=θ

$OP_{n+1}=OP_n\cos\theta$，$l_n=OP_n\sin\theta$

よって，$l_{n+1}=OP_{n+1}\sin\theta=OP_n\cos\theta\sin\theta=l_n\cos\theta$

したがって，$l_{n+1}=l_n\cos\theta$

(2)　$\{l_n\}$は，初項$l_1=a\sin\theta$，公比$\cos\theta$ の等比数列であり，

$0<\theta<\dfrac{\pi}{2}$より，$\cos\theta\neq1$であるから，$S_n=\dfrac{a\sin\theta\,(1-\cos^n\theta)}{1-\cos\theta}$

また，$0<\cos\theta<1$より，$\displaystyle\lim_{n\to\infty}S_n$は収束し，$S=\dfrac{a\sin\theta}{1-\cos\theta}$

(3)　$\displaystyle\lim_{\theta\to0}\theta S(\theta)=\lim_{\theta\to0}\dfrac{a\theta\sin\theta}{1-\cos\theta}=\lim_{\theta\to0}\dfrac{a\theta\sin\theta\,(1+\cos\theta)}{(1-\cos\theta)(1+\cos\theta)}$

$=\displaystyle\lim_{\theta\to0}a\cdot\dfrac{\theta}{\sin\theta}(1+\cos\theta)=2a$

【４】(1)　$g(x)=x\displaystyle\int_0^x f'(t)dt-\int_0^x tf'(t)dt$　　　両辺をxで微分して，

$g'(x)=\displaystyle\int_0^x f'(t)dt+xf'(x)-xf'(x)=f(x)-f(0)=f(x)-1$

(2)　$f(x)=e^{\frac{x}{2}}$，$g(x)=-x+2e^{\frac{x}{2}}-2$

〈解説〉(1)　解答参照。

(2)　(1)より，$g'(x)=f(x)-1$　　　両辺をxで微分して，$g''(x)=f'(x)$

条件より，$f'(x)-1=g'(x)-g''(x)$　　　$f'(x)-1=f(x)-1-f'(x)$

$2f'(x)=f(x)$　　　$f(0)=1$より$f(x)$は恒等的に0ではないから，

$\displaystyle\int\dfrac{f'(x)}{f(x)}dx=\int\dfrac{dx}{2}$　　　$\log|f(x)|=\dfrac{x}{2}+C$　(Cは積分定数)

$f(x)=\pm e^C e^{\frac{x}{2}}$　　　$f(x)=Ae^{\frac{x}{2}}$とおくと，$f(0)=1$より，$A=1$

よって，$f(x)=e^{\frac{x}{2}}$　　　このとき，

$g(x)=\displaystyle\int_0^x (x-t)(e^{\frac{t}{2}})'dt=\Big[(x-t)e^{\frac{t}{2}}\Big]_0^x-\int_0^x(-1)e^{\frac{t}{2}}dt=-x+\Big[2e^{\frac{t}{2}}\Big]_0^x$

$=-x+2e^{\frac{x}{2}}-2$

2013年度　実施問題

【中学校】

【1】次の(1)〜(5)の問いに答えよ。

(1) $(\sqrt{2}+\sqrt{3}+\sqrt{5})(\sqrt{2}+\sqrt{3}-\sqrt{5})$を計算せよ。

(2) $x+y=5$, $xy=-5$のときx^2-xy+y^2の値を求めよ。

(3) 異なる3点$(1, 1)$, $(5, 7)$, (a, a^2)が同じ直線上にあるとき，定数aの値を求めよ。

(4) 次の図は，円柱の中に円錐と球がぴったり入った状態を表している。このとき，円錐と球と円柱の体積の関係を最も簡単な比で表せ。

図

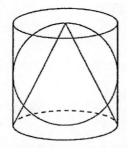

(5) 6個の数字0, 1, 2, 3, 4, 5から異なる3個の数字を選んで3桁の整数をつくるとき，奇数は何個できるか求めよ。

(☆☆☆◎◎◎◎)

【2】円$x^2+y^2=16$が直線$y=x+k$と異なる2つの共有点A，Bをもつとする。このときAB＝4となるようなkの値を求めよ。

(☆☆☆◎◎◎◎)

【3】$f(x)$について，$f(2)=3$，$f'(2)=1$であるとき，$f(x)$を$(x-2)^2$で割ったときの余りを求めよ。

(☆☆☆◎◎◎◎)

【４】次の図において，△ABC∽△DEFであり，相似比は2：1である。また，HG//BFであり，BE＝6cm，EC＝3cmである。このとき，下の(1)，(2)の問いに答えよ。

図

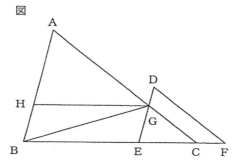

(1)　線分CFの長さを求めよ。

(2)　△AHGの面積は四角形DGCFの面積の何倍か求めよ。

(☆☆☆☆◎◎◎)

【５】点(－1，2)を通る直線と放物線$y＝x^2$で囲まれる部分の面積をSとする。Sの最小値を求めよ。

(☆☆☆◎◎◎◎)

【６】平面上のベクトル$\vec{a}$，$\vec{b}$が$|5\vec{a}-3\vec{b}|＝1$，$|3\vec{a}-2\vec{b}|＝1$を満たすとき，内積$\vec{a}\cdot\vec{b}$のとりうる値の範囲を求めよ。

(☆☆☆☆◎◎◎)

【７】次の文は，中学校学習指導要領(平成20年3月告示)の「第2章　各教科　第3節　数学　第3　指導計画の作成と内容の取扱い　3(1)(2)(3)」について記したものである。(　①　)～(　⑤　)に入る語句をあとの【語群】ア～シの中から選んで記号で答えよ。

　3　数学的活動の指導に当たっては，次の事項に配慮するものとする。

　　(1)　(　①　)を楽しめるようにするとともに，数学を学習すること

の意義や数学の(　②　)などを実感する機会を設けること。

(2)　自ら課題を見いだし，解決するための構想を立て，実践し，その結果を評価・(　③　)する機会を設けること。

(3)　数学的活動の過程を(　④　)，レポートにまとめ発表することなどを通して，その成果を(　⑤　)する機会を設けること。

【語群】

ア　改善　　　　イ　数学的活動　　ウ　記録　　　エ　重要性

オ　操作活動　　カ　検証　　　　　キ　共感　　　ク　話し合い

ケ　共有　　　　コ　必要性　　　　サ　振り返り　シ　見直し

(☆☆☆○○○○)

【高等学校】

【1】次の各問に答えよ。

(1)　$17x + 13y = 850$ を満たす正の整数 x，y の組 (x, y) をすべて求めよ。

(2)　不等式 $\log_2 x - 2\log_x 8 \leq 5$ を解け。

(☆☆☆○○○○)

【2】数列 $\{a_n\}$ が $a_1 = 48$，$a_{n+1} = 2a_n + 2^{n+3}n - 21 \cdot 2^{n+1}$ ($n = 1,\ 2,\ 3,\ \cdots\cdots$) により定められている。

(1)　$\{a_n\}$ の一般項を求めよ。

(2)　$S_n = a_1 + a_2 + \cdots\cdots + a_n$ とおくとき，S_n が最小となるような n の値をすべて求めよ。

(☆☆☆☆○○○)

【3】四面体OABCにおいて，辺OAを1：2に内分する点をL，辺ABの中点をM，辺BCを4：1に内分する点をN，辺OCを2：1に内分する点をPとする。

次の各問に答えよ。

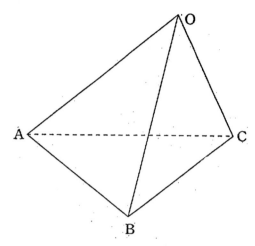

(1)　直線LNと直線MPは1点で交わることを示せ。
(2)　直線LNと直線MPの交点をQとする。四面体OABCが1辺2の正四面体のとき，線分OQの長さを求めよ。

(☆☆☆○○○○)

【4】次の各問に答えよ。
(1)　$x>0$のとき，$\dfrac{x+1}{e^x}<\dfrac{2}{x}$を示せ。また，これを用いて$\displaystyle\lim_{x\to\infty}\dfrac{x+1}{e^x}$の値を求めよ。
(2)　関数　$y=\dfrac{x+1}{e^x}$の増減，極値，グラフの凹凸および変曲点を調べて，グラフをかけ。

(☆☆☆☆○○○○)

【5】半径aの円が，xy平面上のx軸に接しながら，x軸の正の方向にすべることなく転がる。最初，この円の中心は$(0,\ a)$にあり，円周上の定点Pは原点Oにある。次の各問に答えよ。
(1)　円が角tだけ回転したときの点Pの座標は $(at-a\sin t,\ a-a\cos t)$ であることを示せ。

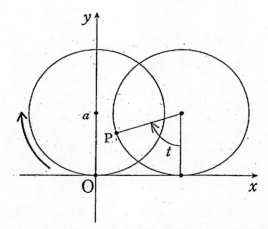

(2) (1)において，tが0から2πまで変化する間に点Pの描く曲線をCとする。曲線Cとx軸とで囲まれる部分の面積を求めよ。

(☆☆☆◎◎◎◎)

解答・解説

【中学校】

【1】 (1) $2\sqrt{6}$　　(2) 40　　(3) $a=\dfrac{1}{2}$　　(4) $1:2:3$　　(5) 48個

〈解説〉(1) $(\sqrt{2}+\sqrt{3}+\sqrt{5})(\sqrt{2}+\sqrt{3}-\sqrt{5})=(\sqrt{2}+\sqrt{3})^2-(\sqrt{5})^2$
$=2+2\sqrt{6}+3-5=2\sqrt{6}$

(2) $x^2-xy+y^2=(x+y)^2-3xy=5^2-3\cdot(-5)=40$

(3) $\dfrac{a^2-7}{a-5}=\dfrac{7-1}{5-1}$ より，$\dfrac{a^2-7}{a-5}=\dfrac{3}{2}$

$2(a^2-7)=3(a-5)$　$2a^2-3a+1=0$　$(2a-1)(a-1)=0$

よって，$a=\dfrac{1}{2}$，1　$a=1$のとき，$(1, 1)$と(a, a^2)は一致するので，

171

$a = \dfrac{1}{2}$

(4)　円柱の底面の半径をr，高さをhとすると，

円錐の体積$V_1 = \dfrac{1}{3}\pi r^2 h$，球の体積$V_2 = \dfrac{4}{3}\pi r^3$，円柱の体積$V_3 = \pi r^2 h$となる。ここで，$h = 2r$であるから，$V_1 = \dfrac{2}{3}\pi r^3$，$V_3 = 2\pi r^3$

よって，$V_1 : V_2 : V_3 = \dfrac{2}{3}\pi r^3 : \dfrac{4}{3}\pi r^3 : 2\pi r^3 = 1 : 2 : 3$

(5)　一の位は1，3，5の3通り，百の位は0と一の位の数字を除く4通り，十の位は残りの数字の4通りあるから，奇数は，$4 \times 4 \times 3 = 48$[個]

【2】$k = \pm 2\sqrt{6}$

〈解説〉$AB = 2l$とする。円の中心$(0,\ 0)$と直線$y = x + k$，すなわち，直線$x - y + k = 0$の距離をdとすると，$d = \dfrac{|0 - 0 + k|}{\sqrt{1^2 + (-1)^2}} = \dfrac{|k|}{\sqrt{2}}$　　$AB = 4$，すなわち，$2l = 4$のとき，$l = 2$　三平方の定理より，

$l^2 = 4^2 - d^2$　　$2^2 = 4^2 - \left(\dfrac{|k|}{\sqrt{2}}\right)^2$　　$4 = 16 - \dfrac{k^2}{2}$　　$k^2 = 24$　　$k = \pm 2\sqrt{6}$

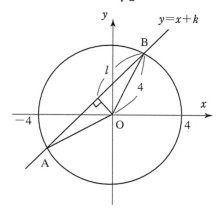

【3】 $x+1$

〈解説〉$f(x)$を$(x-2)^2$で割ったときの商を$Q(x)$，あまりを$px+q$とすると，

$f(x)=(x-2)^2Q(x)+px+q$　…①

$f'(x)=2(x-2)Q(x)+(x-2)^2Q'(x)+p$　…②

①，②に$x=2$を代入すると，$f(2)=2p+q$，$f'(2)=p$　$f(2)=3$，$f'(2)=1$
であるから，$2p+q=3$，$p=1$　よって，$p=1$，$q=1$　したがって，余
りは，$x+1$

【4】 (1)　1.5cm　　(2)　$\dfrac{16}{5}$倍

〈解説〉(1)　△ABCと△DEFの相似比は2：1より，BC：EF＝2：1

よって，EF＝$\dfrac{1}{2}$BC＝$\dfrac{1}{2}\times(6+3)=\dfrac{9}{2}$[cm]であるから，

CF＝$\dfrac{9}{2}-3=\dfrac{3}{2}=1.5$[cm]

(2)　△ABCの面積をSとする。△ABCと△GECは相似で，相似比は，
BC：EC＝9：3＝3：1であるから，面積比は，△ABC：△GEC＝3^2：
$1^2=9$：1　よって，△GEC＝$\dfrac{1}{9}S$　HG//BCより，△AHGと△ABCは相
似で，相似比は，AG：AC＝BE：BC＝6：9＝2：3であるから，面積
比は，△AHG：△ABC＝2^2：3^2＝4：9　よって，

△AHG＝$\dfrac{4}{9}S$

また，△ABC：△DEF＝2^2：1^2＝4：1より，

△DEF＝$\dfrac{1}{4}S$であるから，(四角形DGCF)＝△DEF－△GEC＝$\dfrac{1}{4}S-$

$\dfrac{1}{9}S=\dfrac{5}{36}S$　したがって，△AHGの面積は四角形DGCFの面積の，

$\dfrac{4}{9}S\div\dfrac{5}{36}S=\dfrac{16}{5}$[倍]

【5】 $\dfrac{4}{3}$

〈解説〉点$(-1,2)$を通る傾きmの直線の方程式は，

$y=m(x+1)+2$　…①

直線①と放物線$y=x^2$の共有点のx座標は，

$x^2=m(x+1)+2$　$x^2-mx-m-2=0$の解である。判別式をDとすると，

$D=(-m)^2-4 \cdot 1 \cdot (-m-2)=m^2+4m+8=(m+2)^2+4>0$より，常に異なる2点で交わる。その2つの交点の$x$座標を$\alpha$，$\beta$　$(\alpha < \beta)$とすると，

$$S=\int_\alpha^\beta \left\{m(x+1)+2-x^2\right\}dx=-\int_\alpha^\beta (x^2-mx-m-2)dx=\frac{1}{6}(\beta-\alpha)^3$$

ここで，$\alpha+\beta=m$，$\alpha\beta=-m-2$より，

$(\beta-\alpha)^2=(\alpha+\beta)^2-4\alpha\beta=m^2-4(-m-2)=m^2+4m+8$であるから，

$$S=\frac{1}{6}\left(m^2+4m+8\right)^{\frac{3}{2}}=\frac{1}{6}\left\{(m+2)2+4\right\}^{\frac{3}{2}}$$

よって，Sは$m=-2$のとき最小となり，

最小値は，$\dfrac{1}{6}\times 4^{\frac{3}{2}}=\dfrac{1}{6}\times 8=\dfrac{4}{3}$

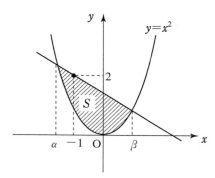

【6】$2\le \vec{a} \cdot \vec{b} \le 40$

〈解説〉$5\vec{a}-3\vec{b}=\vec{p}$　…①，$3\vec{a}-2\vec{b}=\vec{q}$　…②とおく。

①×3−②×5より，$\vec{b}=3\vec{p}-5\vec{q}$

①×2−②×3より，$\vec{a}=2\vec{p}-3\vec{q}$　$\left|\vec{p}\right|=\left|\vec{q}\right|=1$であるから，

$\vec{a} \cdot \vec{b}=(2\vec{p}-3\vec{q}) \cdot (3\vec{p}-5\vec{q})$

$=6\left|\vec{p}\right|^2-19\vec{p} \cdot \vec{q}+15\left|\vec{q}\right|^2=21-19\vec{p} \cdot \vec{q}$

ここで，$-|\vec{p}\,||\vec{q}\,|\leqq\vec{p}\cdot\vec{q}\leqq|\vec{p}\,||\vec{q}\,|$ すなわち，

$-1\leqq\vec{p}\cdot\vec{q}\leqq1$であるから，$21-19\leqq\vec{a}\cdot\vec{b}\leqq21-19\cdot(-1)$

よって，$2\leqq\vec{a}\cdot\vec{b}\leqq40$

【7】 ① イ ② コ ③ ア ④ サ ⑤ ケ

〈解説〉数学的活動の指導に当たっての配慮事項の内容である。指導計画の作成と内容の取扱いは良く出題されるので，内容をしっかりおさえておくことが重要である。

【高等学校】

【1】(1) $(x, y)=(37, 17), (24, 34), (11, 51)$

(2) $0<x\leqq\dfrac{1}{2}$，$1<x\leqq64$

〈解説〉(1) $17x+13y=850$から，$17x=850-13y$

よって，$x=50-\dfrac{13}{17}y$ …①

①において，x, yは正の整数であるから，yは17の倍数である。…②

また，①において，$x>0$であるから，$50-\dfrac{13}{17}y>0$

ゆえに，$y<\dfrac{850}{13}$ $65<\dfrac{850}{13}<66$であり，かつyは正の整数であるから，

$1\leqq y\leqq65$ …③ ②，③から，$y=17, 34, 51$ このとき，①から，

$x=37, 24, 11$ よって，求める(x, y)の組は，

$(x, y)=(37, 17), (24, 34), (11, 51)$

(2) まず，xは対数の底であるから，$x>0$，$x\neq1$

$\log_x8=\dfrac{\log_2 8}{\log_2 x}=\dfrac{3}{\log_2 x}$ だから，与式に代入すると，$\log_2 x-\dfrac{6}{\log_2 x}\leqq5$

[1] $0<x<1$のとき，$\log_2 x<0$であるから，$(\log_2 x)^2-6\geqq5\log_2 x$

よって，$(\log_2 x)^2-5\log_2 x-6\geqq0$

ゆえに，$(\log_2 x+1)(\log_2 x-6)\geqq0$

したがって，$\log_2 x\leqq-1$，$6\leqq\log_2 x$

よって，$0 < x \leqq \dfrac{1}{2}$，$64 \leqq x$　$0 < x < 1$であるから，$0 < x \leqq \dfrac{1}{2}$

[2]　$x > 1$のとき，$\log_2 x > 0$であるから，$(\log_2 x)^2 - 6 \leqq 5\log_2 x$

よって，$(\log_2 x)^2 - 5\log_2 x - 6 \leqq 0$　ゆえに，$(\log_2 x + 1)(\log_2 x - 6) \leqq 0$

したがって，$-1 \leqq \log_2 x \leqq 6$

よって，$\dfrac{1}{2} \leqq x \leqq 64$　$x > 1$であるから，$1 < x \leqq 64$

[1][2]から，与えられた不等式の解は，$0 < x \leqq \dfrac{1}{2}$，$1 < x \leqq 64$

【２】(1)　$a_n = 2^n(n-9)(2n-5)$　　(2)　$n = 8$，9

〈解説〉(1)　$a_{n+1} = 2a_n + 2^{n+3} \cdot n - 21 \cdot 2^{n+1}$の両辺を$2^{n+1}$で割ると，

$\dfrac{a_{n+1}}{2^{n+1}} = \dfrac{a_n}{2^n} + 4n - 21$

$b_n = \dfrac{a_n}{2^n}$とおくと，$b_{n+1} = b_n + 4n - 21$　すなわち，$b_{n+1} - b_n = 4n - 21$

$n \geqq 2$のとき，$b_n = b_1 + \displaystyle\sum_{k=1}^{n-1}(4k - 21)$

$= \dfrac{a_1}{2} + 4 \cdot \dfrac{1}{2}(n-1)n - 21(n-1)$

$= 24 + 2n^2 - 2n - 21n + 21$

$= 2n^2 - 23n + 45$　…①

$n = 1$を代入すると，$b_1 = 2 \cdot 1^2 - 23 \cdot 1 + 45 = 24$であるから，①は$n = 1$のときも成り立つ。

したがって，$a_n = 2^n b_n = 2^n(2n^2 - 23n + 45) = 2^n(n-9)(2n-5)$

(2)　$a_n \leqq 0$とすると，$2^n(n-9)(2n-5) \leqq 0$　$2^n > 0$であるから，

$\dfrac{5}{2} \leqq n \leqq 9$　nは自然数であるから，$n = 3$，4，5，6，7，8，9

ゆえに，$n = 1$，2のとき，$a_n > 0$

$3 \leqq n \leqq 8$のとき，$a_n < 0$

$n = 9$のとき，$a_n = 0$

$10 \leqq n$のとき，$a_n > 0$

したがって，$S_1 < S_2 > S_3 > S_4 > S_5 > S_6 > S_7 > S_8 = S_9 < S_{10} \cdots$

ゆえに，S_nが最小となるのは，S_1または$S_8 = S_9$

ここで，$S_8 = a_1 + a_2 + \cdots + a_8 < a_1 + a_2 + a_3 = a_1 + 28 - 48 < a_1 = S_1$

よって，S_nを最小とするnの値は，$n = 8$，9

【3】(1) $\overrightarrow{OA} = \vec{a}$，$\overrightarrow{OB} = \vec{b}$，$\overrightarrow{OC} = \vec{c}$ とすると，

$\overrightarrow{OL} = \dfrac{1}{3}\vec{a}$，$\overrightarrow{OM} = \dfrac{1}{2}(\vec{a} + \vec{b})$，$\overrightarrow{ON} = \dfrac{1}{5}(\vec{b} + 4\vec{c})$，$\overrightarrow{OP} = \dfrac{2}{3}\vec{c}$

よって，直線LN上の点をSとすると，実数sを用いて，

$\overrightarrow{OS} = (1 - s)\overrightarrow{OL} + s\overrightarrow{ON}$

$= (1 - s) \cdot \dfrac{1}{3}\vec{a} + s \cdot \dfrac{1}{5}(\vec{b} + 4\vec{c})$

$= \dfrac{1 - s}{3}\vec{a} + \dfrac{s}{5}\vec{b} + \dfrac{4s}{5}\vec{c}$

また，直線MP上の点をTとすると，実数tを用いて，

$\overrightarrow{OT} = (1 - t)\overrightarrow{OM} + t\overrightarrow{OP}$

$= (1 - t) \cdot \dfrac{1}{2}(\vec{a} + \vec{b}) + t \cdot \dfrac{2}{3}\vec{c}$

$= \dfrac{1 - t}{2}\vec{a} + \dfrac{1 - t}{2}\vec{b} + \dfrac{2t}{3}\vec{c}$

ここで，$\vec{a}$，$\vec{b}$，$\vec{c}$ は一次独立だから，$\overrightarrow{OS} = \overrightarrow{OT}$ を満たす実数s，t

が存在すれば，直線LNと直線MPは1点で交わる。

$\dfrac{1 - s}{3} = \dfrac{1 - t}{2}$ …①，$\dfrac{s}{5} = \dfrac{1 - t}{2}$ …②，$\dfrac{4s}{5} = \dfrac{2t}{3}$ …③

②，③より，$s = \dfrac{5}{8}$，$t = \dfrac{3}{4}$ これは，①を満たす。よって，直線LNと

直線MPは1点で交わる。

(2) $\dfrac{3\sqrt{3}}{4}$

〈解説〉(1) 解答参照。

(2) (1)より，$\overrightarrow{OQ} = \dfrac{1}{8}\vec{a} + \dfrac{1}{8}\vec{b} + \dfrac{1}{2}\vec{c}$ 四面体OABCは1辺2の正四

面体だから，

$|\vec{a}| = |\vec{b}| = |\vec{c}| = 2$，$\vec{a} \cdot \vec{b} = \vec{b} \cdot \vec{c} = \vec{c} \cdot \vec{a} = 2$

よって，$\left|\overrightarrow{OQ}\right|^2=\left|\dfrac{1}{8}\overrightarrow{a}+\dfrac{1}{8}\overrightarrow{b}+\dfrac{1}{2}\overrightarrow{c}\right|^2$

$=\dfrac{1}{64}\left(\left|\overrightarrow{a}\right|^2+\left|\overrightarrow{b}\right|^2+16\left|\overrightarrow{c}\right|^2+2\overrightarrow{a}\cdot\overrightarrow{b}+8\overrightarrow{b}\cdot\overrightarrow{c}+8\overrightarrow{c}\cdot\overrightarrow{a}\right)$

$=\dfrac{1}{64}(4+4+64+4+16+16)$

$=\dfrac{108}{64}=\dfrac{27}{16}$

$\left|\overrightarrow{OQ}\right|>0$より，$\left|\overrightarrow{OQ}\right|=\dfrac{3\sqrt{3}}{4}$　よって，$OQ=\dfrac{3\sqrt{3}}{4}$

【4】(1)　$x>0$より，与式は$\dfrac{x(x+1)}{2}<e^x$　…①と同値である。よって，

①を証明する。$f(x)=e^x-\dfrac{x(x+1)}{2}$とおくと，

$f'(x)=e^x-x-\dfrac{1}{2}$　$f''(x)=e^x-1$　$f''(0)=e^0-1=0$で，

$f''(x)$は増加関数だから，$x>0$において，$f''(x)>0$

よって，$x>0$において，$f'(x)$は増加関数であり，

$f'(0)=e^0-\dfrac{1}{2}=\dfrac{1}{2}$だから，$f'(x)>0$

同様にして，$x>0$において，$f(x)$は増加関数であり，

$f(0)=e^0=1$だから，$f(x)>0$

よって，$x>0$のとき，$\dfrac{x+1}{e^x}<\dfrac{2}{x}$　また，$x>0$より，$0<\dfrac{x+1}{e^x}<\dfrac{2}{x}$

ここで，$\displaystyle\lim_{x\to\infty}\dfrac{2}{x}=0$だから，はさみうちの原理により，$\displaystyle\lim_{x\to\infty}\dfrac{x+1}{e^x}=0$

(2)

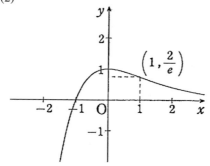

〈解説〉(1)　解答参照。

(2)　$y'=\dfrac{e^x-(x+1)e^x}{e^{2x}}=\dfrac{-xe^x}{e^{2x}}=-\dfrac{x}{e^x}$　　$y''=\dfrac{-e^x+xe^x}{e^{2x}}=\dfrac{x-1}{e^x}$

$\displaystyle\lim_{x\to-\infty}y=-\infty$,　$\displaystyle\lim_{x\to\infty}y=0$　より，yの増減表は図のようになる。

x	$\cdots$	0	$\cdots$	1	$\cdots$
y'	$+$	0	$-$	$-$	$-$
y''	$-$	$-$	$-$	0	$+$
y	↗	1	↘	$\dfrac{2}{e}$	↘

極大値は1($x=0$)，極小値はない。また，変曲点は$\left(1,\ \dfrac{2}{e}\right)$であり，漸近線は$x$軸である。

【5】(1)　角tだけ回転した円の，中心をO′，x軸との接点をR，点Pから半径O′Rに下ろした垂線の足をHとし，このときの点Pの座標を$(x,\ y)$とする。OR$=\overset{\frown}{\text{PR}}$より，OR$=at$，PH$=a\sin t$

ゆえに，$x=$OR$-$PH$=at-a\sin t$　また，O′H$=a\cos t$

ゆえに，$y=$O′R$-$O′H$=a-a\cos t$　よって，P($at-a\sin t,\ a-a\cos t$)

(2)　$3\pi a^2$

〈解説〉(1)　解答参照。

(2)　点Pの座標を(x, y)とおくと，$x=at-a\sin t$，$y=a-a\cos t$

$t=0$のとき，$(x, y)=(0, 0)$，$t=2\pi$のとき，$(x, y)=(2\pi a, 0)$

また，$\dfrac{dx}{dt}=a-a\cos t=a(1-\cos t)$であるから，求める面積は，

$$\int_0^{2\pi a} y\,dx=\int_0^{2\pi} a(1-\cos t)\cdot a(1-\cos t)dt=a^2\int_0^{2\pi}(1-\cos t)^2 dt$$

$$=a^2\int_0^{2\pi}(\cos^2 t-2\cos t+1)dt$$

$$=a^2\int_0^{2\pi}\left(\dfrac{1+\cos 2t}{2}-2\cos t+1\right)dt$$

$$=a^2\left[\dfrac{1}{2}t+\dfrac{\sin 2t}{4}-2\sin t+t\right]_0^{2\pi}=3\pi a^2$$

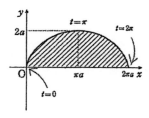

2012年度 | 実施問題

【中学校】

【1】次の(1)～(5)の問いに答えよ。

(1) ある自然数xで56と68を割ると，どちらも余りが8となる。自然数xを求めよ。

(2) 方程式$2x^2+3x-4=0$の解をα，βとするとき，$\alpha^2+\beta^2$の値を求めよ。

(3) 次の図において，$\angle x$の大きさを求めよ。

図

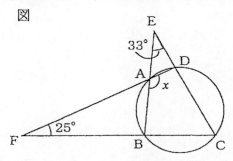

(4) 縦$\sqrt{5}$ cm，横$\sqrt{15}$ cmの長方形の面積と等しい面積をもつ正三角形の1辺の長さを求めよ。

(5) A，B，C，Dの4人がじゃんけんを1回するとき，あいこになる確率を求めよ。ただし，あいことは，「全員が同じものを出す」と「グー，チョキ，パーすべてが出る」ことである。

(☆☆☆◎◎◎◎)

【2】台形の面積を求める公式

$$S=\frac{1}{2}(a+b)h$$

について，次の(1)～(4)の場合にあてはまる関係およびグラフを，あとの①～④およびア～エのなかからそれぞれ1つずつ選べ。

(1)　$a＝2$，$b＝1$のとき，Sとhの関係

(2)　$S＝h$のとき，aとbの関係

(3)　$a＝0$でSが一定のとき，bとhの関係

(4)　$a＝b＝h$のとき，Sとhの関係

①　商が一定　②　積が一定　③　和が一定　④　2乗に比例

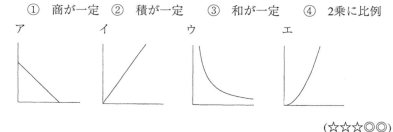

ア　　　　　イ　　　　　ウ　　　　　エ

（☆☆☆◎◎）

【３】　点A$(-2，a)$を通って，曲線$y＝x^3$に3本の接線が引けるようなaの値の範囲を求めよ。

（☆☆☆◎◎◎◎）

【４】　次の図において，正三角形ABCの辺BCを1：2に内分する点をDとし，辺AC上に点Eを∠ADE＝60°となるようにとる。

このとき，△ABD，△ADE，△EDCの面積比を求めよ。

図

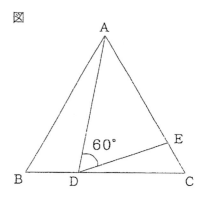

（☆☆☆☆◎◎◎）

【5】 次の図において，塔が立っている地点Hと同じ標高の地点Aから，
　　 塔の先端Pを見たところ，仰角が60°であった。また，Aから100m離れ
　　 た地点Bがあり，
　　 ∠HAB＝15°，∠AHB＝30°
　　 であった。塔の高さPHを求めよ。

図

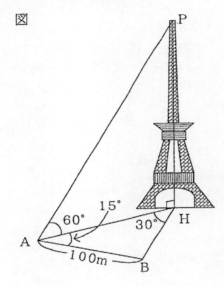

(☆☆☆◎◎◎)

【6】 次のように定義される数列の一般項a_nを求めよ。
　　 $a_1＝2$，$a_2＝3$，$3a_{n+2}＝8a_{n+1}－5a_n$

(☆☆☆☆◎◎◎◎)

【7】 2つの正の数a，bが$a+b＝1$を満たすとき，次の式の大小を比較せよ。
　　 結果だけでなく，証明を書くこと。
　　 $\sqrt{a}＋\sqrt{b}$，ab，$a+b$，a^2+b^2

(☆☆☆◎◎◎)

【8】次の文は，中学校学習指導要領(平成20年3月告示)の「第2章　各教科　第3節　数学　第2　各学年の目標及び内容〔第2学年〕　1　目標(1)(2)」について記したものである。(①)～(⑤)に入る語句を答えよ。

(1) 文字を用いた式について，目的に応じて計算したり(①)したりする能力を養うとともに，(②)について理解し用いる能力を培う。

(2) 基本的な平面図形の性質について，観察，操作や(③)などの活動を通して理解を深めるとともに，図形の性質の考察における数学的な推論の必要性と意味及びその(④)を理解し，論理的に考察し(⑤)能力を養う。

(☆☆☆○○○)

【高等学校】

【1】三角関数について次の各問に答えよ。

(1) 加法定理

$$\sin(\alpha + \beta) = \sin\alpha\cos\beta + \cos\alpha\sin\beta$$
$$\cos(\alpha + \beta) = \cos\alpha\cos\beta - \sin\alpha\sin\beta$$

を導け。必要ならば次の図を用いてもよい。

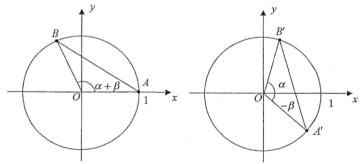

(2) a, bを定数とする。$a\sin\theta + b\cos\theta = r\sin(\theta + \alpha)$と変形できることを説明せよ。

(☆☆☆☆○○○)

【2】 次の各問に答えよ。

(1) $x_1+x_2+x_3+x_4+x_5=1$を満たす5つの実数x_1，x_2，x_3，x_4，x_5のうち，少なくとも1つは$\frac{1}{5}$以上であることを示せ。

(2) n_1，n_2，n_3，n_4，n_5は，$n_1 \leqq n_2 \leqq n_3 \leqq n_4 \leqq n_5$を満たす正の整数とする。
$n_1+n_2+n_3+n_4+n_5=n_1 \cdot n_2 \cdot n_3 \cdot n_4 \cdot n_5$
が成り立つような正の整数の組$(n_1$，n_2，n_3，n_4，$n_5)$をすべて求めよ。

(☆☆☆☆◎◎)

【3】 方程式の実数解に関して次の各問に答えよ。

(1) t を $t \geqq 1$ を満たす実数とするとき，xy平面上の直線
$y=tx+1$
の通りうる範囲を図示せよ。

(2) θ を任意の実数とするとき，xy平面上の直線
$y=(\cos \theta)x+\cos 2\theta$
の通りうる範囲を図示せよ。

(☆☆☆☆◎◎◎)

【4】 △ABCの外心をO，垂心をHとするとき，
$\overrightarrow{OH} = \overrightarrow{OA} + \overrightarrow{OB} + \overrightarrow{OC}$
が成り立つことを示せ。
　また，△ABCの重心をGとしたとき，3点O，G，Hの位置関係を述べよ。

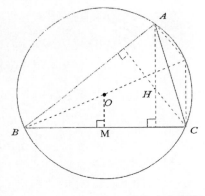

(☆☆☆☆◎◎)

【5】関数$f(x)$は，任意の実数s，tに対して

$f(s+t)=f(s)f(t)$

を満たす。また，$f(1)\neq 0$，$f'(0)=a$であるとする。次の各問に答えよ。

(1)　$f(0)$の値を求めよ。

(2)　任意の実数xに対して，$f(x)\neq 0$であることを示せ。

(3)　任意の実数xに対して，$f'(x)=af(x)$であることを示せ。

(4)　$f(x)$を求めよ。

(☆☆☆○○○○)

【6】点Xは，座標平面上の点$(5，0)$を出発し，硬貨を投げて表が出ればx軸方向に-1移動し，裏が出ればy軸方向に$+1$移動する。点Xがy軸に到達したところでこの試行をやめるものとする。点Xが点$(0，n)$に到達する確率をP_n（nは1以上の整数）とするとき，次の各問に答えよ。

(1)　P_nを求めよ。

(2)　P_nを最大にするnを求めよ。

(☆☆☆○○○○)

解答・解説

【中学校】

【1】(1)　$x=12$　　(2)　$x=\dfrac{25}{4}$　　(3)　$\angle x=119°$　　(4)　$2\sqrt{5}$ cm

(5)　$\dfrac{13}{27}$

〈解説〉(1)　56と68で割った余りがどちらも8となる自然数は，48と60の公約数で9以上の整数である。48と60の最大公約数は12で，12の約数のうち9以上の整数は12のみ

なので，$x=12$

(2) 解と係数の関係から，$\alpha+\beta=-\dfrac{3}{2}$，$\alpha\beta=-2$。したがって，

$\alpha^2+\beta^2=(\alpha+\beta)^2-2\alpha\beta=\left(-\dfrac{3}{2}\right)^2-2\cdot(-2)=\dfrac{25}{4}$

(3) 四角形ABCDは円に内接しているから，∠BCD＝180°−∠x

これを用いて，∠FAE＝∠BCD＋25°＋33°＝238°−∠x

一方，対頂角の大きさは等しいから，∠FAE＝∠x

よって，∠x＝119°

(4) 1辺の長さが$a$cmの正三角形の面積は$\dfrac{\sqrt{3}}{4}a^2$cm²だから，

$\dfrac{\sqrt{3}}{4}a^2=\sqrt{5}\times\sqrt{15}$

$\dfrac{\sqrt{3}}{4}a^2=5\sqrt{3}$

$a^2=20$

$a>0$より，$a=2\sqrt{5}$

よって，1辺の長さは$2\sqrt{5}$ cm

(5) 出し方の総数は，$3^4＝81$(通り)

全員が同じものを出す場合の数は3通り　すべてが出る場合の数は，4人のうち2人が出す手を(グー，チョキ，パーの中から)選んでから，3種類の物を4人に割り振る順列((グー，グー，チョキ，パー)など)と考えて，全部で，$3\times\dfrac{4!}{2!1!1!}＝3\times12＝36$(通り)

よって，求める確率は，$\dfrac{3+36}{81}=\dfrac{39}{81}=\dfrac{13}{27}$

【2】(1)　①とイ　　(2)　③とア　　(3)　②とウ　　(4)　④とエ

〈解説〉(1)　$S=\dfrac{1}{2}\cdot3h=\dfrac{3}{2}h$

よって，Sとhは比例の関係だから，①とイ

(2)　$h=\dfrac{1}{2}(a+b)h$　$a+b=2$

よって，aとbは和が一定の関係だから，③とア

(3)　$S=\dfrac{1}{2}bh$　$bh=2S$

よって，bとhは反比例の関係だから，②とウ

(4)　$S=\dfrac{1}{2}(h+h)h=h^2$

　　　　よって，Sはhの2乗に比例する関係だから，④とエ

【３】　$-8<a<0$

〈解説〉接点の座標を$(t, \ t^3)$とおくと，$y'=3x^2$より，接線の方程式は，

　　　$y-t^3=3t^2(x-t)$

　　　$y=3t^2x-2t^3$

　　これが点Aを通るから，点Aの座標$(-2, \ a)$を代入して，

　　　$a=-6t^2-2t^3$

　　これをtに関する3次方程式とみなし，異なる3つの実数解が存在する条件を考えればよい。

　　　$f(t)=-2t^3-6t^2$とおいて，$y=f(x)$のグラフと$y=a$のグラフが異なる3つの共有点をもつaの値の範囲を求めればよい。

　　よって，図より，$-8<a<0$

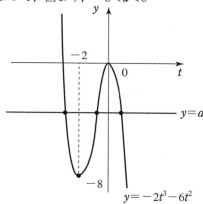

【４】　△ABD：△ADE：△EDC＝9：14：4

〈解説〉三角形の外角の性質から，　∠ABD＋∠BAD＝∠ADE＋∠EDC

　　両辺から60°を引いて，　∠BAD＝∠CDE　…①

　　また，∠ABD＝∠DCE＝60°　…②

　　①，②より，△ABD∽△DCEで，DC＝$\dfrac{2}{3}$BC＝$\dfrac{2}{3}$ABから，相似比は

3：2。

したがって面積比は9：4で，これと，BD：DC＝1：2であることを用いると，

$\triangle ADE = 2\triangle ABD - \triangle DEC = 2\triangle ABD - \dfrac{4}{9}\triangle ABD = \dfrac{14}{9}\triangle ABD$

$\triangle ABD : \triangle ADE = 9 : 14$

以上より，$\triangle ABD : \triangle ADE : \triangle EDC = 9 : 14 : 4$

【5】$100\sqrt{6}$ m

〈解説〉∠ABH＝180°－(15°＋30°)＝135°なので，正弦定理より，

$\dfrac{AH}{\sin 135°} = \dfrac{AB}{\sin 30°}$

$\dfrac{1}{2}AH = 100 \cdot \dfrac{\sqrt{2}}{2}$

$\therefore AH = 100\sqrt{2}$

よって，$PH = AH\tan 60°$

$= 100\sqrt{2} \cdot \sqrt{3}$

$= 100\sqrt{6}$ (m)

【6】$a_n = \dfrac{3}{2}\left(\dfrac{5}{3}\right)^{n-1} + \dfrac{1}{2}$

〈解説〉特性方程式：$3\alpha^2 = 8\alpha - 5$ を解くと，

$3\alpha^2 - 8\alpha + 5 = 0$

$(3\alpha - 5)(\alpha - 1) = 0$

$\therefore \alpha = \dfrac{5}{3},\ 1$

よって，与えられた漸化式は，$a_{n+2} - \dfrac{5}{3}a_{n+1} = a_{n+1} - \dfrac{5}{3}a_n$ …①，

$a_{n+2} - a_{n+1} = \dfrac{5}{3}(a_{n+1} - a_n)$ …②と2通りに変形できる。

①より，数列$\left\{a_{n+1} - \dfrac{5}{3}a_n\right\}$は，初項$a_2 - \dfrac{5}{3}a_1 = 3 - \dfrac{5}{3}\cdot 2 = -\dfrac{1}{3}$，公比1

の等比数列だから，$a_{n+1} - \dfrac{5}{3}a_n = -\dfrac{1}{3}$ …③

②より，数列$\{a_{n+1} - a_n\}$は，初項$a_2 - a_1 = 3 - 2 = 1$，公比$\dfrac{5}{3}$の等比数列

だから，$a_{n+1}-a_n=\left(\dfrac{5}{3}\right)^{n-1}$　…④

④−③より，$\dfrac{2}{3}a_n=\left(\dfrac{5}{3}\right)^{n-1}+\dfrac{1}{3}$

よって，$a_n=\dfrac{3}{2}\left(\dfrac{5}{3}\right)^{n-1}+\dfrac{1}{2}$

【7】$ab<a^2+b^2<a+b<\sqrt{a}+\sqrt{b}$

〈解説〉$(\sqrt{a}+\sqrt{b})^2-(a+b)^2=a+2\sqrt{ab}+b-1=2\sqrt{ab}>0$

$\sqrt{a}+\sqrt{b}>0$，$a+b>0$であるから，$\sqrt{a}+\sqrt{b}>a+b$　…①

$(a+b)-(a^2+b^2)=(a+b)-\{(a+b)^2-2ab\}=1-(1-2ab)=2ab>0$

よって，$a+b>a^2+b^2$　…②

$(a^2+b^2)-ab=(a-\dfrac{b}{2})^2+\dfrac{3}{4}b^2>0$

よって，$a^2+b^2>ab$　…③

①，②，③より，$ab<a^2+b^2<a+b<\sqrt{a}+\sqrt{b}$

【8】①　変形　　　②　連立二元一次方程式　　　③　実験　　　④　方法
　　⑤　表現する

〈解説〉数学科の目標及び各学年の目標はよく出題されるので，キーワードとなる言葉を覚えておきたい。

【高等学校】

【1】(1)　解説参照　　　(2)　解説参照

〈解説〉(1)　図において，点A，B，A′，B′は点Oを中心とする単位円周上の点である。このとき，A(1, 0)，B($\cos(\alpha+\beta)$, $\sin(\alpha+\beta)$)，A′($\cos(-\beta)$, $\sin(-\beta)$)，B′($\cos\alpha$, $\sin\alpha$)であり，辺ABと辺A′B′の長さは等しいので，$(\cos(\alpha+\beta)-1)^2+(\sin(\alpha+\beta)-0)^2$

$=(\cos\alpha-\cos(-\beta))^2+(\sin\alpha-\sin(-\beta))^2$

両辺を展開して整理すると，

$\cos(\alpha+\beta)=\cos\alpha\cos\beta-\sin\alpha\sin\beta$　…①

①において，αを$\dfrac{\pi}{2}-\alpha$，βを$-\beta$に置き換えると，

$\cos(\frac{\pi}{2} - \alpha - \beta) = \cos(\frac{\pi}{2} - \alpha)\cos(-\beta) - \sin(\frac{\pi}{2} - \alpha)\sin(-\beta)$

よって，$\sin(\alpha + \beta) = \sin\alpha\cos\beta + \cos\alpha\sin\beta$ …②

(2) $a\sin\theta + b\cos\theta$ において，座標平面上の点(a, b)を考える。この点と原点を結んだ線分がx軸上の正の部分となす角をαとすれば，

$\cos\alpha = \dfrac{a}{\sqrt{a^2+b^2}}$，$\sin\alpha = \dfrac{b}{\sqrt{a^2+b^2}}$ が成り立つ。

よって，

$a\sin\theta + b\cos\theta = \sqrt{a^2+b^2}\,(\dfrac{a}{\sqrt{a^2+b^2}}\sin\theta + \dfrac{b}{\sqrt{a^2+b^2}}\cos\theta)$

$= \sqrt{a^2+b^2}\,(\sin\theta\cos\alpha + \cos\theta\sin\alpha)$

$= \sqrt{a^2+b^2}\,\sin(\theta + \alpha)$

$r = \sqrt{a^2+b^2}$ とすると，$a\sin\theta + b\cos\theta = r\sin(\theta + \alpha)$ となる。

【2】(1) 解説参照　(2) $(n_1, n_2, n_3, n_4, n_5) = (1, 1, 1, 2, 5)$, $(1, 1, 1, 3, 3)$, $(1, 1, 2, 2, 2)$

〈解説〉(1) x_1, x_2, x_3, x_4, x_5は，$x_1 + x_2 + x_3 + x_4 + x_5 = 1$を満たす実数であるが，この5つの実数がすべて$\dfrac{1}{5}$未満であると仮定すると，$x_1 + x_2 + x_3 + x_4 + x_5 < \dfrac{1}{5} + \dfrac{1}{5} + \dfrac{1}{5} + \dfrac{1}{5} + \dfrac{1}{5} = 1$となり条件に矛盾する。よって，$x_1, x_2, x_3, x_4, x_5$のうち，少なくとも1つは$\dfrac{1}{5}$以上である，

(2) $n_1 \cdot n_2 \cdot n_3 \cdot n_4 \cdot n_5$は正の整数であるから，$n_1 + n_2 + n_3 + n_4 + n_5$

$= n_1 \cdot n_2 \cdot n_3 \cdot n_4 \cdot n_5$ …(*)の両辺を$n_1 \cdot n_2 \cdot n_3 \cdot n_4 \cdot n_5$で割ると，

$\dfrac{1}{n_2 n_3 n_4 n_5} + \dfrac{1}{n_1 n_3 n_4 n_5} + \dfrac{1}{n_1 n_2 n_4 n_5} + \dfrac{1}{n_1 n_2 n_3 n_5} + \dfrac{1}{n_1 n_2 n_3 n_4} = 1$

$n_1 \le n_2 \le n_3 \le n_4 \le n_5$であるから，左辺の最大項は$\dfrac{1}{n_1 n_2 n_3 n_4}$であり，(1)より，$\dfrac{1}{5} \le \dfrac{1}{n_1 n_2 n_3 n_4}$

すなわち，$n_1 n_2 n_3 n_4 \le 5$が成り立つ。よって，

$(n_1, n_2, n_3, n_4) = (1, 1, 1, 1)$, $(1, 1, 1, 2)$, $(1, 1, 1, 3)$, $(1, 1,$

1, 4), (1, 1, 1, 5), (1, 1, 2, 2)

それぞれの値の組を(*)に代入すると，

(1, 1, 1, 1)のとき，$4+n_5=n_5$　この等式を満たすn_5は存在しない。

(1, 1, 1, 2)のとき，$5+n_5=2n_5$　∴　$n_5=5$

(1, 1, 1, 3)のとき，$6+n_5=3n_5$　∴　$n_5=3$

(1, 1, 1, 4)のとき，$7+n_5=4n_5$　この等式を満たす正の整数n5は存在しない。

(1, 1, 1, 5)のとき，$8+n_5=5n_5$　∴　$n_5=2$　$n_5≧5$より，この等式を満たすn_5は存在しない。

(1, 1, 2, 2)のとき，$6+n_5=4n_5$　∴　$n_5=2$

以上により，(1, 1, 1, 2, 5), (1, 1, 1, 3, 3), (1, 1, 2, 2, 2)の3組。

【3】(1)

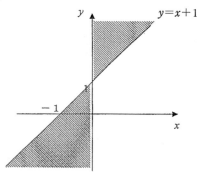

(境界線$y=x+1$は含む。境界線$x=0$は(0, 1)以外は含まない)

(2)

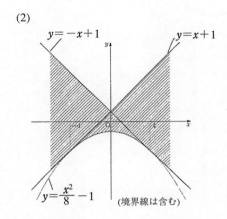

$y=-x+1$　$y=x+1$

$y=\dfrac{x^2}{8}-1$　(境界線は含む)

〈解説〉(1)　$y=tx+1$ より，$xt=y-1$

(i)$x=0$ のとき，(ア)$y-1=0$ であれば，$0\cdot t=0$ であるから，$t\geqq1$ を満たす実数解は存在する。(イ)$y-1\neq0$ であれば，$0\cdot t\neq0$ であるから，$t\geqq1$ を満たす実数解は存在しない

(ii)$x\neq0$ のとき，$t=\dfrac{y-1}{x}\geqq1$

両辺に $x^2\neq0$ をかけると，$x(y-1)\geqq x^2$

よって，$x(y-x-1)\geqq0$

以上により，与えられた直線が通過する範囲は「$x\geqq0$ かつ $y-x-1\geqq0$」または「$x\leqq0$ かつ $y-x-1\leqq0$」を満たす点で，図の斜線部となる。ただし，境界線 $y=x+1$ 上の点は含み，境界線 $x=0$ 上の点は$(0，1)$以外の点は含まない。

(2)　$y=(\cos\theta)x+\cos2\theta=(\cos\theta)x+2\cos^2\theta-1$ であるから，$\cos\theta=t$ とおくと，与えられた方程式は，$2t^2+xt-y-1=0$，$-1\leqq t\leqq1$

よって，t についての2次方程式が，$-1\leqq t\leqq1$ において少なくとも1つの実数解をもつような x，y の条件を求める。$f(t)=2t^2+xt-y-1=2(t+\dfrac{x}{4})^2-\dfrac{x^2}{8}-y-1$ とおくと，求める条件は，

(i)$-\dfrac{x}{4}<-1$ または $1<-\dfrac{x}{4}$　すなわち，$x<-4$ または $x>4$ のとき，

$f(-1)\cdot f(1)=(1-x-y)(1+x-y)\leqq0$

(ii)$-1\leqq-\dfrac{x}{4}\leqq1$　すなわち，$-4\leqq x\leqq4$のとき，$-\dfrac{x^2}{8}-y-1\leqq0$かつ，

$f(-1)=1-x-y\geqq0$　または$f(1)=1+x-y\geqq0$

以上により，与えられた直線が通過する範囲は図の斜線部となる。ただし，境界線はすべて含む。

【４】解説参照

〈解説〉頂点Bと外心Oを結んだ直線が再び外接円と交わる点をDとする。

BDは円の直径であるから，$\angle BCD=\angle BAD=90°$

よって，AH//DC，CH//DAであるから，四角形CDAHは平行四辺形である。よって，$\overrightarrow{DC}=\overrightarrow{AH}$

一方，外心Oから辺BCにおろした垂線の足をMとすると，Mは辺BCの中点であるから，$\overrightarrow{DC}=2\overrightarrow{OM}=2\cdot\dfrac{\overrightarrow{OB}+\overrightarrow{OC}}{2}=\overrightarrow{OB}+\overrightarrow{OC}$

よって，$\overrightarrow{OH}=\overrightarrow{OA}+\overrightarrow{AH}=\overrightarrow{OA}+\overrightarrow{DC}=\overrightarrow{OA}+\overrightarrow{OB}+\overrightarrow{OC}$

また，重心Gに対して，$\overrightarrow{OG}=\dfrac{\overrightarrow{OA}+\overrightarrow{OB}+\overrightarrow{OC}}{3}$が成り立つから，$\overrightarrow{OG}=\dfrac{1}{3}\overrightarrow{OH}$

したがって，重心Gは線分OHを１：２に内分する点である。

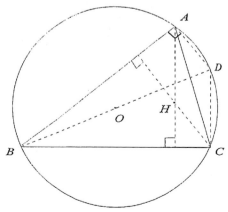

【5】(1) $f(0)=1$　　(2)　解説参照　　(3)　解説参照　　(4)　$f(x)=e^{ax}$

〈解説〉(1)　$f(s+t)=f(s)f(t)$において，$s=1$，$t=0$を代入すると，

$f(1)=f(1)f(0)$

$f(1)\neq 0$より，両辺を$f(1)$で割ると，$f(0)=1$

(2)　$f(s+t)=f(s)f(t)$において，$s=x$，$t=-x$を代入すると，

$f(x-x)=f(x)f(-x)$

∴　$f(x)f(-x)=f(0)=1$

よって，$f(x)\neq 0$である。

(3)　微分の定義より，$f'(x)=\displaystyle\lim_{h\to 0}\frac{f(x+h)-f(x)}{h}$

$=\displaystyle\lim_{h\to 0}\frac{f(x)f(h)-f(h)}{h}$

$=f(x)\displaystyle\lim_{h\to 0}\frac{f(h)-1}{h}$

$=f(x)\displaystyle\lim_{h\to 0}\frac{f(0+h)-f(0)}{h}$

$=f(x)f'(0)$

$=af(x)$

(4)　$f'(x)=af(x)$，$f(x)\neq 0$より，$\dfrac{f'(x)}{f(x)}=a$　と変形できる。

両辺をxで積分して，

$\displaystyle\int\frac{f'(x)}{f(x)}dx=\int a\,dx$

$\log|f(x)|=ax+C$　（Cは積分定数）

∴　$|f(x)|=e^{ax+C}$

ここで，fの性質から，任意の実数xに対して，

$f(0)=f\left(\dfrac{x}{2}\right)f\left(-\dfrac{x}{2}\right)$

$f\left(\dfrac{x}{2}\right)=f(x)f\left(-\dfrac{x}{2}\right)$

辺々割って，

$\dfrac{f(0)}{f\left(\frac{x}{2}\right)}=\dfrac{f\left(\frac{x}{2}\right)}{f(x)}$

$f(x)=\left\{f\left(\dfrac{x}{2}\right)\right\}^{2}>0$

よって，fは非負関数といえて，$f(x)=e^{ax+C}$。さらに，

$f(0)=1$から，$1=e^C$となり，$C=0$

以上より，$f(x)=e^{ax}$

【6】(1)　$p_n=\dfrac{(n+4)!}{4!n!}\left(\dfrac{1}{2}\right)^{n+5}$　　(2)　$n=3,\ 4$

〈解説〉(1)　動点Pが座標$(0,\ n)$に到達する場合は，硬貨を$(n+4)$回投げたときに裏がn回出て，$(n+5)$回目に表が出る場合であるから，その確率p_nは，

$p_n={}_{n+4}\mathrm{C}_n\left(\dfrac{1}{2}\right)^n\left(\dfrac{1}{2}\right)^4\times\dfrac{1}{2}$

$={}_{n+4}\mathrm{C}_n\left(\dfrac{1}{2}\right)^{n+5}$

$=\dfrac{(n+4)!}{4!n!}\left(\dfrac{1}{2}\right)^{n+5}$

(2)　$p_{n+1}-p_n=\dfrac{(n+5)!}{4!(n+1)!}\left(\dfrac{1}{2}\right)^{n+6}-\dfrac{(n+4)!}{4!n!}\left(\dfrac{1}{2}\right)^{n+5}$

$=\dfrac{(n+4)!}{4!(n+1)!}\left(\dfrac{1}{2}\right)^{n+6}(n+5-2(n+1))$

$=\dfrac{(n+4)!}{4!(n+1)!}\left(\dfrac{1}{2}\right)^{n+6}(3-n)$

であるから，$p_1<p_2<p_3=p_4>p_5>p_6>\cdots\cdots$

よって，p_nを最大にするnは，$n=3,\ 4$

2011年度　　実施問題

【中学校】

【1】次の(1)～(5)の問いに答えよ。

(1) $\dfrac{21}{10}$, $\dfrac{35}{16}$, $\dfrac{42}{5}$のいずれにかけても積が自然数となる分数のうち，最も小さいものを求めよ。

(2) 休日にA地点からB地点まで高速道路を利用して自動車で往復した。行きは時速100kmで走り，帰りは交通量が多かったため時速60kmで走ったところ，往復で8時間かかった。往復の平均の速さを求めよ。

(3) 2次関数のグラフが，3点(−2，−6)，(−1，1)，(3，9)を通るとき，その2次関数の式を求めよ。

(4) $f(x)=x^4+px^2+qx-8$は$(x+1)^2$で割り切れるという。p，qの値を求めよ。

(5) △ABCにおいて，次の等式が成り立つとき，この三角形の最も大きい角の大きさを求めよ。

$$\dfrac{\sin A}{3}=\dfrac{\sin B}{5}=\dfrac{\sin C}{7}$$

(☆☆☆☆◎◎◎◎)

【2】2台のケーブルカーA，Bが，P，Q両駅間を往復運行している。A，Bは，P，Qそれぞれの駅を同時に出発して，時速15kmの一定の速さで動き，P，Q両駅同時に着くと，20分間停車する。そして，その後，同様の運行を繰り返すものとする。いま，太郎さんがケーブルカーの発車と同時にP駅を出発し，時速2kmの一定の速さで，ケーブルカーの軌道に沿った登山道をQ駅に向かった。出発後，太郎さんは，ケーブルカーと，合わせて4回，すれ違ったり，追い抜かれたりした後で，ケーブルカーと同時ではなく，Q駅に着いた。このとき，次の(1)と(2)の問いに答えよ。ただし，駅およびケーブルカーの長さは無視するもの

とする。

(1)　P，Q両駅間の距離を$x$kmとして，xについての不等式を立てよ。

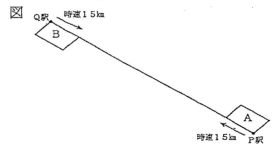

図

Q駅　　時速１５km

B

時速１５km　P駅

A

(2)　(1)の不等式を解いて，次の文の[　　　]にあてはまる数をかけ。

P，Q両駅間の距離は，[　　　]kmより長く，[　　　]kmより短い。

(☆☆☆☆◎◎)

【3】aを実数の定数とし，$f(x)=x^4+x^2-6x$，$g(x)=-2x^2-16x+a$とする。このとき，次の(1)と(2)の問いに答えよ。

(1)　どのような実数xに対しても，$f(x) \geqq g(x)$となるaの範囲を求めよ。

(2)　どのような実数x_1，x_2に対しても，$f(x_1) \geqq g(x_2)$となるaの範囲を求めよ。

(☆☆☆☆◎◎◎)

【4】座標軸上に2点A(3，0)，B(0，4)がある。点Pが，半直線OA，OBの作る角の辺上および内部を，△OAP＋△OBP＝16であるように動くとき，点Pはある定まった直線l上にあるという。直線lとx軸，y軸との交点をそれぞれC，Dとする。次の(1)〜(3)の問いに答えよ。

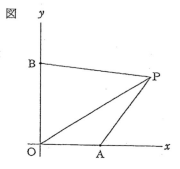

図

(1)　直線lの式を求めよ。

(2)　線分CD上の点で，x座標もy座標もともに整数である点をすべて求め，その点の座標をいえ。

(3)　線分CDをCの側へ延長した線上に点Qをとるとき，△OAQと△OBQの面積の間にはどのような関係が成り立つか。式で表せ。

(☆☆☆◎◎◎)

【5】次の図のようなAB＝3cm，AD＝1cm，AE＝2cmである直方体ABCD－EFGHがある。△AFCの面積を求めよ。

図

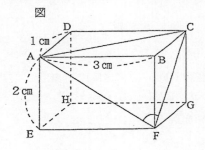

(☆☆☆◎◎◎◎)

【6】次の図の正方形ABCDについて，AD＝6cm，BE＝2cm，BF＝3cmである。このとき，四角形AEGDの面積を求めよ。

図

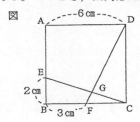

(☆☆☆☆◎◎◎◎)

【７】5色の色鉛筆から何色かを使って，次の図のような5つの円を描く。ただし，互いに交わる円は異なる色で描くものとする。下の(1)と(2)の場合の描き方は何通りあるか求めよ。

図

(1)　3色を使う。

(2)　4色を使う。

(☆☆☆☆○○○○)

【８】次の文は，中学校学習指導要領(平成20年3月告示)の「第2章　各教科　第3節　数学　第2　各学年の目標及び内容〔第1学年〕1　数学的活動(1)」について記したものである。(　①　)～(　⑤　)に入る語句を答えよ。

(1)「A数と式」，「B図形」，「C関数」及び「D(　①　)」の学習やそれらを相互に関連付けた学習において，次のような(　②　)に取り組む機会を設けるものとする。

ア　既習の数学を基にして，数や図形の性質などを(　③　)活動

イ　日常生活で数学を(　④　)活動

ウ　数学的な表現を用いて，自分なりに説明し(　⑤　)活動

(☆☆☆○○○○○)

【高等学校】

【１】1からnまでの自然数1，2，3，…，nの中から異なる2つの数を選ぶ。このとき，次の問いに答えよ。

①　このような2つの数の選び方は，全部で何通りあるか。

②　①におけるすべての場合について，選んだ2つの数の積を考える。その総和Sを求めよ。

(☆☆☆☆○○○○)

【2】 関数$f(x)＝\cos x$を，導関数の定義に従って微分せよ。

(☆☆☆◎◎◎◎)

【3】 $\boxed{S}$, $\boxed{H}$, $\boxed{I}$, $\boxed{G}$, $\boxed{A}$とかかれた5枚のカードがある。1個のさいころを振って，偶数の目が出たら母音のカードを1枚，1の目が出たら子音のカードを2枚，1以外の奇数の目が出たら子音のカードを1枚，自分の手札として取ることができる。すべてのカードが自分の手札となるまで，この試行を繰り返す。ただし，1の目が出ても，残っている子音のカードが1枚しかない場合は，その1枚のみを取る。また，どの目が出たとしても，取るべきカードがすでにない場合は，その回は何も取らないものとする。

さいころをちょうど5回振ったとき，すべてのカードが自分の手札となる確率を求めよ。

(☆☆☆☆◎◎◎)

【4】 表が青色，裏が白色の正方形の折り紙ABCDがある。辺ABの中点をMとする。下図のように，点Dが点Mに重なるように折りまげたとき，青色の部分と白色の部分の面積比を求めよ。

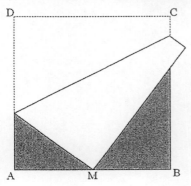

(☆☆☆☆◎◎◎◎)

【5】 無限級数 $\displaystyle\sum_{n=1}^{\infty} (a^n - b^n)$ が収束するような点(a, b)の存在範囲を求め，図示せよ。ただし，a, bは実数とする。

(☆☆☆○○○)

【6】 a, bを実数とするとき，点A(a, b)から曲線$y = e^x$に引くことができる接線の本数を求めよ。ただし，eは自然対数の底とする。

(☆☆☆○○○○)

【7】 円柱形のコップに水が満たされている。このコップを静かに傾けて水をこぼしていく。下図のように，水面上にちょうど点Oがきた状態になったとき，こぼすのを中止する。コップの容積をV_0とするとき，コップに残っている水の量VをV_0を用いて表せ。ただし，点Oは底面の円の中心である。

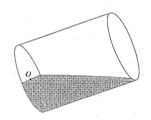

(☆☆☆○○○○)

解答・解説

【中学校】

【 1 】 (1) $\dfrac{80}{7}$　　(2) 時速75km　　(3) $y=-x^2+4x+6$

(4) $p=-11$, $q=-18$　　(5) $120°$

〈解説〉(1) 分母は21，35，42の最大公約数7，分子は10，16，5の最小

公倍数80になればよいから，$\dfrac{80}{7}$

(2) A地点からB地点までの距離を$x$kmとすると，

$\dfrac{x}{100}+\dfrac{x}{60}=8$　　$\dfrac{16x}{600}=8$　　$\therefore x=300$

往復600kmを8時間かかったので，平均の速さは，$\dfrac{600}{8}=75$(km/時)

(3) 2次関数の式を$y=ax^2+bx+c$　とおいて，

3点$(-2，-6)$, $(-1，1)$, $(3，9)$を代入すると，

$4a-2b+c=-6$……① 　$a-b+c=1$……② 　$9a+3b+c=9$……③

①，②より，$3a-b=-7$……④

①，③より，$a+b=3$……⑤

④，⑤より，$a=-1$, $b=4$

②に代入して，$c=6$

よって，$y=-x^2+4x+6$

(4) $f(x)$が$(x+1)^2$で割り切れるとき，$f(-1)=f'(-1)=0$　だから，

　$f(-1)=p-q-7=0$　……①

　$f'(x)=4x^3+2px+q$　より，

　$f'(-1)=-4-2p+q=0$　……②

　①，②より，$p=-11$, $q=-18$

(5) $\sin A：\sin B：\sin C=3：5：7$　より，$a：b：c=3：5：7$

最も長い辺の対角の大きさが最も大きいから，最大角はCで，その大

きさは，$a=3k$, $b=5k$, $c=7k$　$(k\neq0)$とおくと，余弦定理より，

$\cos C=\dfrac{a^2+b^2-c^2}{2ab}=\dfrac{(3k)^2+(5k)^2-(7k^2)}{2\cdot3k\cdot5k}=\dfrac{-15k^2}{30k^2}=-\dfrac{1}{2}$

∴　C＝120°

【２】(1)　$\dfrac{2}{15}x+\dfrac{2}{3}<\dfrac{1}{2}x<\dfrac{1}{5}x+\dfrac{2}{3}$

(2)　P，Q両駅間の距離は$\dfrac{20}{11}$km より長く，$\dfrac{20}{9}$kmより短い。

〈解説〉(1)　P，Q両駅間の距離を$x$kmとすると，2台のケーブルカーの片道の運行時間は$\dfrac{x}{15}$時間，1回目の運行でケーブルカーBとすれ違い，2回目の運行で2台のケーブルカーとすれ違い，追い抜かれるので，3回目の運行中1回だけBとすれ違ったことになる。太郎さんの歩いた時間は$\dfrac{x}{2}$時間だから，

$$\left(\dfrac{x}{15}+\dfrac{1}{3}\right)\times2<\dfrac{x}{2}<\left(\dfrac{x}{15}+\dfrac{1}{3}\right)\times2+\dfrac{x}{15}$$

∴　$\dfrac{2}{15}x+\dfrac{2}{3}<\dfrac{1}{2}x<\dfrac{1}{5}x+\dfrac{2}{3}$

(2)　$\dfrac{2}{15}x+\dfrac{2}{3}<\dfrac{1}{2}x$ ……①，　$\dfrac{1}{2}x<\dfrac{1}{5}x+\dfrac{2}{3}$ ……②とする。

①より，$4x+20<15x$　∴　$x>\dfrac{20}{11}$

②より，$15x<6x+20$　∴　$x<\dfrac{20}{9}$

したがって，$\dfrac{20}{11}<x<\dfrac{20}{9}$

【３】(1)　$a\leqq-6$　(2)　$a\leqq-36$

〈解説〉(1)　$f(x)-g(x)\geqq0$が常に成り立つaの範囲を求めればよい。

$f(x)-g(x)=(x^4+x^2-6x)-(-2x^2-16x+a)=x^4+3x^2+10x-a$

$h(x)=x^4+3x^2+10x$　とおくと，

$h'(x)=4x^3+6x+10=2(x+1)(2x^2-2x+5)$

$2x^2-2x+5>0$　より，$y=h(x)$は$x=-1$のとき

最小値　$h(-1)=(-1)^4+3\cdot(-1)^2+10\cdot(-1)=-6$　をとるから，

$a\leqq-6$のとき，$h(x)\geqq a$　つまり，$f(x)-g(x)=h(x)-a\geqq0$　となる。

(2)　$y=f(x)$の最小値をmf，$y=g(x)$の最大値をMgとするとき，$mf\geqq Mg$となればよい。

$f'(x)=4x^3+2x-6=2(x-1)(2x^2+2x+3)$

$2x^2+2x+3>0$　より，最小値　$mf=f(1)=1^4+1^2-6\cdot1=-4$

$g(x)=-2(x+4)^2+32+a$　より，最大値　$Mg=32+a$

$mf\geqq Mg$　より，$32+a\leqq-4$　$\therefore a\leqq-36$

【4】(1)　$y=-\dfrac{4}{3}x+\dfrac{32}{3}$　　(2)　$(8,\ 0),\ (5,\ 4),\ (2,\ 8)$

(3)　$\triangle OBQ-\triangle OAQ=16$

〈解説〉(1)　点$P(a,\ b)$とすると，

$\triangle OAP=\dfrac{1}{2}\cdot3\cdot b=\dfrac{3}{2}b$　　　$\triangle OBP=\dfrac{1}{2}\cdot4\cdot a=2a$

よって，$\triangle OAP+\triangle OBP=\dfrac{3}{2}b+2a=16$　$\therefore$　$b=-\dfrac{4}{3}a+\dfrac{32}{3}$

したがって，直線lの式は，$y=-\dfrac{4}{3}x+\dfrac{32}{3}$

(2)　点Cの座標が$(8,\ 0)$であることと，傾きが$-\dfrac{4}{3}$から，x座標もy座標もともに整数である点は，$(8,\ 0),\ (5,\ 4),\ (2,\ 8)$の3点

(3)　点Qの座標を$(s,\ t)$とすると，$t<0$より，

$\triangle OAQ=\dfrac{1}{2}\cdot3\cdot(-t)=-\dfrac{3}{2}t$　　　$\triangle OBQ=\dfrac{1}{2}\cdot4\cdot s=2s$

点Qは直線l上にあるから，$t=-\dfrac{4}{3}s+\dfrac{32}{3}$を満たす。よって，

$-\dfrac{2}{3}\triangle OAQ=-\dfrac{4}{3}\cdot\dfrac{1}{2}\triangle OBQ+\dfrac{32}{3}$

$\therefore$　$\triangle OBQ-\triangle OAQ=16$

【5】$\dfrac{7}{2}$cm^2

〈解説〉$AF=\sqrt{2^2+3^2}=\sqrt{13}$，$AC=\sqrt{1^2+3^2}=\sqrt{10}$，$CF=\sqrt{1^2+2^2}=\sqrt{5}$

より，$\cos\angle ACF=\dfrac{(\sqrt{10})^2+(\sqrt{5})^2-(\sqrt{13})^2}{2\cdot\sqrt{10}\cdot\sqrt{5}}=\dfrac{1}{5\sqrt{2}}$　　よって，

$\sin\angle ACF=\sqrt{1-\cos^2\angle ACF}=\sqrt{1-\left(\dfrac{1}{5\sqrt{2}}\right)^2}=\dfrac{7}{5\sqrt{2}}$

$\therefore$　$\triangle AFC=\dfrac{1}{2}\cdot\sqrt{10}\cdot\sqrt{5}\cdot\sin\angle ACF=\dfrac{5\sqrt{2}}{2}\cdot\dfrac{7}{5\sqrt{2}}=\dfrac{7}{2}$(cm^2)

【6】 $\dfrac{156}{7}$ cm²

〈解説〉四角形AEGDの面積は，台形AECDの面積から△CDGの面積を引いて求めることができる。台形AECDの面積は，

$\dfrac{1}{2}$ ・ $(4+6)$ ・ $6=30$(cm²)

直線ADと直線CEとの交点をPとすると，

AP：BC＝AE：BE＝4：2＝2：1　より，AP＝12cm

よって，DG：FG＝PD：CF＝(12+6)：3＝6：1

∴　$\triangle CDG=\dfrac{6}{7}\triangle CDF=\dfrac{6}{7}$ ・ $\dfrac{1}{2}$ ・ 3 ・ $6=\dfrac{54}{7}$(cm²)

したがって，四角形AEGDの面積は，$30-\dfrac{54}{7}=\dfrac{156}{7}$(cm²)

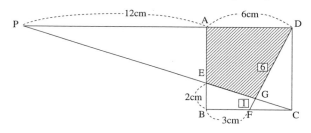

【7】(1)　420通り　　(2)　720通り

〈解説〉(1)　3色の色をA，B，Cとすると，その選び方は $_5C_3$ 通り。

2色の色を2回ずつ使う場合(AABBC)は，$\dfrac{5!}{2!2!}=30$通りあり，その中で同じ色が隣り合う場合が $\dfrac{4!}{2!}\times2-3!=$

18(通り)あるから，全部で $30-18=12$(通り)。

1色の色を3回使う場合(AAABC)は，ABACAまたはACABAの2通り。

それぞれの場合で，2回使う色，3回使う色の選び方は3通りずつあるから，3色を使った場合の描き方は，$_5C_3\times3\times(12+2)=420$(通り)

(2)　4色の色をA，B，C，Dとすると，その選び方は $_5C_4$ 通り。

どれか1色を2回使う(AABCD)ので，$\dfrac{5!}{2!}=60$(通り)あり，その中で同じ色が隣り合う場合が $4!=24$(通り)あるから，全部で $60-24=36$(通り)。

よって，4色を使った場合の描き方は，$_5C_4\times4\times36=720$(通り)

【8】① 資料の活用　② 数学的活動　③ 見いだす　④ 利用する　⑤ 伝え合う

〈解説〉中学校学習指導要領についての問題は頻出であり，特に目標については全文暗記するまで熟読してもらいたい．本問は第1学年に関するものであるが，当然第2学年，第3学年の問題も同様の対策が必要になる。

【高等学校】

【1】(1)　$\dfrac{n(n-1)}{2}$ 通り　(2)　$S = \dfrac{1}{24}n(n-1)(n+1)(3n+2)$

〈解説〉(1)　$_nC_2 = \dfrac{n(n-1)}{2}$（通り）

(2)　1からnまでの2つの自然数の積は，$(1+2+\cdots+n)(1+2+\cdots+n)$で求められる。このうち，同じ数同士の積$1\times1$，$2\times2$，$\cdots$，$n\times n$をひけばよいから，

$$S = \frac{1}{2}\left\{(1+2+\cdots+n)(1+2+\cdots+n)-(1^2+2^2+\cdots+n^2)\right\}$$

$$= \frac{1}{2}\left\{\frac{1}{2}n(n+1)\cdot\frac{1}{2}n(n+1)-\frac{1}{6}n(n+1)(2n+1)\right\}$$

$$= \frac{1}{24}n(n+1)(3n^2+3n-4n-2)$$

$$= \frac{1}{24}n(n+1)(3n^2-n-2)$$

$$= \frac{1}{24}n(n-1)(n+1)(3n+2)$$

【2】$f'(x) = \displaystyle\lim_{h\to0}\frac{f(x+h)-f(x)}{h} = \lim_{h\to0}\frac{\cos(x+h)-\cos x}{h}$

ここで，$\cos(x+h)-\cos x = -2\sin\dfrac{2x+h}{2}\sin\dfrac{h}{2}$ より，

$$\frac{\cos(x+h)-\cos x}{h} = -\frac{2}{h}\sin\frac{2x+h}{2}\sin\frac{h}{2} = -\sin\frac{2x+h}{2}\cdot\frac{\sin\dfrac{h}{2}}{\dfrac{h}{2}}$$

$\displaystyle\lim_{h\to0}\dfrac{\sin\dfrac{h}{2}}{\dfrac{h}{2}} = 1$ より，$f'(x) = -\sin x$

【３】$\dfrac{5}{18}$

〈解説〉偶数の目が出ることをX，1の目が出ることをY，3，5の目が出ることをZとすると，それぞれの確率は，$\dfrac{1}{2}$，$\dfrac{1}{6}$，$\dfrac{1}{3}$

Xが出て終わる確率は，4回目までにXが1回，YまたはZが3回出ればよいので，

$${}_4C_1\left(\dfrac{1}{2}\right)^1\left(\dfrac{1}{2}\right)^3\times\dfrac{1}{2}=\dfrac{1}{8}$$

Yが出て終わる確率は，4回目までにXが3回，YまたはZが1回出る場合と，Xが2回，Zが2回出る場合が考えられるから，

$$\left\{{}_4C_3\left(\dfrac{1}{2}\right)^3\left(\dfrac{1}{2}\right)^1+{}_4C_2\left(\dfrac{1}{2}\right)^2\left(\dfrac{1}{3}\right)^2\right\}\times\dfrac{1}{6}=\dfrac{5}{72}$$

Zが出て終わる確率は，4回目までにXが3回，Yが1回出る場合と，Xが2回，Zが2回出る場合が考えられるから，

$$\left\{{}_4C_3\left(\dfrac{1}{2}\right)^3\left(\dfrac{1}{6}\right)^1+{}_4C_2\left(\dfrac{1}{2}\right)^2\left(\dfrac{1}{3}\right)^2\right\}\times\dfrac{1}{3}=\dfrac{1}{12}$$

よって，求める確率は，$\dfrac{1}{8}+\dfrac{5}{72}+\dfrac{1}{12}=\dfrac{5}{18}$

【４】$25：36$

〈解説〉次の図のように，正方形の1辺の長さを$2a$，$DE＝ME＝x$とすると，

△AMEで，$x^2＝(2a-x)^2+a^2$

$5a^2-4ax＝0$　$a＞0$より，$x＝\dfrac{5}{4}a$

△AME∽△BGMより，

$BG＝\dfrac{a}{\frac{3}{4}a}\cdot a＝\dfrac{4}{3}a$，　$MG＝\dfrac{\frac{5}{4}a}{\frac{3}{4}a}\cdot a＝\dfrac{5}{3}a$

$\therefore$　$C'G＝2a-\dfrac{5}{3}a＝\dfrac{1}{3}a$　△AME∽△C'GFより，

$C'F＝\dfrac{\frac{3}{4}a}{a}\cdot\dfrac{1}{3}a＝\dfrac{1}{4}a$

よって，(台形FEMC')$＝\dfrac{1}{2}\cdot\left(\dfrac{1}{4}a+\dfrac{5}{4}a\right)\cdot 2a＝\dfrac{3}{2}a^2$

$\triangle AME + \triangle BGM = \dfrac{1}{2} \cdot \dfrac{3}{4} a \cdot a + \dfrac{1}{2} \cdot a \cdot \dfrac{4}{3} a = \dfrac{25}{24} a^2$

したがって，面積比は，$\dfrac{25}{24} a^2 : \dfrac{3}{2} a^2 = 25 : 36$

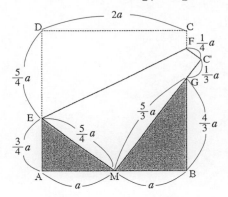

【5】

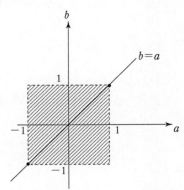

（点線部分の点(1, 1)，(−1, −1)
のみ含む）

〈解説〉$a=b$ のとき，$a^n - b^n = 0$　より収束する。

$|a| < 1$，$|b| < 1$ のとき，$\displaystyle\sum_{n=1}^{\infty} a^n$，$\displaystyle\sum_{n=1}^{\infty} b^n$　はともに収束するから収束する。

「数列$\{c_n\}$について，$\lim_{n\to\infty} c_n \neq 0 \Rightarrow \sum_{n=1}^{\infty} c_n$は発散する」ことを利用して，上記以外の場合は発散することを示す。$a \neq b$，$|a| \geqq 1$のとき

① $|a| > |b|$のとき，$a^n - b^n = a^n\left\{1 - \left(\dfrac{b}{a}\right)^n\right\}$ より，

　　$a^n - b^n$ は$n \to \infty$のとき発散する。

② $1 \leqq |a| < |b|$のとき，$b^n\left\{\left(\dfrac{a}{b}\right)^n - 1\right\}$より，

　　$a^n - b^n$は$n \to \infty$のとき発散する。

$a \neq b$，$|b| \geqq 1$のときも同様に$a^n - b^n$は発散するから，$\sum_{n=1}^{\infty}(a^n - b^n)$も発散する。

【6】$b > e^a$のとき0本　$b = e^a$，$b \leqq 0$のとき1本　$0 < b < e^a$のとき2本

〈解説〉接点を$(t,\ e^t)$とおくと，$y' = e^x$より，接線の方程式は，

　$y - e^t = e^t(x - t)$

　これが点A$(a,\ b)$を通るから，$b - e^t = ae^t - te^t$　$b = (a - t + 1)e^t$

　$f(t) = (a - t + 1)e^t$ とおくと，$f'(t) = -e^t + (a - t + 1)e^t = (a - t)e^t$ より，

　$t = a$のとき　$f'(a) = 0$

　また，$f''(t) = -e^t + (a - t)e^t = (a - t - 1)e^t$ より，

　$t = a - 1$のとき$f''(a - 1) = 0$

　$\lim_{t\to-\infty} f(t) = 0$，$\lim_{t\to\infty} f(t) = -\infty$ より，$y = f(t)$のグラフは図のようになり，$y = f(t)$のグラフと$y = b$のグラフとの共有点の個数が接線の本数となる。

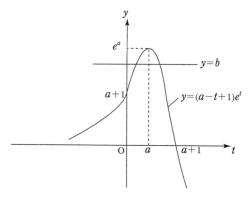

【7】 $V = \dfrac{2V_0}{3\pi}$

〈解説〉 水面と底面の交線をlとし，点Oからの距離がxである点をAとする。円柱の底面の半径をr，高さをhとすると，$V_0 = \pi r^2 h$

点Aを通り直線lに垂直な平面で，水の入った部分を切った切り口は，底辺$\sqrt{r^2-x^2}$，高さ$\dfrac{h}{r}\sqrt{r^2-x^2}$の直角三角形になるから，切り口の面積$S(x)$は，

$$S(x) = \frac{1}{2} \cdot \sqrt{r^2-x^2} \cdot \frac{h}{r}\sqrt{r^2-x^2} = \frac{h}{2r}(r^2-x^2)$$

よって，$\displaystyle V = 2\int_0^r S(x)dx = \frac{h}{r}\int_0^r (r^2-x^2)dx$

$$= \frac{h}{r}\left[r^2 x - \frac{1}{3}x^3\right]_0^r = \frac{h}{r} \cdot \frac{2}{3}r^3 = \frac{2}{3}r^2 h$$

$\therefore \quad V = \dfrac{2}{3}r^2 h = \dfrac{2}{3} \cdot \dfrac{V_0}{\pi} = \dfrac{2V_0}{3\pi}$

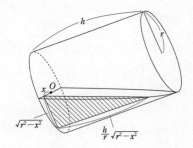

２０１０年度　実施問題

【中学校】

【1】次の(1)～(5)の問いに答えよ。

(1) $(15+5\sqrt{5})(\sqrt{5}-2)\div(5-\sqrt{5})$ を計算せよ。

(2) 流れのない水面を毎時8kmで進む船がある。この船が，ある川を12km上るのに要する時間は，20km下るのに要する時間に等しい。川の流れの速さを求めよ。ただし，川の流れは一定であるとする。

(3) ある施設の入場料は1人につき a 円 $(a>0)$ で，50人以上では1割引き，100人以上では1割5分引きの団体割引がある。50人以上100人未満の団体が，100人の団体として入場料を払った方が安くなるのは，何人からか。求めよ。

(4) 半径が12cmの球と体積の等しい，底面の半径が16cmの円錐の高さは何cmか。求めよ。

(5) A組の5人，B組の4人，C組の3人より，5人の委員を選ぶとき，各組から少なくとも1人の委員を出すものとすると，選び方は何通りあるか。求めよ。

(☆☆☆◎◎◎◎)

【2】$(x+3):(y-3):(5x-y)=3:4:5$ のとき，x と y の値をそれぞれ求めよ。

(☆☆☆◎◎◎)

【3】次の表は，ある中学校の2年生男子40人の身長を測定して，度数分布表にまとめたものである。この表を用いてあとの(1)～(3)の問いに答えよ。

表

身長（cm）	人数（人）
以上　　　未満 140.0〜145.0	2
145.0〜150.0	5
150.0〜155.0	8
155.0〜160.0	1 2
160.0〜165.0	7
165.0〜170.0	4
170.0〜175.0	1
175.0〜180.0	1
計	4 0

(1)　145.0cm以上150.0cm未満の階級の相対度数を求めよ。

(2)　身長の低い方から20番目の生徒の身長は何cmと考えられるか。四捨五入して小数第1位まで求めよ。ただし，各人の身長はすべて異なるものとする。

(3)　この40人の身長の平均値を，四捨五入して小数第1位まで求めよ。

(☆☆☆○○○)

【4】次の図のように放物線$y=ax^2(a>0)$…①と直線$y=b(b>0)$…②が2点A，Bで交わり，点Bのx座標は$\sqrt{2}$である。x軸上で，負の範囲にある点CとBを結ぶ直線が放物線①と再び交わる点をDとする。さらに，2点A，Dを通る直線とx軸との交点をEとする。

△ABD：△CDE＝9：1のとき，あとの(1)と(2)の問いに答えよ。

図

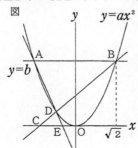

213

(1)　点Dのx座標を求めよ。

(2)　$a＝2$のとき，直線AEの方程式を求め，yをxの式で表せ。

(☆☆☆☆◎◎)

【5】次の図の△ABCにおいて，ADは∠Aの二等分線であり，AB＝8cm，AC＝10cmで，AE：EC＝3：2である。このとき，△AEF：△ABCを求めよ。

図
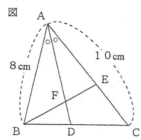

(☆☆☆◎◎◎◎)

【6】次の図のように，一辺の長さが1である正五角形ABCDEがあり，対角線ACとADをひく。このとき，下の(1)と(2)の問いに答えよ。

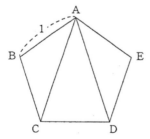

(1)　対角線ADの長さを求めなさい。

(2)　COS∠CADの値を求めよ。

(☆☆☆☆◎◎)

【7】 正n角形のn個の頂点から異なる任意の3点を選んで，これらを頂点
とする三角形を作るとき，これが直角三角形とならない確率を求めよ。
ただし，nは偶数とする。

(☆☆☆☆○○○)

【8】 次の文は，中学校学習指導要領(平成20年3月告示)の第2章 各教科
第3節 数学 第2 各学年の目標及び内容〔第3学年〕1 目標(1)について記
したものである。(ア)～(オ)に入る語句を答えよ。

---

(1)　数の(ア)について理解し，数の(イ)についての理解を深
める。また，目的に応じて(ウ)したり式を(エ)したりする
能力を伸ばすとともに，(オ)について理解し用いる能力を培う。

(☆☆☆○○○○)

【高等学校】

【1】 次の【文A】は，現行の高等学校学習指導要領(平成11年3月告示)に
示された高等学校数学科の目標である。【文B】は，新高等学校学習指
導要領(平成21年3月告示)に示された高等学校数学科の目標である。空
欄(ア)～(オ)に当てはまる語句を答えよ。

【文A】

　数学における基本的な概念や原理・法則の理解を深め，事象を数
学的に考察し処理する能力を高め，(ア)を通して創造性の基礎
を培うとともに，数学的な見方や考え方のよさを認識し，それらを
積極的に活用する態度を育てる。

【文B】

　(ア)を通して，数学における基本的な概念や原理・法則の
(イ)的な理解を深め，事象を数学的に考察し(ウ)する能力
を高め，創造性の基礎を培うとともに，(エ)を認識し，それら
を積極的に活用して(オ)に基づいて判断する態度を育てる。

(☆☆☆○○○○○)

【２】11枚の札 $\boxed{S}$，$\boxed{H}$，$\boxed{I}$，$\boxed{G}$，$\boxed{A}$，$\boxed{S}$，$\boxed{E}$，$\boxed{N}$，$\boxed{S}$，$\boxed{E}$，$\boxed{I}$ の中から4枚を選んで横1列に並べる。この並べ方は何通りあるか。ただし，同じ文字が書かれた札どうしは区別しないものとする。

(☆☆☆☆☆◎◎)

【３】一辺の長さが1である正五角形ABCDEがある。
   (1)　対角線ADの長さを求めよ。

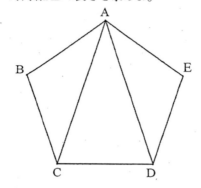

   (2)　cos∠CADの値を求めよ。

(☆☆☆☆◎◎◎)

【４】平面上で，異なる2点A，Bを通る直線lがある。A，Bの位置ベクトルをそれぞれ $\vec{a}$，$\vec{b}$ とする。直線l上の任意の点Pの位置ベクトルを $\vec{p}$ とするとき，

　　$\vec{p} = s\vec{a} + t\vec{b}$　$(s+t=1)$

と表されることを示せ。ただし，s, tは実数とする。

(☆☆◎◎◎)

【５】半径1の球に外接する直円錐の体積が最小となるときの直円錐の高さを求めよ。

(☆☆☆☆◎◎◎◎)

【6】2本の当たりを含む10本のくじがある。この中から1本くじを引いて，元に戻す。

　　この操作を，当たりくじを4回引くまで繰り返すものとする。n回くじを引いて終了する確率をP_nとする。ただし，$n \geqq 4$とする。

(1)　P_nをnを用いて表せ。

(2)　P_nを最大にするnの値を求めよ。

(☆☆☆◎◎◎)

【7】座標平面上において，点$P(a, b)$から，関数$f(x)=x^3-3x^2+4$のグラフに接線を引く。このとき，異なる3本の接線が引けるような点Pの存在する範囲を図示せよ。

(☆☆☆◎◎◎)

【8】曲線$C：y=xe^{-2x}$について，以下の問いに答えよ。

(1)　曲線Cの増減，極値，凹凸，変曲点を調べ，曲線の概形をかけ。なお，必要ならば，$\lim_{x \to \infty} \dfrac{x}{e^x}=0$を用いてもよい。

(2)　曲線Cと直線$y=\dfrac{1}{e^2}x$とで囲まれる部分の面積Sを求めよ。

(☆☆☆◎◎◎)

解答・解説

【中学校】

【1】(1)　$\sqrt{5}$　　(2)　毎時2km　　(3)　95人から　　(4)　27cm

(5)　590通り

〈解説〉(1)　与式$=\dfrac{5(3+\sqrt{5})(\sqrt{5}-2)}{5-\sqrt{5}}=\dfrac{5(\sqrt{5}-1)}{\sqrt{5}(\sqrt{5}-1)}=\dfrac{5}{\sqrt{5}}=\sqrt{5}$

(2)　川の流れの速さを毎時$v$kmとすると，$(8-v)：(8+v)=12：20=$

$3：5$　$5(8-v)=3(8+v)$　$8v=16$　$\therefore$　$v=2$

(3)　x人から安くなるとすると，$0.9ax > 0.85a \times 100$　$x > \dfrac{85}{0.9} = 94.4\cdots$

∴　$x \geqq 95$

(4)　球の体積をV_A，円錐の体積をV_Bとすると，$V_A = \dfrac{4}{3}\pi \cdot 12^3$

円錐の高さを$h$cmとおくと，$V_B = \dfrac{1}{3}\pi \cdot 16^2 \cdot h$

$V_A = V_B$より，$\dfrac{4}{3}\pi \cdot 12^3 = \dfrac{1}{3}\pi \cdot 16^2 \cdot h$　$h = \dfrac{4 \cdot 12^3}{16^2} = 3^3 = 27$

よって，高さは27cm

(5)　A組から5人選ぶ選び方は${}_5C_5 = 1$(通り)

　A，B組から選ぶ選び方は${}_9C_5 - 1 = 125$(通り)

　B，C組から選ぶ選び方は${}_7C_5 = 21$(通り)

　A，C組から選ぶ選び方は${}_8C_5 - 1 = 55$(通り)

よって，${}_{12}C_5 - (1 + 125 + 21 + 55) = 590$(通り)

【２】$x = 6$，$y = 15$

〈解説〉$x + 3 = 3k \cdots$①，$y - 3 = 4k \cdots$②，$5x - y = 5k \cdots$③　$(k \neq 0)$とおくと，

①，②より，

　$x = 3k - 3$，$y = 4k + 3$

これらを③に代入すると，

　$5(3k - 3) - (4k + 3) = 5k$　$6k = 18$　∴　$k = 3$

よって，$x = 6$，$y = 15$

【３】(1)　0.125　　(2)　156.9cm　　(3)　157.3cm

〈解説〉(1)　$\dfrac{5}{40} = 0.125$

(2)　20番目の生徒は，155.0cm以上160cm未満の階級の下から5番目に

いるから，$155\dfrac{20}{12}$cm以上$155\dfrac{25}{12}$cm未満の間と考えられる。

よって，$155\left(\dfrac{20}{12} + \dfrac{25}{12}\right) \times \dfrac{1}{2} = 155\dfrac{15}{8} \fallingdotseq 156.9$(cm)

【4】 (1) $-\dfrac{1}{\sqrt{2}}$　(2) $y=-3\sqrt{2}\,x-2$

〈解説〉(1)　△ABDと△CDEの相似比は3：1なので，点Dのy座標は$\dfrac{1}{4}b$

点Dは放物線上にあるので，x座標をtとすると，

$\dfrac{1}{4}b=at^2$　$t^2=\dfrac{b}{4a}$

一方，点Bも放物線上にあるので，$b=a(\sqrt{2})^2$　$\therefore b=2a\cdots$①

①より，$t^2=\dfrac{1}{2}$

$t<0$より，$t=-\dfrac{1}{\sqrt{2}}$

(2)　A$(-\sqrt{2},\ 4)$，D$(-\dfrac{1}{\sqrt{2}},\ 1)$より，直線AEの傾きは，

$\dfrac{1-4}{-\dfrac{1}{\sqrt{2}}-(-\sqrt{2})}=-3\sqrt{2}$

よって，$y-4=-3\sqrt{2}\,(x+\sqrt{2})$　$\therefore\ y=-3\sqrt{2}\,x-2$

【5】 9：35

〈解説〉BD：DC＝AB：AC＝4：5

メネラウスの定理より，$\dfrac{AE}{EC}\cdot\dfrac{CB}{BD}\cdot\dfrac{DF}{FA}=1$　$\dfrac{3}{2}\cdot\dfrac{9}{4}\cdot\dfrac{DF}{FA}=1$

$\therefore\ \dfrac{DF}{FA}=\dfrac{8}{27}$

よって，$\triangle AEF=\dfrac{3}{5}\triangle AFC=\dfrac{3}{5}\cdot\dfrac{27}{35}\triangle ADC$

$\qquad\qquad=\dfrac{3}{5}\cdot\dfrac{27}{35}\cdot\dfrac{5}{9}\triangle ABC=\dfrac{9}{35}\triangle ABC$

$\therefore\ \triangle AEF：\triangle ABC=9：35$

【6】(1) $\dfrac{1+\sqrt{5}}{2}$　　(2) $\dfrac{1+\sqrt{5}}{4}$

〈解説〉(1)　ADとBEの交点をPとすると，△DPEは二等辺三角形なので，

DP＝DE＝1

また，△APE∽△AEDより，AP＝xとすると，$x:1=1:(1+x)$

$x(1+x)=1$　　$x^2+x-1=0$　　$x>0$より，$x=\dfrac{-1+\sqrt{5}}{2}$

よって，AD＝$1+\dfrac{-1+\sqrt{5}}{2}=\dfrac{1+\sqrt{5}}{2}$

(2)　ADの中点をMとすると，

$\cos\angle\mathrm{CAD}=\cos\angle\mathrm{EAD}=\dfrac{\mathrm{AM}}{\mathrm{AE}}=\dfrac{1}{2}\mathrm{AD}=\dfrac{1+\sqrt{5}}{4}$

【7】$\dfrac{n-4}{n-1}$

〈解説〉直角三角形になるのは，中心を通る対角線を一辺にもつ三角形の場合なので，$\dfrac{n}{2}\cdot(n-2)$通りある。よって，求める確率は，

$1-\dfrac{\dfrac{1}{2}n(n-2)}{{}_n\mathrm{C}_3}=1-\dfrac{\dfrac{1}{2}n(n-2)}{\dfrac{1}{6}n(n-1)(n-2)}=1-\dfrac{3}{n-1}=\dfrac{n-4}{n-1}$

【8】ア　平方根　　イ　概念　　ウ　計算　　エ　変形

オ　二次方程式

〈解説〉第2　各学年の目標及び内容〔第3学年〕　1　目標(1)を参照。

【高等学校】

【1】(ア)　数学的活動　　(イ)　体系　　(ウ)　表現　　(エ)　数学のよさ

(オ)　数学的論拠

〈解説〉学習指導要領　第4節　数学　第1款　目標を参照。

【2】1422通り

〈解説〉4枚の中に

i)　Sを3枚含む場合…$\dfrac{4!}{3!}\times6=24$(通り)

ii) Sを2枚含む場合…①IまたはEを2枚含むとき，$\dfrac{4!}{2!2!}\times2=12$(通り)

② ①以外のとき，$\dfrac{4!}{2!}\times{}_6C_2=180$(通り)

iii) Sを1枚含む場合…①IまたはEを2枚含むとき，$\dfrac{4!}{2!}\times2\times5=$ 120(通り) ② ①以外のとき，$4!\times{}_6C_3=480$(通り)

iv) Sを含まない場合…①IとEを2枚ずつ含むとき，$\dfrac{4!}{2!2!}=6$(通り)

②IまたはEを2枚含むとき，$\dfrac{4!}{2!}\times2\times{}_5C_2=240$(通り)

③ ①，②以外のとき，${}_6P_4=360$(通り)

よって，i)～iv)より，1422通りある。

【3】(1) $\dfrac{1+\sqrt5}{2}$ (2) $\dfrac{1+\sqrt5}{4}$

〈解説〉(1) ADとBEの交点をPとすると，△DPEは二等辺三角形なので，
DP＝DE＝1 また，△APE∽△AEDより，AP＝xとすると，

$x:1=1:(1+x)$ $x(1+x)=1$ $x^2+x-1=0$ $x>0$より，$x=\dfrac{-1+\sqrt5}{2}$

よって，AD＝$1+\dfrac{-1+\sqrt5}{2}=\dfrac{1+\sqrt5}{2}$

(2) ADの中点をMとすると，

$\cos\angle CAD=\cos\angle EAD=\dfrac{AM}{AE}=\dfrac12 AD=\dfrac{1+\sqrt5}{4}$

【4】解説参照。

〈解説〉実数kを用いて，$\vec{p}=\vec{a}+k\overrightarrow{AB}$と表すことができるので，

$\vec{p}=\vec{a}+k(\vec{b}-\vec{a})=(1-k)\vec{a}+k\vec{b}$

$s=1-k$，$t=k$とおけば，$\vec{p}=s\vec{a}+t\vec{b}$と表すことができ，

$s+t=(1-k)+k=1$となる。

【5】4

〈解説〉頂点Aと球の中心Oを通る平面で切った断面を考える。

AD$=h$，BD$=r$とすると，△AEO∽△ADBより，AE：AD$=$EO：DB

$\sqrt{(h-1)^2-1}:h=1:r$　$r\sqrt{h^2-2h}=h$　$r^2(h^2-2h)=h^2$　$h>2$より，

$r^2=\dfrac{h}{h-2}$

よって，直円錐の体積V$=\dfrac{1}{3}\pi r^2 h=\dfrac{1}{3}\pi \dfrac{h^2}{h-2}$

$f(h)=\dfrac{h^2}{h-2}$とおくと，$f(h)=\dfrac{h(h-4)}{(h-2)^2}$

$\dfrac{h}{(h-2)^2}>0$より，$h=4$のとき，$f(h)$は極小かつ最小になる。

したがって，$h=4$のとき，体積Vは最小となる。

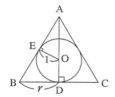

【6】(1)　$\dfrac{(n-1)(n-2)(n-3)}{1536}\cdot\left(\dfrac{4}{5}\right)^n$　　(2)　15，16

〈解説〉(1)　$(n-1)$回目までに3回当たりくじを引き，n回目に当たりくじ

を引けばよいので，確率$P_n={}_{n-1}C_3\left(\dfrac{1}{5}\right)^3\left(\dfrac{4}{5}\right)^{n-4}\cdot\left(\dfrac{1}{5}\right)$

$=\dfrac{(n-1)(n-2)(n-3)}{6}\cdot\dfrac{1}{256}\cdot\left(\dfrac{4}{5}\right)^n=\dfrac{(n-1)(n-2)(n-3)}{1536}\cdot\left(\dfrac{4}{5}\right)^n$

(2)　$\dfrac{P_{n+1}}{P_n}=\dfrac{n}{n-3}\cdot\dfrac{4}{5}=\dfrac{4n}{5(n-3)}$より，$\dfrac{P_{n+1}}{P_n}>1$のとき，

$4n>5(n-3)$　$n<15$　$\dfrac{P_{n+1}}{P_n}=1$のとき，$4n=5(n-3)$　$n=15$

$\dfrac{P_{n+1}}{P_n}<1$のとき，$4n<5(n-3)$　$n>15$

∴　$P_1<P_2<\cdots<P_{14}<P_{15}=P_{16}>P_{17}>\cdots$

よって，$n=15$，16のとき最大になる。

【 7 】 下図

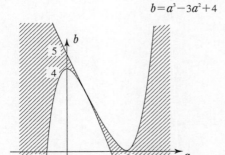

$$b=a^3-3a^2+4$$

$$b=-3a+5$$

〈解説〉$f(x)=3x^2-6x$より，$x=p$における接線の方程式は，

$y=(3p^2-6p)x-2p^3+3p^2+4$

これが点$(a,\ b)$を通るので，

$b=(3p^2-6p)a-2p^3+3p^2+4$　　$2p^3-3(a+1)p^2+6ap+b-4=0$

求める条件は，この方程式が異なる3つの実数解をもつことである。

左辺を$g(p)$とおくと，$g'(p)=6p^2-6(a+1)p+6a=6(p-a)(p-1)$

よって，$g(1)\cdot g(a)<0$となればよいので，

$(3a+b-5)(-a^3+3a^2+b-4)<0$

これを図示すると図のようになる。ただし，境界は含まない。

【8】(1)　下図

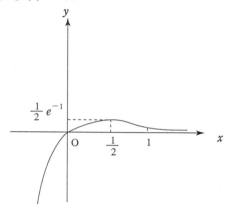

(2)　$\dfrac{1}{4}(1-5e^{-2})$

〈解説〉(1)　$y'=(1-2x)e^{-2x}$　$y''=4(x-1)e^{-2x}$　$y'=0$とすると
$x=\dfrac{1}{2}$　$y''=0$とすると$x=1$

よって，yの増減とグラフの凹凸は次の表のようになる。

x	……	$\dfrac{1}{2}$	……	1	……
y'	$+$	0	$-$	$-$	$-$
y''	$-$	$-$	$-$	0	$-$
y	↗	$\dfrac{1}{2}e^{-1}$	↘	e^{-2}	↗

また，$0<\dfrac{x}{e^{2x}}<\dfrac{x}{e^{x}}$　$(x>0)$なので，$\displaystyle\lim_{x\to\infty}\dfrac{x}{e^{x}}=0$より，$\displaystyle\lim_{x\to\infty}xe^{-2x}=0$

以上から，グラフの概形は図のようになる。

(2)　$xe^{-2x}=\dfrac{1}{e^2}x$を解くと，$x=0,\ 1$　よって，

$S=\displaystyle\int_{0}^{1}xe^{-2x}dx-\dfrac{1}{2}\cdot 1\cdot e^{-2}=\Big[-\dfrac{1}{2}xe^{-2x}\Big]_{0}^{1}+\dfrac{1}{2}\int_{0}^{1}e^{-2x}dx-\dfrac{1}{2}e^{-2}$

$=-\dfrac{1}{2}e^{-2}-\dfrac{1}{4}[e^{-2x}]_{0}^{1}-\dfrac{1}{2}e^{-2}=\dfrac{1}{4}(1-5e^{-2})$

2009年度 | 実施問題

【中学校】

【1】 次の(1)~(5)の問いに答えよ。

(1) $6.3 \div (-4.2) - \left(-\dfrac{5}{6}\right) \times \left(-\dfrac{4}{15}\right) + \left(-\dfrac{15}{8}\right) \div \dfrac{9}{2} + 2$ を計算せよ。

(2) $x^3 - 2xy^2 + y^3$ を $x - y$ で割ったときの商を求めよ。

(3) 積が768で, 最大公約数が8である2数がある。この2数をすべて求めよ。

(4) 次の図において, 円Oは△ABCの外接円で, DEはAを接点とする円Oの接線, OHは中心OからBCへひいた垂線である。∠ABO＝22°, ∠COH＝50°のとき, ∠CAEの大きさを求めよ。

図

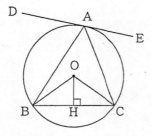

(5) 底面の半径が$x$cm, 高さが15cmの円錐の体積が$y$cm³であるとする。このとき, yをxの式で表せ。また, xが5から7まで増加したときの変化の割合(平均変化率)を求めよ。ただし, 円周率はπとする。

(☆☆☆◎◎◎)

【2】 次の表は, ある県の年齢別人口の構成比を示したものである。昭和50年を基準にして年齢別人口の変化をみると, 平成19年では, 15歳から64歳までの人口は26万人増え, 65歳以上の人口は18万人増えた。この県の平成19年の人口の総数は, 昭和50年の人口の総数の何倍になったか, 求めよ。

表

	０歳〜１４歳	１５歳〜６４歳	６５歳以上
昭和50年（1975年）	２５％	６５％	１０％
平成19年（2007年）	１５％	６５％	２０％

(☆☆☆◎◎◎)

【３】次の図のように，直線*l*上の線分ABを直径とする半円Oを，直線*l*上
をすべることなく1回転させる。点線の半円は，半円Oが転がっていく
途中の状態を示したものであり，半円O′は，半円Oが1回転したもので
ある。半円Oの半径が3cmのとき，点Oがえがいた線全体の長さは何cm
か，求めよ。ただし，円周率は π とする。

図

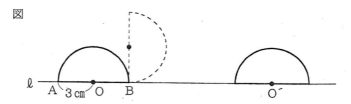

(☆☆☆◎◎◎)

【４】男子2人と，女子4人が円形に並ぶとき，2人の男子が隣り合わない
並び方は何通りあるか，求めよ。

(☆☆☆◎◎◎)

【５】2次関数 $y=-x^2+a^2x+4a-2$ のグラフと*x*軸との共有点の*x*座標を α ，
β とするとき，$1 \leqq \alpha \leqq 2 \leqq \beta$ を満たす定数*a*の値の範囲を求めよ。

(☆☆☆◎◎◎)

【６】$0° \leqq \theta < 180°$ であるとき，$y=\cos^2\theta - \sin\theta - 1$ の最大値と最小値
を求めよ。また，そのときの θ の値を求めよ。

(☆☆☆◎◎◎)

226

【7】平面上にn本の直線があり，どの2本も平行でなく，またどの3本も1点で交わらないとする。これらのn本の直線で，平面がa_n個の部分に分けられるとするとき，a_nをnの式で表せ。

(☆☆☆◎◎◎)

【8】xy平面上に，3点A(2，－3)，B(－2，－1)，C(6，5)がある。このとき，点Aと直線BCとの距離を求めよ。

(☆☆☆◎◎◎)

【9】次の文は，中学校学習指導要領(平成10年12月告示，)の第2章　各教科　第3節　数学　第2　各学年の目標及び内容〔第3学年〕1　目標(2)について記したものである。(ア)～(オ)に入る語句を答えよ。

(2)　図形の(ア)や三平方の定理について，(イ)，(ウ)や実験を通して理解し，それらを図形の性質の考察や(エ)に用いる能力を伸ばすとともに，図形について見通しをもって論理的に考察し(オ)する能力を伸ばす。

(☆☆☆◎◎◎)

解答・解説

【中学校】

【1】(1)　$-\dfrac{5}{36}$　　(2)　x^2+xy-y^2　　(3)　24，32　　(4)　62°

(5)　60π

〈解説〉(1)　$6.3\div(-4.2)-\left(-\dfrac{5}{6}\right)\times\left(-\dfrac{4}{15}\right)+\left(-\dfrac{15}{8}\right)\div\dfrac{9}{2}+2$

$=-\dfrac{6.3}{4.2}-\dfrac{5\times4}{6\times15}-\dfrac{15\times2}{8\times9}+2$

$=-\dfrac{3}{2}-\dfrac{2}{9}-\dfrac{5}{12}+2$

$$=-\frac{5}{36}$$

(2)　$x^2-2xy^2+y^3=(x-y)(x^2+xy-y^2)$

よって商は，x^2+xy-y^2である。

(3)　もとめる2数をa，bとし，m，nを正の整数とすると，最大公約数が8なので

$a=8m$，$b=8n$

と表せる。また積は768なので

$ab=64mn=768$　　　これより

$mn=12$

となる。m，nの積が12となり，互いに素となる組み合わせは

$(m,\ n)=(3,\ 4)$

より，もとめる2数は24，32である。

(4)　直角三角形OCHにおいて，角OCH＝90－50＝40°

またOB＝OCより三角形OBCは二等辺三角形なので

∠OBH＝∠OCH＝40°

これより∠ABC＝22＋40＝62°

接弦定理より∠CAE＝∠ABC＝62°，よって∠CAEは62°である。

(5)　$y=\frac{1}{3}\pi x^2\times15=5\pi x^2$

変化の割合は

$5\pi\dfrac{7^2-5^2}{7-5}=60\pi$

【2】1.4倍

〈解説〉昭和50年の人口総数をa，平成19年の人口総数をbとすると

$0.65b=0.65a+26万$

$0.2b=0.1a+18万$

これより$a=100万$，$b=140万$，したがって1.4倍である。

【3】6π cm

〈解説〉図がBを中心に90度回転する間に点Oが描いた線の長さは

$$6\pi \times \frac{1}{4} = \frac{3}{2}\pi$$

その後Aがl上に来るまでの間，半円はlと弧ABを接しながら転がるので，点Oはlと平行に移動し，描いた長さは弧ABと同じである。よって描いた線の長さは

$$6\pi \times \frac{1}{2} = 3\pi$$

さらにAを中心に90度回転する間に点Oが描いた線の長さは

$$6\pi \times \frac{1}{4} = \frac{3}{2}\pi$$

よって点Oが描いた線の長さは

$$\frac{3}{2} + 3\pi + \frac{3}{2} = 6\pi$$

したがって，6π cmである。

【4】72通り

〈解説〉6人が円形に並ぶ場合の数は

$$\frac{6!}{6} = 120 通り$$

男子2人をひとかたまりとして1人とする。5人が円形に並ぶ場合の数は

$$\frac{5!}{5} = 24 通り$$

男子の入れ替えは各2通りあるので，男子が隣り合って並ぶ場合は

$$2 \times 24 = 48$$

したがって男子が隣り合わない並び方は

$$120 - 48 = 72$$

よって，72通り。

【5】$-2-\sqrt{7} \leqq a \leqq -3$

〈解説〉$f(x) = -x^2 + a^2x + 4a - 2$とする。$a \leqq \alpha \leqq 2 \leqq \beta$ より

$$f(1) = -1 + a^2 + 4a - 2 \leqq 0$$

$$a^2 + 4a - 3 \leqq 0$$

よって，

$$-2-\sqrt{7} \leqq a \leqq -2+\sqrt{7}$$

である。また

$f(2)＝-4＋2a^2＋4a-2h≧0$

$2(a^2＋2a-3)<0$

よって

$a≦-3,\ 1≦a$

したがって,

$-2-\sqrt{7}≦a≦-3$

である。

【６】 $\sin\theta＝0$の時， $\theta＝0°$， $y＝0$で最大値

　　$\sin\theta＝1$の時， $\theta＝90°$， $y＝-2$で最小値

〈解説〉 $y＝\cos^2\theta-\sin\theta-1$

　　$＝(1-\sin^2\theta)-\sin\theta-1$

　　$＝-\left(\sin\theta+\dfrac{1}{2}\right)^2+\dfrac{1}{4}$

　　$0°≦\theta<180°$ より $0≦\sin\theta≦1$なので,

　　$\sin\theta＝-\dfrac{1}{2}$

　　は範囲外である。よって

　　$\sin\theta＝0$の時， $\theta＝0°$， $y＝0$で最大値

　　$\sin\theta＝1$の時， $\theta＝90°$， $y＝-2$で最小値

【７】 $a_n＝\dfrac{1}{2}(n^2＋n＋2)$

〈解説〉 $a_1＝1＋1$

　　$a_2＝2＋2＝4$

　　$a_3＝4＋3＝7$

　　のように n本目の直線を加えると平面の分割数は n増える。これより

　　$a_n＝1＋\displaystyle\sum_{k=1}^{n}k$

　　$＝1＋\dfrac{n(n＋1)}{2}$

　　$＝\dfrac{1}{2}(n^2＋n＋2)$

【8】4

〈解説〉直線BCの式は

$$y-5=\frac{5+1}{6+2}(x-6)$$

$$3x-4y+2=0$$

よってA(2, −3)と直線BCの距離は

$$\frac{|\,6+12+2\,|}{\sqrt{3^2+4^2}}=4$$

【9】(ア) 相似　　(イ) 観察　　(ウ) 操作　　(エ) 計量
(オ)　表現

2008年度　実施問題

【中学校】

【1】次の(1)～(5)の問いに答えよ。

(1)　$\{3-(-5)\}\times\{(-2)\div(-7)-1\}\div\{36\div(-7)\}\times9$を計算せよ。

(2)　$x=\sqrt{3}+\sqrt{2}$，$y=\sqrt{3}-\sqrt{2}$であるとき，x^2+xy+y^2の値を求めよ。

(3)　次の連立方程式を解け。

$$\begin{cases} \dfrac{6}{x}-\dfrac{3}{y}=1 \\ \dfrac{12}{x}+\dfrac{7}{y}=-\dfrac{1}{6} \end{cases}$$

(4)　次の図のように，半径2cmの3つの円が互いに外接するとき，3つの円弧で囲まれた斜線部分の面積を求めよ。ただし，円周率はπとする。

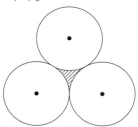

(5)　300円分の卵を買うのに，1個について3円値上がりしたため，予定の個数より5個少なくなったという。値上がり前の卵1個の値段を求めよ。ただし，消費税は考えないものとする。

(☆☆☆◎◎◎)

【2】2種類の銅合金A，Bが5kgずつある。銅を含む割合(質量比)は，Aが65％，Bが80％である。A，Bを溶かし合わせて，75％の銅を含む合金6kgをつくりたい。A，Bをそれぞれ何kg使えばよいか，求めよ。

ただし，合金を溶かし合わせるときに，化学変化などはおこらない

ものとして考えること。

(☆☆☆○○○)

【3】 縦の長さが1，横の長さがxの長方形から，図のように正方形アを切り取ったとき，残りの長方形イがもとの長方形と相似になる。このときのxの値を求めよ。

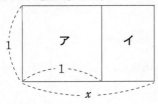

(☆☆☆○○○)

【4】 すべてのxに対して$(a-1)x^2-2(a-1)x+3\geqq0$が成り立つように，定数aの値の範囲を求めよ。

(☆☆☆○○○)

【5】 2次関数$y=-x^2+ax+b$の，すべてのxにおける最大値は9，$x\leqq0$における最大値は5である。このとき，定数a，bの値を求めよ。

(☆☆☆○○○)

【6】 次の図のように，△ABCの辺BC上に点Pをとり，線分APの中点をMとする。また，BMの延長と辺ACとの交点をQとする。このとき，あとの問いに答えよ。

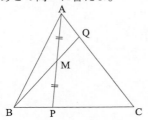

(1)　BP＝PCのとき，AQ：QCを求めよ。

(2)　BP：PC＝2：3のとき，△BPM＝aとして，△AQMの面積をaの式で表せ。

(☆☆☆◎◎◎)

【7】正n角形の異なる3つの頂点を結んでできる三角形のうち，正n角形と辺を共有しない三角形の個数を求めよ。ただし，$n \geqq 5$とする。

(☆☆☆◎◎◎)

【8】円に内接する四角形ABCDがあり，AB＝BC＝2，CD＝3，DA＝4である。この四角形ABCDの面積を求めよ。

(☆☆☆◎◎◎)

【9】次の文は，中学校学習指導要領(平成10年12月告示)の第2章　各教科　第3節　数学　第3　指導計画の作成と内容の取扱い　5　について記したものである。

（　ア　）〜（　エ　）に入る語句を記せ。

> 5　（　ア　）としての「数学」においては，生徒の（　イ　）等に応じ多様な学習活動が展開できるよう，第2の内容その他の内容で各学校が定めるものについて，（　ウ　），作業，実験，調査，（　エ　），発展的な学習などの学習活動を各学校において適切に工夫して取り扱うものとする。

(☆☆☆◎◎◎)

【高等学校】

【1】次の文は，高等学校学習指導要領(平成11年3月告示)に示された高等学校数学科の目標である。空欄(　ア　)〜(　オ　)に当てはまる語句を答えよ。

数学における基本的な概念や原理・法則の(ア)を深め，事象を数学的に考察し(イ)する能力を高め，(ウ)を通して創造性の基礎を培うとともに，数学的な見方や考え方の(エ)を認識し，それらを積極的に活用する(オ)を育てる。

(☆☆☆◎◎◎)

【2】次の各問いに答えよ。

(1) 正n角形の異なる3つの頂点を結んでできる三角形のうち，正n角形と辺を共有しない三角形の個数を，nを用いた式で表せ。ただし，$n \geqq 5$とする。

(2) 円に内接する四角形ABCDがあり，AB＝BC＝2，CD＝3，DA＝4である。この四角形ABCDの面積を求めよ。

(3) 空間の4点A(0，2，2)，B(-3，3，0)，C(1，-1，1)，D($t+2$，-2，$2t-1$)が同一平面上にあるとき，tの値を求めよ。

(4) 関数 $f(x)=\begin{cases} x^2\sin\dfrac{1}{x} & (x \neq 0) \\ \\ 0 & (x=0) \end{cases}$

は$x＝0$において微分可能かどうか調べよ。

(☆☆☆◎◎◎)

【3】円$x^2+y^2＝1$と放物線$y＝x^2+k$の共有点の個数を調べよ。

(☆☆☆◎◎◎)

【4】曲線C：$y＝e^{-x}\cos x(-\dfrac{\pi}{2} \leqq x \leqq \dfrac{\pi}{2})$について，次の問いに答えよ。

(1) 曲線Cの増減，極値，凹凸，変曲点を調べて，その概形をかけ。

(2) 曲線Cとx軸とで囲まれた部分を，x軸の周りに1回転してできる立体の体積を求めよ。

(☆☆☆◎◎◎)

【5】 図1，図2のように，自然数を1から順に並べたとき，図1のような第
　　　n列の自然数の和をS_n，図2のような第n列の自然数の和をT_nとする。

　(1)　S_nをnを用いた式で表せ。

　(2)　数列$\left\{\dfrac{T_n}{S_n}\right\}$の$n\to\infty$における極限を調べよ。

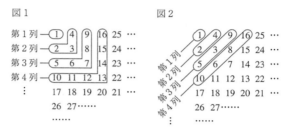

図1　　　　　　　　　　　　　　図2

(☆☆☆◎◎◎)

解答・解説

【中学校】

【1】 (1)　10　　(2)　11　　(3)　$x=12,\ y=-6$　　(4)　$4\sqrt{3}-2\pi\ \mathrm{cm}^2$

　　(5)　25円

〈解説〉(1)　$(3+5)\times\left(\dfrac{2}{7}-1\right)\times-\dfrac{7}{36}\times 9=8\times\dfrac{5}{7}\times\dfrac{7}{36}\times 9=10$

　　　　よって　10

　　(2)　$x+y=2\sqrt{3}$，$xy=(\sqrt{3})^2-(\sqrt{2})^2=1$

　　　　より

　　　　$x^2+xy+y^2=(x+y)^2-xy=(2\sqrt{3})^2-1=11$

　　　　よって　11

　　(3)　第1式を2倍して第2式を引くと

　　　　$-\dfrac{13}{y}=\dfrac{13}{6}$

$y=-6$

これより第1式は

$\dfrac{6}{x}=1-\dfrac{1}{2}=\dfrac{1}{2}$

$x=12$

よって $x=12,\ y=-6$

(4) 円の中心を結んだ1辺は4cmの正三角形の面積から半径2cmで中心角が60°の扇形の面積3つ分を引けばよい。

$\dfrac{1}{2}\,4^2\sin 60°-2^2\pi\dfrac{60}{360}\times 3=4\sqrt{3}-2\pi$

よって $4\sqrt{3}-2\pi\,\mathrm{cm}^2$

(5) 卵の数をx，卵1個の値段をyとする。

$xy=300$

$(x-5)(y+3)=300$

これより $x=25,\ y=12,$

したがって 12円。

【2】 A 2kg B 4kg

〈解説〉Aの質量を$x$kg，Bの質量を$y$kgとする。

$0.65x+0.8y=0.75\times 6$

$x+y=6$

これより$x=2,\ y=4,$ したがってAは2kg，Bは4kg。

【3】 $x=\dfrac{1+\sqrt{5}}{2}$

〈解説〉$1:x=(x-1):1$

$x(x-1)=1$

$x^2-x-1=0$

$x=\dfrac{1\pm\sqrt{5}}{2}$ である。

$x>0$より

$x=\dfrac{1+\sqrt{5}}{2}$ である。

【４】$1<a\leqq4$

〈解説〉$(a-1)>0$　かつ判別式が0以下であればよい。

　　　$D/4=(a-1)^2-3(a-1)\leqq0$

　　　$(a-1)(a-4)\leqq0$

　　　$1\leqq a\leqq4$

　　　また　$a>1$より　$1<a\leqq4$となる。

【５】$a=4$,　$b=5$

〈解説〉2次関数の頂点のx座標をcとすると，この2次関数は

　　　$y=-(x-c)^2+9$

　　　である。これより

　　　$y=-x^2+2cx-c^2+9$

　　　$x\leqq0$の最大値は5より

　　　$x=0$,　$y=5$,

　　　また　$c>0$　である。

　　　よって

　　　b$=-c^2+9=5$,　$2c=a$

　　　$c=2$,　$a=4$

　　　したがって　$a=4$,　$b=5$　である。

【６】(1)　AQ：QC$=1：2$　　(2)　$\dfrac{3}{7}a$

〈解説〉(1)　メネラウスの定理より

　　　$\dfrac{AQ}{QC}\cdot\dfrac{CB}{BP}\cdot\dfrac{PM}{MA}=1$

　　　AM$=$MP,　BP$=$PC　より

　　　$\dfrac{AQ}{QC}\cdot\dfrac{2}{1}=1$

　　　これより

　　　AQ：QC$=1：2$

　(2)　AM$=$MP,　BP：PC$=2：3$より

238

$$\frac{AQ}{QC}\cdot\frac{5}{2}=1$$

これより

　AQ：QC＝2：5

三角形BPMの面積をaとすると，

　　$\triangle AMB=a,\ \triangle APC=2a\times\dfrac{3}{2}=3a,\ \triangle ABC=5a$

また

　　$\triangle ABQ=5a\times\dfrac{2}{7}=\dfrac{10}{7}a$

したがって

　　$\triangle AQM=\dfrac{10}{7}a-a=\dfrac{3}{7}a$

【7】 $\dfrac{n(n-1)(n-2)}{6}-n^2+3n$

〈解説〉2辺共有する三角形はn個，1辺のみ共有する三角形は$n(n-4)$個より

$${}_nC_3-n-n(n-4)=\frac{n(n-1)(n-2)}{6}-n^2+3n$$

【8】 $\dfrac{7}{4}\sqrt{15}$

〈解説〉∠ABC＝bとおくと，円に内接する四角形の性質より

　　∠ADC＝180°－bである。

三角形ABCにおいて余弦定理より，

　　$AC^2=2^2+2^2-2\cdot2^2\cos b$

また三角形ADCにおいて，

　　$AC^2=4^2+3^2-2\cdot3\cdot4\cos(180-b)$

　　$\cos(180-b)=-\cos b$ なので，この2式より，$8-8\cos b=25+24\cos b$

　　$\cos b=-\dfrac{17}{32},\ \sin b=\dfrac{7}{32}\sqrt{15}>0$ （∵ $\sin^2b+\cos^2b=1$より）

となる。

四角形の面積は三角形ABCと三角形ADCの和なので

　　$\dfrac{1}{2}\cdot2^2\dfrac{7}{32}\sqrt{15}+\dfrac{1}{2}\cdot3\cdot4\dfrac{7}{32}\sqrt{15}=\dfrac{7}{4}\sqrt{15}$

【9】ア　選択利用　　イ　特性　　ウ　課題学習　　エ　補充的な学習
〈解説〉学習指導要領「第3指導計画の作成と内容の取扱い6」を参照すること。

【高等学校】

【1】ア　理解　　イ　処理　　ウ　数学的活動　　エ　よさ
　　オ　態度
〈解説〉学習指導要領「第1款　目標」を参照すること。

【2】(1)　${}_n\mathrm{C}_3-n-n(n-4)：=\dfrac{n(n-1)(n-2)}{6}-n^2+3n$　　(2)　$\sqrt{55}$

　　(3)　$t=2$　　(4)　$x=0$において微分可能である。

〈解説〉学習指導要領「第1款　目標」を参照すること。

　　(1)　2辺を共有する三角形はn個，1辺のみ共有する三角形は$n(n-4)$個より

$$_n\mathrm{C}_3-n-n(n-4)=\dfrac{n(n-1)(n-2)}{6}-n^2+3n$$

　　(2)　$\angle \mathrm{ABC}=b$とおくと，円に内接する四角形の性質より

$$\angle \mathrm{ADC}=180°-b である。$$

三角形ABCにおいて余弦定理より

$$\mathrm{AC}^2=2^2+2^2-2\cdot 2^2\cos b$$

また三角形ADCにおいて

$$\mathrm{AC}^2=4^2+3^2-2\cdot 3\cdot 4\cos(180-b)$$

$\cos(180-b)=-\cos b$　なので，この2式より，$8-8\cos b=25+24\cos b$

$\cos b=-\dfrac{17}{32}$，$\sin b=\dfrac{7}{32}\sqrt{15}>0$　（$\because$　$\sin^2 b+\cos^2 b=1$より）

となる。四角形の面積は三角形ABCと三角形ADCの和なので

$$\dfrac{1}{2}\cdot 2^2\,\dfrac{7}{32}\sqrt{15}+\dfrac{1}{2}\cdot 3\cdot 4\,\dfrac{7}{32}\sqrt{15}=\dfrac{7}{8}\sqrt{15}$$

　　(3)　$\overrightarrow{\mathrm{AB}}=(-3,\ 1,\ -2)$，$\overrightarrow{\mathrm{AC}}=(1,\ -3,\ -1)$，$\overrightarrow{\mathrm{AD}}=(t+2,\ -4,\ 2t-3)$である。

a，bを実数とし，$\overrightarrow{\mathrm{AD}}=a\overrightarrow{\mathrm{AB}}+b\overrightarrow{\mathrm{AC}}$とすると，

$-3a+b=t+2$

$a-3b=-4$

$-2a-b=2t-3$

これを解くと，$a=-1$，$b=1$，$t=2$，

よって $t=2$ である。

(4) $-1\leqq\sin\dfrac{1}{x}\leqq1$ より $\lim\limits_{h\to0}f(h)=0$

よって$f(x)$は $x=0$で連続。また

$$\lim\limits_{h\to0}\dfrac{f(h)-f(0)}{h}=\lim\limits_{h\to0}h\sin\dfrac{1}{h}=0$$

したがって，$x=0$において微分可能である。

【3】$k<-\dfrac{5}{4}$，$k>1$　のとき，0個

$-\dfrac{5}{4}\leqq k<-1$，$-1<k<1$　のとき，2個

$k=-1$のとき，3個

$k=1$のとき，1個

〈解説〉第一式より$-1\leqq x\leqq1$，$-1\leqq y\leqq1$である。$X=x^2$とし，2式からyを

消去すると，

$X+(X+k)^2=1$

$X^2+(2k+1)X+(k^2-1)=0$

この式の左辺を$f(X)$とする。上式において

判別式は$D=(2k+1)^2-4(k^2-1)=4k+5$

$f(0)=k^2-1$

$f(1)=(k+1)^2\geqq0$

である。

$f(X)=0$が$0\leqq X\leqq1$で解を持つ条件を考える。

(a) 軸$X=-\dfrac{1}{2}(2k+1)<0$の時 $\left(k>-\dfrac{1}{2}\right)$，

$f(0)\leqq$ かつ $f(1)\geqq0$ より$-1\leqq k\leqq1$，

よって $-\dfrac{1}{2}\leqq k\leqq1$

Xの解は1つある。特に$k=1$の時$X=0$である。

241

(b)　軸Xが$0 \leqq -\frac{1}{2}(2k+1)<1$の時$\left(-\frac{3}{2}<k\leqq -\frac{1}{2}\right)$,

判別式$D\geqq 0$かつ$f(1)\geqq 0$または$f(0)\geqq 0$より

$$-\frac{5}{4}<k\leqq -\frac{1}{2}$$

$k=-1$の時のみXの解が2つあり$X=0$,　$X=1$,　それ以外の場合は1個である。

(c)　軸$X=-\frac{1}{2}(2k+1)>1$　の時　$\left(k\leqq -\frac{3}{2}\right)$,

$f(0)\geqq 0$　かつ　$f(1)\leqq 0$　よりこれを満たすkはない。

したがって交点の個数は

$k<-\frac{5}{4}$,　$k>1$　のとき,　0個

$-\frac{5}{4}\leqq k<-1$,　$-1<k<1$　のとき,　2個

$k=-1$のとき,　3個

$k=1$のとき,　1個

【4】(1)　$x=0$で変曲点で$x>0$で下に凸,　$x<0$で上に凸である。

(2)　$\frac{\pi}{2}(e^{\pi}-e^{-\pi})$

〈解説〉(1)　$y'=-e^{-x}(\cos x+\sin x)=0$

より　$x<-\frac{\pi}{4}$で　$y'>0$,　$x>-\frac{\pi}{4}$で　$y'<0$

より　$x=-\frac{\pi}{4}$で極値$\exp\left(-\frac{\pi}{4}\right)/\sqrt{2}$ をとる。

また

$$y''=2e^{-x}\sin x\geqq 0$$

より　$x=0$で変曲点で$x>0$で下に凸,　$x<0$で上に凸である。

(2)　$\pi\displaystyle\int_{-\frac{\pi}{2}}^{\frac{\pi}{2}}(e^{-x}\cos x)^2dx$

$=\pi\displaystyle\int_{-\frac{\pi}{2}}^{\frac{\pi}{2}}e^{-2x}\frac{\cos 2x+1}{2}\,dx$

$$= \pi \left[-\frac{1}{2}e^{-2x} + \frac{1}{4}e^{-2x}\sin 2x \right]_{-\frac{\pi}{2}}^{\frac{\pi}{2}}$$
$$= \frac{\pi}{2}(e^{\pi} - e^{-\pi})$$

【5】 (1)　$S_n = (2n-1)(n^2-n+1)$　　(2)　$\displaystyle\lim_{n\to\infty}\left\{\frac{T_n}{S_n}\right\} = \frac{7}{24}$

〈解説〉(1)　S_nは初項$(n-1)^2+1$，末項n^2で項差1，項数$2n-1$の等差数列
　の和である。よって
$$S_n = \frac{(2n-1)((n-1)^2+1+n^2)}{2} = (2n-1)(n^2-n+1)$$
　したがって，$S_n = (2n-1)(n^2-n+1)$

(2)　$n=2m$　のとき，
$$T_n = \sum_{k=1}^{m}\{(n-k)^2+k+(n-k+1)-k-1\}$$
$$= 2(n^2+n+1)m - (2n+1)m(m+1) + \frac{m}{3}(m+1)(2m+1)$$

$n=2m-1$のとき，
$$T_n = \sum_{k=1}^{m}\{(n-k)^2+k+(n-k+1)-k-1\}+(n-m-1)^2+(n-m)$$
$$= 2(n^2+n+1)m - (2n+1)m(m+1) + \frac{m}{3}(m+1)(2m+1)$$
$$+ (n-m-1)^2+(n-m)$$

よって$n\to\infty$において，$S_n \to 2n^3$，$T_n \to \frac{7}{12}n^3$

したがって
$$\lim_{n\to\infty}\left\{\frac{T_n}{S_n}\right\} = \frac{7}{24}$$

2007年度　実施問題

【中学校】

【1】次の(1)～(6)の問いに答えよ。

(1) $(11^2+3\times11+14^2-3\times14)\div(20^2-6^2)$を計算せよ。

(2) $5-\sqrt{5}$ の整数部分をa，小数部分をbとするとき，$3a-\dfrac{8}{b}$の値を求めよ。

(3) aの絶対値を$|a|$と表すとき，$x^2-|2x-1|-3=0$を満たす実数解xを求めよ。

(4) 1辺の長さが$x$cmの正六角形の面積を求めよ。

(5) 四人が1個ずつ持ち寄った4個のプレゼントの品物を，無作為に一人に1個ずつ配り直したとき，二人だけに自分の品物が戻ってしまう確率を求めよ。

(☆☆☆◎◎◎)

【2】xの整式$-5x^3+x^2-ax+8$が$x-4$で割り切れるとき，aの値を求めよ。また，そのときの商を求めよ。

(☆☆☆◎◎◎)

【3】xについて2次不等式$ax^2+bx-1\geqq0$の解が$\dfrac{1}{2}\leqq x\leqq1$であるとき，不等式$x^2+2ax+b<0$の解を求めよ。
　　ただし，aとbは定数とする。

(☆☆☆◎◎◎)

【4】座標平面上にある3点$(-1, 6)$，$(1, 0)$，$(3, 2)$を通り，軸がy軸に平行な放物線の方程式を求めよ。

(☆☆☆◎◎◎)

244

【5】 次の図のように，1辺4cmの正方形ABCDの各辺を半径とする4つの
扇形をかいたとき，斜線の部分の面積を求めよ。

ただし，円周率は π とする。

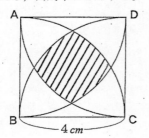

(☆☆☆◯◯◯)

【6】 次の図のように，1cm方眼紙を使って，1辺が4cmの立方体ABCD－
EFGHをつくった。

このとき，下の問いに答えよ。

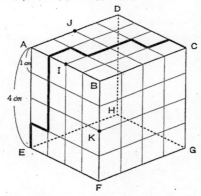

(1) 辺AB，AD，BFの中点I，J，Kを通る平面でこの立方体を切断す
るとき，その切断面の周の長さを求めよ。

(2) 図中に示した太線のように，辺ABを含む2つの面にある方眼の線
上を，点Eから点Cまで迂回することなく(最短距離で)進むとき，点I
を通る確率を求めよ。

　　　ただし，方眼のどの線上を進むことも同様に確からしいとする。

　　　　　　　　　　　　　　　　　　　　　　　　　　　（☆☆☆◎◎◎）

【７】「2006BIWA」の4つの数字を含む8文字を並べ替えるとき，数字と
　　アルファベットが交互に並ぶ並べ方は何通りあるか。

　　　　　　　　　　　　　　　　　　　　　　　　　　　（☆☆☆◎◎◎）

【８】座標平面上に，点A(1, 0)，点B($\cos\theta$, $\sin\theta$)，点C($\cos(\theta+90°)$，
　　$\sin(\theta+90°)$)，点D(−1, 0)をとる。$0°<\theta<90°$のとき，四角形ABCD
　　の面積の最大値と，そのときのθの値を求めよ。

　　　　　　　　　　　　　　　　　　　　　　　　　　　（☆☆☆◎◎◎）

【９】次の文は，中学校学習指導要領(平成10年12月告示)の第2章　各教
　　科　第3節　数学　第2　各学年の目標及び内容〔第1学年〕1　目標(2)
　　について記したものである。
　　　（　ア　）〜（　オ　）に入る語句を記せ。
　　(2)　平面図形や空間図形についての（　ア　），（　イ　）や実験を通し
　　　て，図形に対する（　ウ　）な見方や考え方を深めるとともに，（　エ　）
　　　に（　オ　）する基礎を培う。

　　　　　　　　　　　　　　　　　　　　　　　　　　　（☆☆☆◎◎◎）

【高等学校】

【１】次の各問いに答えよ。

　(1)　2006BIWA　の4つの数字を含む8字を1列に並べるとき，数字とア
　　ルファベットが交互に並ぶ並べ方は何通りあるか。

　(2)　座標平面上に点A(1, 0)，B($\cos\theta$, $\sin\theta$)，C($\cos(\theta+90°)$，
　　$\sin(\theta+90°)$)，D(−1, 0)をとる。$0°<\theta<90°$のとき，四角形ABCD
　　の面積の最大値と，そのときのθの値を求めよ。

　(3)　座標空間において，3点A(1, 0, 0)，B(0, −2, 0)，C(0, 0, 2)の
　　定める平面αに原点Oから垂線OHを下ろすとき，点Hの座標を求め

よ。

（☆☆☆◎◎◎）

【2】$f(x)=x^2-2x+2$, $g(x)=2x^2-8x+3$とする。放物線$y=f(x)$上の点Pにおける接線lが，放物線$y=g(x)$と異なる2点で交わるとき，放物線$y=g(x)$と直線lで囲まれた部分の面積の最大値と，そのときの点Pの座標を求めよ。

（☆☆☆◎◎◎）

【3】複素数平面上の点P(z)が等式$2|z-(3+3i)|=|z|$を満たしながら動く。ただし，iは虚数単位である。

(1) zの偏角θのとりうる値の範囲を求めよ。ただし，$0°\leqq\theta<360°$とする。

(2) 実数tが$0\leqq t\leqq1$の範囲を動くとき，$w=tz$を満たす点Q(w)の描く図形の面積を求めよ。

（☆☆☆◎◎◎）

【4】白玉4個，赤玉2個が入った袋から同時に3個の玉を取り出し，取り出した白玉の個数を記録してから袋に戻す。この試行をn回繰り返したとき，記録した白玉の個数の合計が奇数である確率P_nを求めよ。また，$\lim_{n\to\infty}P_n$を求めよ。

（☆☆☆◎◎◎）

【5】曲線C：$y=-xe^x$について，次の問いに答えよ。

(1) 曲線Cの増減，極値，凹凸，変曲点を調べて，そのグラフの概形をかけ。

(2) 点$(0, k)$から曲線Cに異なる3本の接線が引けるとき，定数kの値の範囲を求めよ。

（☆☆☆◎◎◎）

解答・解説

【中学校】

【１】 (1) $\dfrac{11}{13}$　　(2) $-2\sqrt{5}$　　(3) $-1-\sqrt{5}$　　(4) $\dfrac{3\sqrt{3}}{2}x^2$

(5) $\dfrac{1}{2}$

〈解説〉(1)　(与式)$=\dfrac{2^2 \cdot 7 \cdot 11}{2 \cdot 13 \cdot 14}=\dfrac{11}{13}$

(2)　$a=2$, $b=3-\sqrt{5}$ より, $3a-\dfrac{8}{b}=-2\sqrt{5}$

(3)　(与式)　$\Leftrightarrow$　$(x^2-3)^2=(2x-1)^2$ かつ $|x|\geqq\sqrt{3}$

$\Leftrightarrow$　$(x^2+2x-4)(x^2-2x-2)=0$ かつ $|x|\geqq\sqrt{3}$

$\Leftrightarrow$　$x=-1-\sqrt{5}$

(4)　一辺 x の三角形が6つ集まったものなので,

$\dfrac{1}{2}x \cdot x \cdot \sin60° \cdot 6=\dfrac{3\sqrt{3}}{2}x^2$

(5)　$\dfrac{{}_4C_2\times 1}{4!}=\dfrac{1}{4}$

【２】 $a=-74$, (商)$=-5x^2-19x-2$

〈解説〉$f(x)=-5x^3+x^2-ax+8$ とおくと, 因数定理から,

$f(x)$ が $x-4$ で割り切れる　$\Leftrightarrow$　$f(4)=0$

$\therefore$　$a=-74$

このとき　$f(x)\div(x-4)=-5x^2-19x-2$

【３】 $a=-2$, $b=3$, $1<x<3$

〈解説〉題意から $a<0$ で, $ax^2+bx-1=a(x-\dfrac{1}{2})(x-1)$ …①

が成立する。①の係数を比較して, $-\dfrac{3}{2}a=b$, $\dfrac{1}{2}a=-1$

$\therefore$　$a=-2$, $b=3$

このとき

$x^2+2ax+b<0$

$\Leftrightarrow \quad x^2-4x+3<0$

$\Leftrightarrow \quad (x-3)(x-1)<0$

$\Leftrightarrow \quad 1<x<3$

【4】 $y=(x-2)(x-1)$

〈解説〉 $(1,\ 0)$ を通るので,

$y=(ax+b)(x-1)$ とおける。

$(-1,\ 6),\ (3,\ 2)$ を通るので,

$\begin{cases} 6=(-a+b)\times(-2) \\ 2=(3a+b)\times2 \end{cases}$

$\Leftrightarrow \begin{cases} a=1 \\ b=-2 \end{cases}$

$\therefore \quad y=(x-2)(x-1)$

【5】 $16-16\sqrt{3}+\dfrac{16}{3}\pi\ (\text{cm}^2)$

〈解説〉

$=16(2-\sqrt{3})+(\pi\times4^2\times\dfrac{30}{360}-\dfrac{1}{2}\cdot4\cdot4\cdot\sin30°)\times4$

$=16-16\sqrt{3}+\dfrac{16}{3}\pi$

【6】(1)　$12\sqrt{2}$ cm　　(2)　$\dfrac{5}{11}$

〈解説〉(1)

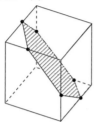

となるので，$\overline{JI} \times 6 = 2\sqrt{2} \times 6 = 12\sqrt{2}$

(2)　$\dfrac{{}_6C_2 \times {}_6C_2}{{}_{12}C_4} = \dfrac{5}{11}$

【7】576通り

〈解説〉(i)　アルファベットが先頭にくるとき，

$4! \cdot \dfrac{4!}{2!}$ 通り

(ii)　数字が先頭にくるとき

$4!$

$\cdot \dfrac{4!}{2!}$ 通り

$\therefore \ 4! \cdot \dfrac{4!}{2!} \times 2 = 576$通り

【8】$\dfrac{\sqrt{2}+1}{2}$　　$(\theta = 45°)$

〈解説〉$S = ($四角形ABCD$) = \dfrac{1}{2} \times 1 \times \sin\theta + \dfrac{1}{2} \times 1 \times 1 + \dfrac{1}{2} \times 1 \times \sin(90° - \theta)$

$= \dfrac{1}{2}(\sin\theta + 1 + \sin(90° - \theta))$

$= \dfrac{1}{2}(\sin\theta + \cos\theta + 1)$

$= \dfrac{1}{2}(\sqrt{2}\sin(\theta + 45°) + 1)$

$\leq \dfrac{1}{2}(\sqrt{2}+1)$ （等号は，$\theta=45°$のとき成立）

$\therefore \quad \theta=45°$のとき，最大値$\dfrac{1}{2}(\sqrt{2}+1)$

【9】ア　観察　　イ　操作　　ウ　直感的　　エ　論理的　　オ　考察
〈解説〉学習指導要領参照。

【高等学校】

【1】(1)　576通り　　(2)　$\dfrac{\sqrt{2}+1}{2}(\theta=45°)$　　(3)　H$\left(\dfrac{2}{3},\ -\dfrac{1}{3},\ \dfrac{1}{3}\right)$

〈解説〉(1)　アルファベットが先頭にくるとき，$4! \times \dfrac{4!}{2!}$

同様に数字が先頭にくるときも，$4! \times \dfrac{4!}{2!}$

$\therefore \quad 4! \times \dfrac{4!}{2!} \times 2 = 576$

(2)　（四角形ABCD）$= \dfrac{1}{2}(\sin\theta + \cos\theta + 1)$

$= \dfrac{1}{2}(\sqrt{2}\sin(\theta+45°)+1)$

$\leq \dfrac{1}{2}(\sqrt{2}+1)$

等号は$\theta=45°$のとき成立。

(3)　$\alpha : x - \dfrac{y}{2} + \dfrac{z}{2} = 1$より，

$\overrightarrow{\text{OH}} = \left(k,\ -\dfrac{k}{2},\ \dfrac{k}{2}\right)$とおける。これを$\alpha$へ代入して，

$k + \dfrac{k}{4} + \dfrac{k}{4} = 1$

$\therefore \quad k = \dfrac{2}{3}$

$\therefore \quad$ H$\left(\dfrac{2}{3},\ -\dfrac{1}{3},\ \dfrac{1}{3}\right)$

【2】最大値$5\sqrt{15}$，P(3，5)
〈解説〉P$(t,\ f(t))$とおくと，$l : y - f(t) = f'(t)(x-t)$

lと$y=g(x)$を連立して，$2x^2 - (8+f'(t))x + 3 + tf'(t) - f(t) = 0 \cdots ①$

①の判別式Dは，$D＝60－4(t－3)^2$

$D＞0$より，①の解を α，β（$\alpha＞\beta$）とおくと，

$$(囲まれた面積)＝\int_{\beta}^{\alpha}\{f'(t)(x－t)＋f(t)－g(x)\}dx$$

$$＝\int_{\beta}^{\alpha}－2(x－\alpha)(x－\beta)dx$$

$$＝\frac{1}{3}(\alpha－\beta)^3$$

$$＝\frac{1}{3}\left(\frac{\sqrt{D}}{2}\right)^3$$

$$＝\frac{1}{24}(\sqrt{88－4(t－3)^2})^3$$

$$\leqq\frac{1}{24}(\sqrt{88})^3＝5\sqrt{15}\ \frac{22\sqrt{22}}{3}\quad（等号は，t＝3のとき成立）$$

∴　最大値$5\frac{22\sqrt{22}}{3}$，$P(3，5)$

【３】(1)　$15°\leqq\theta\leqq75°$　　(2)　$8\sqrt{3}＋\frac{16}{3}\pi$

〈解説〉(1)　$z＝r(\cos\theta＋i\sin\theta)$とおくと，

(与式)　$\Leftrightarrow$　$r^2－8(\sin\theta＋\cos\theta)r＋24＝0$

このrの2次方程式が$r＞0$に実数解をもつ条件は，

$$\begin{cases}D＝8^2(\sin\theta＋\cos\theta)^2－4.24\geqq0\\ \qquad\qquad かつ\\ (軸)＝4(\sin\theta＋\cos\theta)＞0\end{cases}$$

$\Leftrightarrow$　$15°\leqq\theta\leqq75°$

(2)

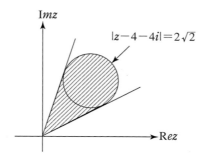

(与式)　⇔　$|z-4-4i|=2\sqrt{2}$ より,

中心$4+4i$, 半径$2\sqrt{2}$ の円を表す。

$0\leqq t\leqq 1$ より, 上図が求める面積である。

$\therefore$　$\dfrac{1}{2}\cdot 4\sqrt{2}\cdot 2\sqrt{2}\sin 60°\times 2+(2\sqrt{2})^2\pi\times\dfrac{240}{360}$

$=8\sqrt{3}+\dfrac{16}{3}\pi$

【4】 合計が奇数になる確率　$P_n=\left(-\dfrac{1}{5}\right)^{n-1}\cdot\dfrac{1}{10}+\dfrac{1}{2}$　　$\displaystyle\lim_{n\to\infty}P_n=\dfrac{1}{2}$

〈解説〉1回の試行で, 合計が偶数になる確率は, $\dfrac{{}_4C_3+{}_4C_1}{{}_6C_3}=\dfrac{2}{5}$

合計が奇数になる確率は, $\dfrac{{}_2C_1\times{}_4C_2}{{}_6C_3}=\dfrac{3}{5}$ より,

$P_{n+1}=\dfrac{2}{5}P_n+\dfrac{3}{5}(1-P_n)$

$\Leftrightarrow$　$P_{n+1}=-\dfrac{1}{5}P_n+\dfrac{3}{5}$

$\Leftrightarrow$　$P_{n+1}-\dfrac{1}{2}=-\dfrac{1}{5}\left(P_n-\dfrac{1}{2}\right)$

$\Leftrightarrow$　$P_n-\dfrac{1}{2}=\left(-\dfrac{1}{5}\right)^{n-1}\left(P_1-\dfrac{1}{2}\right)$

$P_1=\dfrac{3}{5}$ より,

$P_n=\left(-\dfrac{1}{5}\right)^{n-1}\cdot\dfrac{1}{10}+\dfrac{1}{2}$

$\therefore$　$\displaystyle\lim_{n\to\infty}P_n=\dfrac{1}{2}$

【5】(1)　$y'=-e^x(x+1)$, $y''=-e^x(x+2)$より，増減表は下図のようになる。

x	$-\infty$			-2		-1		∞
y'			$+$			0	$-$	
y''		$+$		0	$-$			
y	0	$\nearrow$		$\dfrac{2}{e^2}$	$\nearrow$	$\dfrac{1}{e}$	$\searrow$	$-\infty$

よってグラフは次の図のようになる。

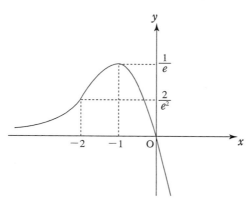

(2)　$0<k<\dfrac{4}{e^2}$

〈解説〉(2)　$(t,\ -te^t)$におけるCの接線は，$y+te^t=-e^t(t+1)(x-t)$

これが$(0,\ k)$を通るとき，$k=e^t t^2\cdots$①が成立する。

(1)より，「接線が3本引ける⇔①が3つの解をもつ」となる。

$k'=e^t(t+2)t$より，

t	$-\infty$			-2		0		$+\infty$
k'		$+$		0	$-$	0	$+$	
k	0	$\nearrow$		$\dfrac{4}{e^2}$	$\searrow$	0	$\nearrow$	$+\infty$

上の増減表を参考にして，

$0<k<\dfrac{4}{e^2}$

2006年度 実施問題

【中学校】

【1】次の1〜6の問いに答えよ。

1 $x(x-2)-4y(x-y-1)-3$ を因数分解しなさい。

2 次の図の印をつけた角の和を求めよ。

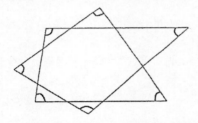

3 $|x^2-3x+1|<1$ を満たす x の範囲を求めよ。

4 次図の平行四辺形ABCDにおいて，対角線AC，BDの交点をOとする。AB＝AC，BC＝BO＝2cmのとき，平行四辺形ABCDの面積を求めよ。

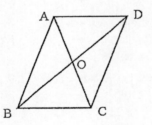

5 $\dfrac{1}{2-\sqrt{3}}$ の小数部分を a とするとき，a^2+2a+5 の値を求めよ。

(☆☆☆◎◎◎)

【2】次の図のように，長方形の紙をぴったり重なるように1回折ると，折り目が1本できる。続けて，またぴったり重なるように1回折ると，折り目が3本になる。この操作を n 回続けた時折り目の本数を答えよ。

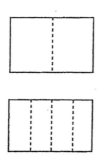

(☆☆☆◎◎◎)

【３】3点(1，2)，Q(3，−2)，R(4，1)を頂点とする平行四辺形のもう一つの頂点Sの座標を求めよ。

(☆☆☆◎◎◎)

【４】点(1，14)を通り，曲線$y＝x^3−3x^2$に接する直線の方程式を求めよ。

(☆☆☆◎◎◎)

【５】x，yを正の整数とするとき，x^2が7桁，xy^3が20桁の数になるには，x，yはそれぞれ何桁の数になるか答えよ。

(☆☆☆◎◎◎)

【６】曲線$\sqrt{x}＋\sqrt{y}＝1$とx軸，y軸とで囲まれる部分の面積を求めよ。

(☆☆☆◎◎◎)

【７】三角形ABCにおいて，A＝60°，辺AB＝$5＋5\sqrt{6}$，辺BCと辺CAの長さの和が25のとき，辺BCの長さを求めよ。

(☆☆☆◎◎◎)

【8】 次の図のように正三角形ABCの中の4つの合同な正三角形を，赤，白，青，黄4色の色ペンのうち，3色のペンを使って塗り分ける。隣り合う正三角形の色が，異なるような塗り分け方は全部で何通りあるか答えよ。

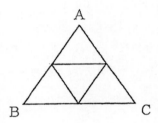

(☆☆☆◎◎◎)

【9】 次の文は，中学校学習指導要領(平成10年12月公示)の第2章　各教科　第3節　数学　第2　各学年の目標及び内容〔第3学年〕1　目標について記したものである。(ア)〜(エ)に入る語句を記せ。

(1) 数の(ア)について理解し，数の(イ)についての理解を一層深める。また，目的に応じて計算したり式を(ウ)したりする能力を一層伸ばすとともに，二次方程式について理解し，式を(エ)に活用できるようにする。

(☆☆☆◎◎◎)

【高等学校】

【１】次の各問いに答えなさい。

(1) $\boxed{S}\boxed{H}\boxed{I}\boxed{G}\boxed{A}\boxed{K}\boxed{E}\boxed{N}$ の8枚のカードがある。1回目無作為に同時に2枚のカードをとり，元に戻さずに2回目も無作為に同時に2枚のカードをとる。2回目に母音のカードが2枚出たとき，1回目に出たのは子音のカード2枚であった確率を求めよ。

(2) $\log_{10}2=0.3010$, $\log_{10}3=0.4771$, $\log_{10}7=0.8451$とする。

$\left(\dfrac{1}{2}\right)^{2005}$ は小数第何位に，初めて0でないどんな数が現れるか。

(3) 関数$y=\lim\limits_{n\to\infty}\dfrac{x-x^{2n}}{1+x^{2n}}$ のグラフをかけ。

(☆☆☆◎◎◎)

【２】$0\leqq x\leqq\pi$ において，関数$f(x)=\sin2x+a(\sin x+\cos x)$の最大値，最小値を求めよ。ただし，$a$は正の定数とする。

(☆☆☆☆◎◎◎)

【３】平面上に△ABCと点Pがあって，$l\overrightarrow{PA}+m\overrightarrow{PB}+n\overrightarrow{PC}=\overrightarrow{0}$ $(l, m, n$は正の定数) が成り立っている。

(1) 点Pが△ABCの内部にあることを照明せよ。

(2) 面積比△PBC：△PCA：△PABを求めよ。

(☆☆☆☆◎◎◎◎)

【４】数列$\{a_n\}$は，$3a_{n+2}=2a_{n+1}+a_n$ $(n=1, 2, 3\cdots\cdots)$ を満たす。$\sum\limits_{n=1}^{\infty}a_n=\dfrac{9}{2}$のとき，実数$a_1$および$a_2$の値を求めよ。

(☆☆☆☆☆◎◎◎◎)

【５】曲線C：$y=\log x$上の点$(t, \log t)$における接線をlとする。(ただし，$1<t<e$) このとき，曲線C，接線l，2直線$x=1$, $x=e$で囲まれてできる図形の面積$S(t)$の最小値を求めよ。

(☆☆☆◎◎◎◎)

解答・解説

【中学校】

【1】(1) $(x-2y+1)(x-2y-3)$　　(2) 540°　　(3) $0<x<1$, $2<x<3$

(4) $2\sqrt{7}$ (cm²)　　(5) 7

〈解説〉(1) $x(x-2)-4y(x-y-1)-3$

$=x^2-2(2y+1)+4y^2+4y-3$

$=x^2-2(2y+1)x+(2y-1)(2y+3)$

$=\{x-(2y-1)\}\cdot\{x-(2y+3)\}$

$=(x-2y+1)(x-2y-3)$

(2) 求める角の和は

$\angle A+\angle B+\angle C+\angle D+\angle E+\angle F+\angle G$

である。

GとFを結び,

$\angle AHE=\angle H$

$\angle HGF=\angle G'$

$\angle GFH=\angle F'$

を考える。

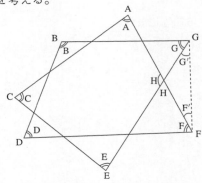

四角形BDFGの内角の和は,

$\angle B+\angle D+(\angle F+\angle F')+(\angle G+\angle G')=180°\times2=360°\cdots①$

四角形ACEHの内角の和は，

$\angle A + \angle C + \angle E + \angle H = 180° \times 2 = 360° \cdots$②

ここで△HGFの2つの内角の和は，外角に等しいので，

$\angle G' + \angle F' = \angle GHA$　よって　$\angle H + \angle F' + \angle G' = \angle H + \angle GHA = 180°$

　　$\cdots$③

①＋②−③　より

$\angle B + \angle D + \angle F + \angle G + \angle A + \angle C + \angle E$

$= 360° + 360° - 180° = 540°$

(3)　$|x^2 - 3x + 1| < 1$　より

$-1 < x^2 - 3x + 1 < 1$

よって，$\begin{cases} x^2 - 3x + 1 > -1 \cdots① \\ x^2 - 3x + 1 < 1 \cdots② \end{cases}$

①より，　$x^2 - 3x + 2 > 0$　$(x-1)(x-2) > 0$

∴　$x < 1,\ 2 < x \cdots$③

②より，　$x^2 - 3x < 0$　$x(x-3) < 0$

∴　$0 < x < 3 \cdots$④

③，④を同時に満たすxの範囲は，$0 < x < 1,\ 2 < x < 3$

(4)　$AB = AC = x$(cm)　とする。

△ABC∽△BCO

(ともに∠ACBを2つの底角とする二等辺三角形)

平行四辺形の対角線は，互いに他を2等分するから，

AO＝CO

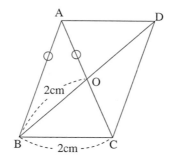

よって，　　AB：BC＝BC：CO　より

$x：2＝2：x×\dfrac{1}{2}$，　$x＞0$より　$x＝2\sqrt{2}$

AからBCに垂線を下ろし，その点をHとすると，

BH＝CH　より，

$AH＝\sqrt{(AB^2－BH^2)}＝\sqrt{(2\sqrt{2})^2－\left(2×\dfrac{1}{2}\right)^2}$
　　$＝\sqrt{8－1}＝\sqrt{7}$

よって，平行四辺形ABCDの面積Sは

$S＝BC×AH＝2×\sqrt{7}＝2\sqrt{7}$ (cm²)

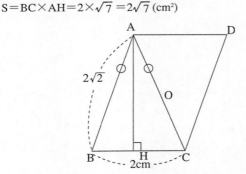

(5)　$\dfrac{1}{2－\sqrt{3}}＝\dfrac{1}{2－\sqrt{3}}×\dfrac{2＋\sqrt{3}}{2＋\sqrt{3}}＝\dfrac{2＋\sqrt{3}}{4－3}＝2＋\sqrt{3}$

小数部分　$a＝(2＋\sqrt{3})－3＝\sqrt{3}－1$

よって，　$a^2＋2a＋5$

$＝(a＋1)^2＋4＝(\sqrt{3}－1＋1)^2＋4＝3＋4＝7$

【2】 $2^n－1$(本)

〈解説〉折る回数と折り目の数は次ぎの数列になる。

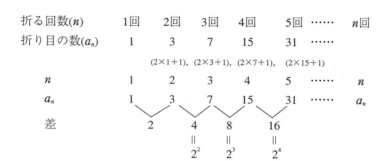

折る回数(n)	1回	2回	3回	4回	5回	……	n回
折り目の数(a_n)	1	3	7	15	31	……	
		(2×1+1),	(2×3+1),	(2×7+1),	(2×15+1)		
n	1	2	3	4	5	……	n
a_n	1	3	7	15	31	……	a_n
差		2	4	8	16		
			‖	‖	‖		
			2^2	2^3	2^4		

$n \geqq 2$　のとき　$a_n = 1 + (2 + 2^2 + 2^3 + 2^4 + \cdots\cdots + 2^{n-1})$

$= \dfrac{2^n - 1}{2 - 1} = 2^n - 1$

$n = 1$　のときも成立

よって，n回折ったとき折り目の本数は，$a_n = 2^n - 1$(本)

(注)長方形の紙をn回折ったとき，この紙を広げると折り目によって仕
　　切られた長方形は2^n個ある。

したがって，折り目の数はその数より1少ない。

よって，求める折り目の本数は，$2^n - 1$(本)である。

【3】(2, 5)，(6, −3)，(0, −1)

〈解説〉平行四辺形は，

　PQRQ′，PQP′R，PR′QRの3個，

　頂点SはQ′，P′，R′の3個である。

　$\overrightarrow{\mathrm{PQ'}} = \overrightarrow{\mathrm{QR}} = (4,\ 1) - (3,\ -2) = (1,\ 3)$

　$\therefore \quad \overrightarrow{\mathrm{OQ'}} = \overrightarrow{\mathrm{OP}} + \overrightarrow{\mathrm{PQ'}} = (1,\ 2) + (1,\ 3) = (2,\ 5)$

　よってQ′の座標は　Q′(2, 5)

　次に，　$\overrightarrow{\mathrm{QP'}} = \overrightarrow{\mathrm{PR}} = (4,\ 1) - (1,\ 2) = (3,\ -1)$

　$\therefore \quad \overrightarrow{\mathrm{OP'}} = \overrightarrow{\mathrm{OQ}} + \overrightarrow{\mathrm{QP'}} = (3,\ -2) + (3,\ -1) = (6,\ -3)$

よって，P′の座標は　P′(6，−3)

次に，　　$\overrightarrow{PR'}=\overrightarrow{RQ}=(3，−2)−(4，1)=(−1，−3)$

∴　　$\overrightarrow{OR'}=\overrightarrow{OP}+\overrightarrow{PR'}=(1，2)+(−1，−3)=(0，−1)$

よってR′の座標はR′(0，−1)

したがって，頂点Sの座標は，次の3つの場合がある。

$(2，5)，(6，−3)，(0，−1)$

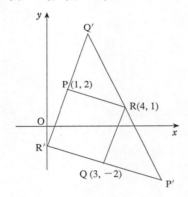

【4】$y=9x+5$

〈解説〉$y=x^3-3x^2$　より　$y'=3x^2-6x$

求める接点の座標をA$(a，a^3-3a^2)$とすると接線の方程式は，

$y-(a^3-3a^2)=(3a^2-6a)(x-a)$

接線が点(1，14)を通ることから，

$14-(a^3-3a^2)=(3a^2-6a)(1-a)$

整理すると　$a^3-3a^2+3a+7=0$

因数分解をして　$(a+1)(a^2-4a+7)=0$

aは実数より　$a=-1$

よって，接線の方程式は

$y-(-1-3)=(3+6)(x+1)$

$y+4=9x+9$　∴　$y=9x+5$

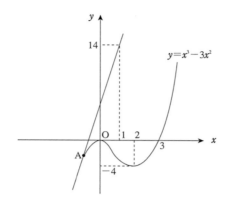

【５】xは4桁の数　　yは6桁の数

〈解説〉x，yは正の整数で　x^2　は7桁

　　よって，　$10^6 \leqq x^2 < 10^7$　より　$6 \leqq 2\log_{10}x < 7$

　　∴　$3 \leqq \log_{10}x < \dfrac{7}{2}$…①

　　また，xy^3は20桁

　　よって，$10^{19} \leqq xy^3 < 10^{20}$　より　$19 \leqq \log_{10}xy^3 < 20$

　　$19 \leqq \log_{10}x + 3\log_{10}y < 20$

　　①より　$19 - \dfrac{7}{2} < \log_{10}x + 3\log_{10}y - \log_{10}x < 20 - 3$

　　$\dfrac{31}{2} < 3\log_{10}y < 17$　よって　$\dfrac{31}{6} < \log_{10}y < \dfrac{17}{3}$…②

　　①より　$3 \leqq \log_{10}x < 4$　よって　$10^3 \leqq x < 10^4$

　　したがって，xは4桁の数

　　②より　$5 < \log_{10}y < 6$　よって　$10^5 < y < 10^6$

　　したがって，yは6桁の数

【6】 $\dfrac{1}{6}$

〈解説〉 $\sqrt{x} + \sqrt{y} = 1$

$x \geqq 0,\ y \geqq 0$　で　$\sqrt{y} = 1 - \sqrt{x} \geqq 0$　より　$1 \geqq x \geqq 0$

$y = (1 - \sqrt{x})^2 = x - 2\sqrt{x} + 1$　$y' = 1 - 2 \cdot \dfrac{1}{2\sqrt{x}} = \dfrac{\sqrt{x} - 1}{\sqrt{x}} \leqq 0$

したがって，グラフは単調減少。

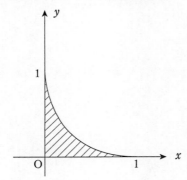

求める面積Sは

$S = \displaystyle\int_0^1 y\,dx = \int_0^1 (x - 2\sqrt{x} + 1)\,dx$

$= \left[\dfrac{1}{2}x^2 - 2 \times \dfrac{2}{3}x^{\frac{3}{2}} + x \right]_0^1$

$= \dfrac{1}{2} - \dfrac{4}{3} + 1 = \dfrac{1}{6}$

【7】 $BC = 15$

〈解説〉BCの長さをxとすると

$BC + AC = 25$　より　$CA = 25 - x$

△ABCに余弦定理を用いて

$x^2 = (5 + 5\sqrt{6})^2 + (25 - x)^2 - 2(5 + 5\sqrt{6})(25 - x) \cdot \cos 60°$

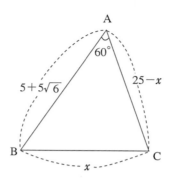

右辺を展開して

$x^2 = 25 + 50\sqrt{6} + 150 + 625 - 50x + x^2 - 125 + 5x - 125\sqrt{6} + 5\sqrt{6}\,x$

$(45 - 5\sqrt{6})x = 675 - 75\sqrt{6}$

$(9 - \sqrt{6})x = 135 - 15\sqrt{6}$

$(9 - \sqrt{6})x = 15(9 - \sqrt{6})$

$\therefore\quad x = 15$

よって，　　BC＝15

【8】72(通り)

〈解説〉まずどの3色を使うかで，$_4C_3 = 4$(通り)

　使う3色が決まったら，まん中(④)にどの色を使うかで，$_3C_1 = 3$(通り)
④の色が決まったら①，②，③には残りの2色を使うので，残りの2色
は，同じ色を①，②，③のどの2つの場所に使うかで，$_3C_2 = 3$(通り)
あり，その①，②，③の2つの場所に塗った同じ色は，残り2色のどれ
かで2通りあるので，求める塗り方は，

$_4C_3 \times _3C_1 \times _3C_2 \times 2 = 4 \times 3 \times 3 \times 2 = 72$(通り)

(※ただし三角形ABCの位置が決まっていると考えていて，回転して同
じものは考えていない)

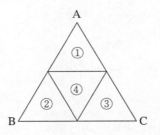

【9】(ア) 平方根 　(イ) 概念 　(ウ) 変形 　(エ) 能率的

【高等学校】

【1】(1) $\dfrac{1}{14}$ 　(2) 小数第604位，首位の数字は4 　(3) 解説参照

〈解説〉(1) 子音S，H，G，K，N…5枚のカードから2枚えらび，さらに，母音I，A，E…3枚のカードから2枚えらぶ。

よって求める確立は，

$$\dfrac{{}_5C_2\times{}_3C_2}{{}_8C_2\times{}_6C_2}=\dfrac{5\times4\times3\times2}{8\times7\times6\times5}=\dfrac{1}{14}$$

(2) $\log_{10}\left(\dfrac{1}{2}\right)^{2005}=2005\times(-\log_{10}2)$

$$=2005\times(-0.3010)$$

$$=-603.505$$

これより，　$-604<\log_{10}\left(\dfrac{1}{2}\right)^{2005}<-603$

すなわち　$\log_{10}10^{-604}<\log_{10}\left(\dfrac{1}{2}\right)^{2005}<\log_{10}10^{-603}$

$\therefore$　$10^{-604}<\left(\dfrac{1}{2}\right)^{2005}<10^{-603}$

これは，$\left(\dfrac{1}{2}\right)^{2005}$が小数第604位に初めて0でない数字が現れる小数であることを示している。

次に，$\log_{10}4=2\log_{10}2=0.6020$

$\log_{10}3=0.4771$　であるから

$\log_{10}\left(\dfrac{1}{2}\right)^{2005}=-603.505=-604+0.495$であるから

$\log_{10}3-604<-604+0.495<\log_{10}4-604$

$\log_{10}(3\times10^{-604})<\log_{10}\left(\dfrac{1}{2}\right)^{2005}<\log_{10}(4\times10^{-604})$

$\therefore 3\times10^{-604}<\log_{10}\left(\dfrac{1}{2}\right)^{2005}<4\times10^{-604}$

これより，$\left(\dfrac{1}{2}\right)^{2005}$の首位の数字が3であることを示している。

(3)　(ア)　$|x|<1$のとき

$\displaystyle\lim_{n\to\infty}x^{2n}=0$　であるから　$y=\dfrac{x}{1}=x$

(イ)　$|x|>1$のとき

$y=\displaystyle\lim_{n\to\infty}\dfrac{\dfrac{1}{x^{2n-1}}-1}{\dfrac{1}{x^{2n}}+1}=\lim_{n\to\infty}\dfrac{\left(\dfrac{1}{x}\right)^{2n-1}-1}{\left(\dfrac{1}{x}\right)^{2n}+1}$

ここで，$\left|\dfrac{1}{x}\right|<1$　より　$\displaystyle\lim_{n\to\infty}\left(\dfrac{1}{x}\right)^{2n}=0$　であるから

$y=\dfrac{-1}{1}=-1$

(ウ)　$x=1$のとき

$y=\dfrac{1-1}{1+1}=0$

(エ)　$x=-1$のとき

$y=\displaystyle\lim_{n\to\infty}\dfrac{-1-\{(-1)^2\}^n}{1+\{(-1)^2\}^n}=\lim_{n\to\infty}\dfrac{-1-1^n}{1+1^n}=\dfrac{-2}{2}=-1$

以上(ア)～(エ)より，グラフは次のようになる。

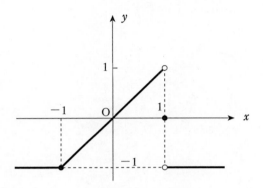

【2】最大値　$1+\sqrt{2}\,a$　，最小値　$-\dfrac{a^2}{4}-1$

〈解説〉$f(x)=\sin2x+a(\sin x+\cos x)$

$f'(x)=2\cos2x+a(\cos x-\sin x)$

$\qquad=2(\cos^2x-\sin^2x)+a(\cos x-\sin x)$

$\qquad=2(\cos x-\sin x)(\cos x+\sin x)+a(\cos x-\sin x)$

$\qquad=(\cos x-\sin x)(2\cos x+2\sin x+a)$

$\qquad=\sqrt{2}\,\sin\!\left(x+\dfrac{3}{4}\pi\right)\!\left\{2\sqrt{2}\,\sin\!\left(x+\dfrac{1}{4}\pi\right)+a\right\}$

$f'(x)=0$　となるのは　$\sin\left(x+\dfrac{3}{4}\pi\right)=0$　すなわち　$x=\dfrac{1}{4}\pi$　のとき

または　$\sin\!\left(x+\dfrac{1}{4}\pi\right)=-\dfrac{a}{2\sqrt{2}}$　のとき

$\sin\!\left(x+\dfrac{\pi}{4}\right)=-\dfrac{a}{2\sqrt{2}}$　をみたすxを$x=\alpha$とおくと

$\sin\!\left(\alpha+\dfrac{\pi}{4}\right)=-\dfrac{a}{2\sqrt{2}}$，$\sin\alpha+\cos\alpha=-\dfrac{a}{2}\cdots①$

ここで，$a>0$より　$\sin\left(x+\dfrac{1}{4}\pi\right)<0$より　$\dfrac{3}{4}\pi<\alpha\leqq\pi$

x	0		$\dfrac{1}{4}\pi$		α		π
$f(x)'$		$+$	0	$-$	0	$+$	
$f(x)$		$\nearrow$	$1+\sqrt{2}a$	$\searrow$	$-\dfrac{a^2}{4}-1$	$\nearrow$	

269

$$f(\frac{1}{4}\pi)=\sin\frac{\pi}{2}+a\left(\sin\frac{\pi}{4}+\cos\frac{\pi}{2}\right)$$
$$=1+\sqrt{2}\,a$$
$$f(\alpha)=\sin2\alpha+a(\sin\alpha+\cos\alpha)$$
$$=2\sin\alpha\cos\alpha+a\times\left(-\frac{a}{2}\right)$$
$$=\frac{a^2}{4}-1-\frac{a^2}{2}=-\frac{a^2}{4}-1$$

$\therefore$　①を2乗して，$\sin^2\alpha+2\sin\alpha\cos\alpha+\cos^2\alpha=\dfrac{a^2}{4}$

$2\sin\alpha\cos\alpha=\dfrac{a^2}{4}-1$

増減表より

$$\begin{cases}最大値\quad 1+\sqrt{2}\,a\\[2mm]最小値\quad -\dfrac{a^2}{4}-1\end{cases}$$

【３】(1)　解説参照　　(2)　$l:m:n$

〈解説〉(1)　[証明]　A，B，C，Pのある点に関する位置ベクトルをそれぞれ $\vec{a}$，$\vec{b}$，$\vec{c}$，$\vec{p}$ とすると

$$l(\overrightarrow{OA}-\overrightarrow{OP})+m(\overrightarrow{OB}-\overrightarrow{OP})+n(\overrightarrow{OC}-\overrightarrow{OP})=\vec{0}$$
$$l(\vec{a}-\vec{p})+m(\vec{b}-\vec{p})+n(\vec{c}-\vec{p})=\vec{0}$$
$$(l+m+n)\vec{p}=l\vec{a}+m\vec{b}+n\vec{c}$$
$$\therefore\quad \vec{p}=\frac{l\vec{a}+m\vec{b}+n\vec{c}}{l+m+n}\cdots①$$

よって，Pは①で定められる位置ベクトルをもつ点として△ABCの内部にある。

(2)　$-l\overrightarrow{PA}+m\overrightarrow{PB}+n\overrightarrow{PC}$

$$l\overrightarrow{AP}=m\overrightarrow{PB}+n\overrightarrow{PC}$$
$$=(m+n)\times\frac{m\overrightarrow{PB}+n\overrightarrow{PC}}{m+n}$$

ここで, $\dfrac{m\overrightarrow{PB}+n\overrightarrow{PC}}{m+n}=\overrightarrow{PD}$ となる点Dをとれば, Dは線分BCをn：mに内分する点であり,

$l\,\overrightarrow{AP}=(m+n)\,\overrightarrow{PD}\cdots$②

これより, 3点A, P, Dは同一直線上にあり,

AP：PD$=(m+n)$：l である。

$\triangle PBC=\dfrac{PD}{AD}\triangle ABC=\dfrac{l}{l+m+n}\triangle ABC\cdots$③

また, ②より $\dfrac{\triangle PAB}{\triangle PCA}=\dfrac{BD}{DC}=\dfrac{n}{m}\cdots$④

であり, 一方③より

$\triangle PAB+\triangle PCA=\dfrac{m+n}{l+m+n}\triangle ABC\cdots$⑤

であるから, ④, ⑤より

$\triangle PAB=\dfrac{n}{l+m+n}\triangle ABC,\ \ \triangle PCA=\dfrac{m}{l+m+n}\triangle ABC\cdots$⑥

以上, ③, ⑥より

$\triangle PBC：\triangle PCA：\triangle PAB=\dfrac{l}{l+m+n}：\dfrac{m}{l+m+n}：\dfrac{n}{l+m+n}$

$=l：m：n$

【4】 $a_1=6,\ a_2=-2$

〈解説〉$a_{n+2}=\dfrac{2}{3}a_{n+1}+\dfrac{1}{3}a_n$

$a_{n+2}-a_{n+1}=-\dfrac{1}{3}(a_{n+1}-a_n)$ と変形できる。

これより$\{a_{n+1}-a_n\}$は公比$-\dfrac{1}{3}$の等比数列

$a_{n+1}-a_n=\left(-\dfrac{1}{3}\right)^{n-1}(a_2-a_1)$

$n\geqq2$のとき

一般項 $a_n=a_1+\displaystyle\sum_{k=1}^{n-1}(a_{k+1}-a_k)$

$=a_1+(a_2-a_1)\displaystyle\sum_{k=1}^{n-1}\left(-\dfrac{1}{3}\right)^{k-1}$

$$= a_1 + (a_2 - a_1) \frac{1 - \left(-\frac{1}{3}\right)^{n-1}}{1 - \left(-\frac{1}{3}\right)}$$

$$= a_1 + \frac{3}{4}(a_2 - a_1)\left\{1 - \left(-\frac{1}{3}\right)^{n-1}\right\}$$

これは$n=1$のときでも成り立つ。

$$\sum_{n=1}^{\infty} a_n = \frac{1}{4}a_1 + \frac{3}{4}a_2 - \frac{3}{4}(a_2 - a_1)\sum_{n=1}^{\infty}\left(-\frac{1}{3}\right)^{n-1}$$

$$= \frac{1}{4}a_1 + \frac{3}{4}a_2 - \frac{3}{4}(a_2 - a_1) \times \frac{1}{1 - \left(-\frac{1}{3}\right)}$$

$$= \frac{1}{4}a_1 + \frac{3}{4}a_2 - \frac{9}{16}(a_2 - a_1) = \frac{13a_1 + 3a_2}{16}$$

ここで　$\displaystyle\sum_{n=1}^{\infty} a_n = \frac{9}{2}$　より　　$\dfrac{13a_1 + 3a_2}{16} = \dfrac{9}{2}$

$\therefore$　$13a_1 + 3a_2 = 72$

よって，題意をみたすa_1, a_2は，$a_1 = 6$, $a_2 = -2$

【5】最小値　$-\log(e+1) + \log 2 - 1$　$\left(t = \dfrac{e+1}{2}\text{のとき}\right)$

〈解説〉

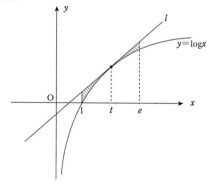

点$(t,\ \log t)$における接線lは　$y' = \dfrac{1}{x}$　より

$$y - \log t = \frac{1}{t}(x - t)$$

$\therefore \quad y=\dfrac{1}{t}x+\log t-1$

求める面積$S(t)=\displaystyle\int_1^e \{(\dfrac{1}{t}x+\log t-1)-\log x\}dx$

$=\dfrac{1}{t}\displaystyle\int_1^e xdx+(\log t-1)\int_1^e dx-\int_1^e \log x dx$

$=\dfrac{1}{t}\Big[\dfrac{1}{2}x^2\Big]_1^e+(\log t-1)\big[x\big]_1^e-\big[x\log x\big]_1^e+\displaystyle\int_1^e dx$

$=\dfrac{1}{t}\Big(\dfrac{1}{2}e^2-\dfrac{1}{2}\Big)+(\log t-1)(e-1)-e+\big[x\big]_1^e$

$=\dfrac{e^2}{2t}-\dfrac{1}{2t}+(e-1)\log t-e+1-e+e-1$

$=\dfrac{e^2-1}{2t}+(e-1)\log t-e$

$\dfrac{dS(t)}{dt}=\dfrac{-(e^2-1)\times 2}{(2t)^2}+(e-1)\times\dfrac{1}{t}$

$\quad\quad=\dfrac{-e^2+1+2t(e-1)}{(2t)^2}$

$\quad\quad=\dfrac{(e-1)(-e-1+2t)}{(2t)^2}$

$\dfrac{dS(t)}{dt}=0$となるtは　$t=\dfrac{e+1}{2}$

t	1		$\dfrac{e+1}{2}$		e
$\dfrac{dS(t)}{dt}$		$-$	0	$+$	
$S(t)$		$\searrow$		$\nearrow$	

$S\Big(\dfrac{e+1}{2}\Big)=\dfrac{e^2-1}{e+1}+(e-1)\log\dfrac{e+1}{2}-e$

$\quad\quad=e-1+(e-1)\{\log(e+1)-\log 2\}-e$

$\quad\quad=-\log(e+1)+\log 2-1$

増減表より

$S(t)$の最小値　$-\log(e+1)+\log 2-1$　$(t=\dfrac{e+1}{2}$のとき$)$

2005年度　実施問題

【中学校】

【1】次の1〜5の問いに答えよ。

1　1000以下の自然数nについて$\sqrt{84n}$が整数となるようなnの個数を求めよ。

2　$2a+b=5$のとき，a^2+b^2の最小値と，そのときのa，bの値を求めよ。

3　次の不等式を解け。

$$\left(\frac{1}{9}\right)^{x+1}+\left(\frac{1}{3}\right)^{x+3}>\frac{2}{81}$$

4　下図に含まれる長方形は全部でいくつあるか求めよ。

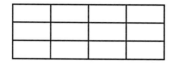

5　整式x^3+ax-6がx^2+3x+bでわりきれるように，定数a，bの値を求めよ。

(☆☆◎◎◎◎)

【2】$(a+b+c)^3-a^3-b^3-c^3$を因数分解せよ。

(☆☆☆◎◎◎)

【3】$x^2-2x+y^2-4y=20$上の点（4，6）における，この円の接線の方程式を求めよ。

(☆☆◎◎◎)

【4】$y=\cos x$のグラフと$y=\sin x$のグラフで囲まれる1つの部分を，x軸の周りに1回転してできる立体の体積を求めよ。（ただし円周率はπとする。）

(☆☆☆◎◎◎)

【5】 三角形ABCに内接する円の半径が3で，三角形ABCの周囲の長さ36
であるとき，点Qが$6\overrightarrow{AQ}+3\overrightarrow{BQ}+4\overrightarrow{CQ}=\overrightarrow{0}$を満たすとき，△QBCの面積
を求めよ。

(☆☆☆☆○○○)

【6】 1から100までの2または3の倍数の和を求めよ。

(☆☆○○○)

【7】 AB＝6，BC＝4，CA＝5の三角形ABCの∠Bの2等分線が辺ACと交
わる点をDとするとき，線分BDの長さを求めよ。

(☆☆☆○○○)

【8】 色の異なる8個の玉から5個を取って，机の上で円形に並べる方法は
何通りあるか求めよ。

(☆☆○○○)

【9】 次の文は，中学校学習指導要領（平成10年12月公示）の第2章　各
教科　第3節　数学　第2　各学年の目標及び内容〔第2学年〕1　目標
について記したものである。（　ア　）～（　エ　）に入る語句を記
せ。
(1)　基本的な平面図形の（　ア　）について，観察，（　イ　）や実
験を通して理解を深めるとともに，図形の（　ア　）の考察におけ
る数学的推論の意義と（　ウ　）とを理解し，推論の過程を的確
に（　エ　）する能力を養う。

(☆☆☆○○○)

【高等学校】

【１】　次の各問に答えよ。

(1)　近江八景の絵はがき8種類の中から，すべての種類を含んで12枚の絵はがきを買うとき何通りの買い方があるか。

(2)　$\left(\dfrac{\sqrt{2}}{1-i}\right)^{2004}$を計算せよ。ただし，$i$は虚数単位とする。

(3)　$\sin(\theta+90°)+\cos(\theta+90°)+\sin(\theta+180°)+\cos(\theta+180°)$
$+\sin(\theta+270°)+\cos(\theta+270°)$を正弦と$\theta$を使って表せ。ただし，$\theta$は度数法表示の角とする。

(4)　地面に垂直な壁に立てかけた長さ5mの棒の下端が，地面にそって毎秒3mの速さで壁から離れていく。下端が壁から2mの距離になるとき，壁にそって地面に進む上端の速さを求めよ。

(☆☆◎◎◎◎)

【２】　x，yが$|x-2y|+|3x+y|=4$を満たすとき，$\sqrt{x^2+y^2}$の最大値と最小値を求めよ。

(☆☆☆☆◎◎)

【３】　Oを原点とする座標空間に3定点A，B，Cがあり，ベクトル$\overrightarrow{OA}$，$\overrightarrow{OB}$，$\overrightarrow{OC}$は互いに直交する単位ベクトルとする。
　　点Pが$2|\overrightarrow{AP}|^2+3|\overrightarrow{BP}|^2+4|\overrightarrow{CP}|^2=9$を満たすように動くとき，Pの描く図形が球面となることを示し，その半径を求めよ。

(☆☆◎◎◎)

【４】　$\displaystyle\lim_{x\to0}\dfrac{\sin x}{x}$の極限を調べよ。ただし，$x$は弧度法表示の角とする。

(☆☆◎◎◎◎)

【５】　関数$f(x)=\displaystyle\int_0^{\frac{\pi}{2}}\left(x\theta-\dfrac{\sin\theta}{x}\right)^2d\theta$の$x>0$における最小値を求めよ。
ただし，θは弧度法表示の角とする。

(☆☆☆☆◎◎◎)

解答・解説

【中学校】

【1】1　$\sqrt{84n}=\sqrt{4\times21n}=2\sqrt{21n}$ であるから根号の中が平方になる場合の個数を求めればよい。

$n=21\times1^2,\ 21\times2^2,\ 21\times3^2,\ 21\times4^2,\ 21\times5^2,\ 21\times6^2$ の6個がある。

2　$2a+b=5$ のとき，$b=5-2a$

したがって，$a^2+b^2=a^2+(5-2a)^2=a^2+4a^2-20a+25$

$=5(a^2-4a+5)=5\{(a-2)^2+1\}=5(a-2)^2+5$

$a=2,\ b=1$ のとき，最小値は5　である。

3　与式を変形して

$\left\{\left(\dfrac{1}{3}\right)^2\right\}^{x+1}+\left(\dfrac{1}{3}\right)^{x+3}=\left(\dfrac{1}{3}\right)^{2(x+1)}+\left(\dfrac{1}{3}\right)^{x+3}=\left(\dfrac{1}{3}\right)^2\left(\dfrac{1}{3}\right)^{2x}+\left(\dfrac{1}{3}\right)^3\left(\dfrac{1}{3}\right)^x$ である

から $\left(\dfrac{1}{3}\right)^2\left(\dfrac{1}{3}\right)^{2x}+\left(\dfrac{1}{3}\right)^3\left(\dfrac{1}{3}\right)^x>2\left(\dfrac{1}{3}\right)^4$

$\left(\dfrac{1}{3}\right)^{2x}+\left(\dfrac{1}{3}\right)\left(\dfrac{1}{3}\right)^x>2\left(\dfrac{1}{3}\right)^2$　$9\left(\dfrac{1}{3}\right)^{2x}+3\left(\dfrac{1}{3}\right)^x>2$

ここで，$\left(\dfrac{1}{3}\right)^x=\mathrm{X}$ とおくと　$9\mathrm{X}^2+3\mathrm{X}-2>0$

因数分解して　$(3\mathrm{X}+2)(3\mathrm{X}-1)>0$

$3\mathrm{X}+2>0$ であるから　$3\mathrm{X}>1,\ \mathrm{X}>\dfrac{1}{3}$

$\mathrm{X}=\left(\dfrac{1}{3}\right)^x$ として　$\left(\dfrac{1}{3}\right)^x>\dfrac{1}{3},\ \dfrac{1}{3^x}>\dfrac{1}{3}$　$3^x<3=3^1$

$\therefore\ x<1$

4　最小の長方形 ☐ のたての長さを a，よこの長さを b とするとき，この長方形を $(a,\ b)$ とかくことにする。

① $(a,\ b)$ の大きさの長方形は12個

② $(a,\ 2b)$ の大きさの長方形は9個

③ $(a,\ 3b)$ の大きさの長方形は6個

④ $(a,\ 4b)$ の大きさの長方形は3個

⑤ $(2a,\ b)$ の大きさの長方形は8個

⑥　(2*a*，2*b*)の大きさの長方形は6個

⑦　(2*a*，3*b*)の大きさの長方形は4個

⑧　(2*a*，4*b*)の大きさの長方形は2個

⑨　(3*a*，*b*)の大きさの長方形は4個

⑩　(3*a*，2*b*)の大きさの長方形は3個

⑪　(3*a*，3*b*)の大きさの長方形は2個

⑫　(3*a*，4*b*)の大きさの長方形は1個　　合計　60個

5

$$
\begin{array}{r}
x-3 \\
x^2+3x+b\ \overline{\smash{)}\ x^3\ \ \ \ \ +ax\ \ \ \ \ -6} \\
\underline{x^3+3x^2+bx\ \ \ \ \ \ } \\
-3x^2+(a-b)x-6 \\
\underline{-3x^2\ \ \ \ -9x-3b} \\
(a-b+9)x-6+3b
\end{array}
$$

余り$(a-b+9)x-6+3b$が　任意のxに対して0になるためには，

$a-b+9=0$　かつ　$-6+3b=0$　である。

この2つの式から　$a=-7$，$b=2$　である。

〈解説〉1　$\sqrt{84n}=2\sqrt{21n}$であるから　$21n$が平方になるところを考えるとよい。$n=21\times1^2$，21×2^2，21×3^2，21×4^2，21×5^2，21×6^2，$21\times7^2=1029$で　$n=21\times6^2$までである。

2　2次関数の最大値，最小値を求めるとき，まず考える「$(x-\alpha)^2+\beta$の形にして，$x=\alpha$のとき，最小値はβである」とする方法である。

3　同形はXとおいてみること。ここでは$\left(\dfrac{1}{2}\right)^x=X$とおくことである。

つぎに大切なことは「指数関数$y=a^x$（$a>0$，$a\neq1$）の底が$a>1$のとき増加関数，$0<a<1$のとき減少関数である」を明確にしておくこと。

4　長方形は全部でいくつあるか，この問題を正しく答えるためには順序よく正しく数えあげていくことである。特に，場合の数，順列，組合せ，確率を解くときの基本的作業である。

5　実際に割り算を実行していって，余り$(a-b+9)x-6+3b$がxの任意の値に対して0になるためには，$a-b-9=0$　かつ$-6+3b=0$である，剰余定理などの公式にとらわれないこと。

【2】 与式を変形すると

$(a+b+c)^3-a^3-b^3-c^3$

$=a^3+3a^2(b+c)+3a(b+c)^2+(b+c)^3-a^3-b^3-c^3$

$=3a^2(b+c)+3a(b+c)^2+(b^3+3b^2c+3bc^2+c^3)-b^3-c^3$

$=3a^2(b+c)+3a(b+c)^2+3bc(b+c)$

$=3(b+c)(a^2+ab+ac+bc)$

$=3(b+c)(a+b)(a+c)$

〈解説〉因数定理「$y=f(x)$のとき，$x=\alpha$とおいて$f(\alpha)=0$になれば$f(x)$は $x-\alpha$の因数をもっている」を利用する。

$(a+b+c)^3-a^3-b^3-c^3$……①

①式に$a=-b$とおくと

$(-b+b+c)^3-(-b)^3-b^3-c^3=c^3+b^3-b^3-c^3=0$

となるから①式は $a+b$ の因数をもつ。

同様に $b=-c$ とおくと

$(a-c+c)^3-a^3-(-c)^3-c^3=a^3-a^3+c^3-c^3=0$

となるから①式は$b+c$の因数をもつ。

同様に ①式は $a+c$の因数をもっているから，①式は最大 $(a+b)(b+c)(c+a)$の因数をもっていることか分かる。

【3】 与式を変形すると

$x^2-2x+1+y^2-4y+4=20+1+4$

$(x-1)^2+(y-2)^2=5^2$……①

①式は，中心 $(1, 2)$，半径5の円の式である。

この円周上に点 $(4, 6)$ があり，この点を通りこの円に接する接線 の方程式は$(x-1)(4-1)+(y-2)(6-2)=5^2$ である

すなわち $3(x-1)+4(y-2)=25$

∴ $3x+4y=36$

〈解説〉一般的に円の方程式$(x-a)^2+(y-b)^2=r^2$上に点P (x_1, y_1) がある とき，この点Pの接線の方程式は$(x-a)(x_1-a)+(y-b)(y_1-b)=r^2$ であ る。

【４】$y=\cos x$と$y=\sin x$のグラフの一部を描くと下図のようになる。

$y=\cos x$と$y=\sin x$で囲まれる一つの部分は，下図の斜線部分の2倍である。

斜線部分の回転体の体積をVとすると

$$V=\int_{\frac{\pi}{4}}^{\frac{\pi}{2}}\pi\sin^2x\,dx-\int_{\frac{\pi}{4}}^{\frac{\pi}{2}}\pi\cos^2x\,dx+\int_{\frac{\pi}{2}}^{\frac{3\pi}{4}}\pi\sin^2x\,dx$$

$$=\int_{\frac{\pi}{4}}^{\frac{3\pi}{4}}\pi\sin^2x\,dx-\int_{\frac{\pi}{4}}^{\frac{\pi}{2}}\pi\cos^2x\,dx$$

$$=\pi\int_{\frac{\pi}{4}}^{\frac{3\pi}{4}}\frac{1-\cos2x}{2}\,dx-\int_{\frac{\pi}{4}}^{\frac{\pi}{2}}\frac{1+\cos2x}{2}\,dx$$

$$=\frac{\pi}{2}\Big[x-\frac{1}{2}\sin2x\Big]_{\frac{\pi}{4}}^{\frac{3\pi}{4}}-\frac{\pi}{2}\Big[x+\frac{1}{2}\sin2x\Big]_{\frac{\pi}{4}}^{\frac{\pi}{2}}$$

$$=\frac{\pi}{2}\Big[\big\{\frac{3\pi}{4}-\frac{1}{2}(-1)\big\}-\big(\frac{\pi}{4}-\frac{1}{2}\times1\big)-\big\{\frac{\pi}{2}+\frac{1}{2}\times0-\big(\frac{\pi}{4}+\frac{1}{2}\times1\big)\big\}\Big]$$

$$=\frac{\pi}{2}\big\{\big(\frac{2\pi}{4}+\frac{1}{2}+\frac{1}{2}\big)-\big(\frac{\pi}{4}-\frac{1}{2}\big)\big\}$$

$$=\frac{\pi}{2}\big(\frac{\pi}{4}+\frac{3}{2}\big)\quad\therefore\quad V=2v=\pi\big(\frac{\pi}{4}+\frac{3}{2}\big)$$

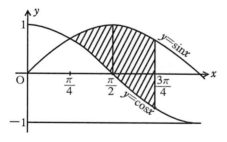

〈解説〉x軸の周りに1回軸してできる立体の体積を求めるには，グラフを正しく，大き目に描いて，$y=\cos x$と$y=\sin x$の交点，x軸からの離れ方の大きさやグラフの対称性などを把握して計算すること。

$\sin^2x=\dfrac{1-\cos2x}{2}$，$\cos^2x=\dfrac{1+\cos2x}{2}$　など　三角関数の基本公式を暗記しておくとよい。

【5】

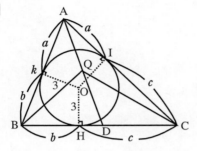

三角形ABCの内接円の接点をK，H，Iとし，AK＝AI＝a，

BK＝BH＝b，CH＝CI＝cとすると，

AB＋BC＋CA

＝$2(a+b+c)＝36$

∴ $a+b+c＝18$

三角形の面積をSとおくと

$S＝\dfrac{3}{2}(a+b)＋\dfrac{3}{2}(b+c)＋\dfrac{3}{2}(a+c)$

$＝3(a+b+c)＝3×18＝54$

$6\overrightarrow{AQ}＋3\overrightarrow{BQ}＋4\overrightarrow{CQ}＝\vec{0}$を変形すると

$\overrightarrow{AQ}＝\dfrac{3\overrightarrow{QB}＋4\overrightarrow{QC}}{6}＝\dfrac{1}{2}\overrightarrow{QB}＋\dfrac{2}{3}\overrightarrow{QC}$ ········①

線分AQの延長線とBCの交点をDとすると

$\overrightarrow{QD}＝k\overrightarrow{AQ}$ （kは定数）より

$\overrightarrow{QD}＝k\left(\dfrac{1}{2}\overrightarrow{QB}＋\dfrac{2}{3}\overrightarrow{QC}\right)＝\dfrac{k}{2}\overrightarrow{QB}＋\dfrac{2k}{3}\overrightarrow{QC}$

点Dは辺BC上の点より$\dfrac{k}{2}＋\dfrac{2k}{3}＝1$

$3k+4k＝6$　$7k＝6$　∴　$k＝\dfrac{6}{7}$

$\overrightarrow{QD}＝\dfrac{6}{7}\overrightarrow{AQ}$　∴　$7\overrightarrow{QD}＝6\overrightarrow{AQ}$

　よって，$7QD＝6AQ$　$\dfrac{AQ}{QD}＝\dfrac{7}{6}$

$$\frac{AQ}{QD}+1=\frac{7}{6}+1 \quad \frac{AD}{QD}=\frac{13}{6}$$

△QBCの面積をS′とすると

$$\frac{AD}{QD}=\frac{S}{S'}=\frac{13}{6}$$

$$13S'=54\times6 \quad S'=\frac{54\times6}{13}=\frac{324}{13}=24\frac{12}{13}$$

〈解説〉三角形の面積に関する公式，例えばヘロンの公式

・$S=\sqrt{s(s-a)(s-b)(s-c)}$, $s=\frac{1}{2}(a+b+c)$

・三角形の二辺a，c，そのはさまれる角∠Bとすると

$S=\frac{1}{2}ac\mathrm{Sin}B$

・△ABCにおいて，A(x_1，y_1)，B(x_2，y_2)，C(x_3，y_3)とすると

$S=\frac{1}{2}|(x_3-x_1)(y_3-y_2)-(x_3-x_2)(y_2-y_1)|$

・三角形ABCで$\overrightarrow{AB}=\vec{a}$，$\overrightarrow{AC}=\vec{b}$とすると

$S=\frac{1}{2}\sqrt{|\vec{a}|^2\cdot|\vec{b}|^2-(\vec{a}\cdot\vec{b})^2}$

・分点の位置ベクトル

$\overrightarrow{OA}=\vec{a}$，$\overrightarrow{OB}=\vec{b}$とすると線分ABを$m:n$に分ける点をPとすれば

$\overrightarrow{OP}=\frac{n\vec{a}+m\vec{b}}{m+n}$ （$m\cdot n>0$内分点，$m\cdot n<0$外分点）

線分AQの延長線とBCの交点をDとすると

$\overrightarrow{QD}=k\overrightarrow{AQ}$ （kは実数）より

$\overrightarrow{QD}=k\left(\frac{1}{2}\overrightarrow{QB}+\frac{2}{3}\overrightarrow{QC}\right)=\frac{k}{2}\overrightarrow{QB}+\frac{2k}{3}\overrightarrow{QC}$

点Dは辺BC上の点より$\frac{k}{2}+\frac{2k}{3}=1$，ここが大切なところである。これより$k=\frac{6}{7}$となる。

　このことから△ABCと△QBCの比にして，△QBCの面積を求める。

【6】3417

〈解説〉2の倍数の和は$\displaystyle\sum_{k=1}^{50}2k=2+4+6+8+\cdots\cdots+96+98+100$

3の倍数の和は $\sum\limits_{k=1}^{33} 3k = 3+6+9+12+\cdots\cdots+96+99$

2かつ3の倍数は6の倍数であるから

$\sum\limits_{k=1}^{16} 6k = 6+12+18+24+\cdots\cdots+96$

したがって，2または3の倍数の和は

$\sum\limits_{k=1}^{50} 2k + \sum\limits_{k=1}^{33} 3k - \sum\limits_{k=1}^{16} 6k$

$= 2\times\dfrac{50\times 51}{2}+3\times\dfrac{33\times 34}{2}-6\times\dfrac{16\times 17}{2}$

$= 50\times 51+99\times 17-3\times 16\times 17$

$= 2550+1683-816$

$= 3417$

2つの集合A，Bと，その共通部分A∩B，和集合A∪Bの要素の個数について　A∪B＝A＋B－A∩B　が成り立つ

【7】$3\sqrt{2}$

〈解説〉あとの三角形ABC　において，

AD＝a，DC＝b，

∠ABD＝∠DBC＝θ，

BD＝x　とおくと

BDは∠ABCの2等分線

であるから

余弦定理より　$\cos 2\theta = \dfrac{4^2+6^2-5^2}{2\times 4\times 6}=\dfrac{16+36-25}{2\times 4\times 6}$

$= \dfrac{16+11}{2\times 4\times 6}=\dfrac{27}{2\times 4\times 6}=\dfrac{9}{16}$

ここで，$\cos 2\theta = 2\cos^2\theta - 1 = \dfrac{9}{16}$

$\therefore$　$\cos^2\theta = \dfrac{25}{32}$　$\cos\theta = \dfrac{5}{\sqrt{32}}$……①

三角形の面積をSとすると

$S = \dfrac{1}{2}\times 4\times 6\times\sin 2\theta = \dfrac{1}{2}\times 4\times x\times\sin\theta + \dfrac{1}{2}\times 6\times x\times\sin\theta$

$12\sin 2\theta = 2x\sin\theta + 3x\sin\theta$

$24\sin\theta\cdot\cos\theta = 5x\sin\theta$

$\therefore\quad 5x=24\cos\theta$

①より　$5x=24\times\dfrac{5}{\sqrt{32}}$　　$\therefore\quad x=\dfrac{24}{\sqrt{32}}=3\sqrt{2}$

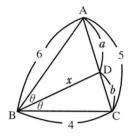

∠Bの2等分線をBDとすると　　AB：BC＝a：b　という比もなりたつ。

三角比の加法定理の公式

$\sin(\alpha\pm\beta)=\sin\alpha\cdot\cos\beta\pm\cos\alpha\cdot\sin\beta$

$\cos(\alpha\pm\beta)=\cos\alpha\cdot\cos\beta\mp\sin\alpha\cdot\sin\beta$

2倍角の公式

$\sin 2\alpha=2\sin\alpha\cdot\cos\alpha$

$\cos 2\alpha=\cos^2\alpha-\sin^2\alpha=1-2\sin^2\alpha=2\cos^2\alpha-1$

などを使用できるよう三角比の公式を暗記しておくとよい。

【8】 1344通り

〈解説〉色の異なる8個の玉から5個を取り出す方法は

$_8C_5=_8C_3=\dfrac{8\times7\times6}{3\times2\times1}=56$　（通り）　……①

異なる5個の玉を，机の上で円形に並べる方法は

円順列で$\dfrac{_5P_5}{5}=\dfrac{5\times4\times3\times2\times1}{5}=24$　（通り）　……②

①，②より求める方法は

$56\times24=1344$　　通りある。

異なるn個のものからr個取る組合せの数は

$_nC_r=\dfrac{_nP_r}{r!}=\dfrac{n(n-1)(n-2)\cdots(n-r+1)}{r(r-1)\cdots3\times2\times1}$

例 $_7C_4 = \dfrac{_7P_4}{4!} = \dfrac{7 \times 6 \times 5 \times 4}{4 \times 3 \times 2 \times 1} = 35$

また，$_nC_r = {}_nC_{r-r}$　例　$_8C_5 = {}_8C_{8-5} = {}_8C_3$

なお，$_nC_n = {}_nC_{n-n} = {}_nC_0 = 1$　と決める。

円順列については $\dfrac{_nP_n}{n} = \dfrac{n!}{n} = (n-1)!$

例　$\dfrac{_5P_5}{5} = \dfrac{5!}{5} = (5-1)! = 4! = 4 \times 3 \times 2 \times 1 = 24$

現在，高校の教科書「数学A」の順列と組合せにある。

【9】(ア) 性質　　(イ) 操作　　(ウ) 方法　　(エ) 表現

〈解説〉「中学校学習指導要領解説」数学編　平成11年12月　文部省

「高等学校学習指導要領解説」数学編　平成11年12月　文部省

以上のいずれかを参照するとよい。

【高等学校】

【1】(1)　302　　(2)　解説参照　　(3)　解説参照　　(4)　$\dfrac{6}{\sqrt{21}}$ m/s

〈解説〉(1)　近江八景の絵はがき8種類を a, b, c, d, e, f, g, h とする。

すべての種類を含んで12枚の絵はがきを買うとき，次のように考える。

すべての種類 (a, b, c, d, e, f, g, h) を含んでいるから，これ以外の4枚について分類して，その買い方を調べる。

①　4枚とも異なるものを1枚ずつ買う方法は　$_8C_4$ 通りある。

②　2枚が同じで，他の2枚が異なる場合は　$8 \times {}_7C_2$ 通りある。

③　3枚が同じで，他の1枚が異なる場合は　$8 \times {}_7C_1$ 通りある。

④　4枚とも同じである場合は　8通りある。

したがって，求める買い方は

$_8C_4 + 8 \times {}_7C_2 + 8 \times {}_7C_1 + 8$

$= \dfrac{8 \times 7 \times 6 \times 5}{4 \times 3 \times 2 \times 1} + 8 \times \dfrac{7 \times 6}{2 \times 1} + 8 \times \dfrac{7}{1} + 8$

$= 70 + 168 + 56 + 8 = 302$　通りある。

「すべての種類を含んで」を「すべての種類を少なくとも1枚含んでいるものとする」と考えるとよい。そして，8種類の a, b, c, d, e, f,

g，hを各1枚を取り出してから，残り4枚を，どのように選び出すかを
考えて，その方法が何通りあるかを順序よく数えていくとよい。

(2)　$\dfrac{\sqrt{2}}{1-i}=\dfrac{\sqrt{2}(1+i)}{(1-i)(1+i)}=\dfrac{\sqrt{2}(1+i)}{2}=\dfrac{1}{\sqrt{2}}(1+i)=\dfrac{1}{\sqrt{2}}+\dfrac{1}{\sqrt{2}}i$

$=\cos\dfrac{\pi}{4}+i\cdot\sin\dfrac{\pi}{4}=\cos\dfrac{2\pi}{8}+i\cdot\sin\dfrac{2\pi}{8}\cdots\cdots①$

　　ここで，2004　を8でわると，商が250で余り4であるから

$\left(\dfrac{\sqrt{2}}{1-i}\right)^{2004}=\left(\cos\dfrac{2\pi}{8}+i\cdot\sin\dfrac{2\pi}{8}\right)^{2004}=\left(\cos\dfrac{2\pi}{8}+i\cdot\sin\dfrac{2\pi}{8}\right)^{4}$

$=\cos\dfrac{8\pi}{8}+i\cdot\sin\dfrac{8\pi}{8}=\cos\pi+i\cdot\sin\pi=-1$

$\left(\dfrac{\sqrt{2}}{1+i}\right)^{2004}$のように2004乗とあったら驚かないで，ド・モァブル

の定理$(\cos\theta+i\cdot\sin\theta)^{n}=\cos n\theta+i\cdot\sin n\theta$　（nは整数）を思い出して，
$n\theta$か2πの整数倍になると，繰り返しになり，その値が求まる。

(3)　$\sin(\theta+90°)=\cos\theta$，$\cos(\theta+90°)=-\sin\theta$

$\sin(\theta+180°)=-\sin\theta$，$\cos(\theta+180°)=-\cos\theta$

$\sin(\theta+270°)=-\cos\theta$，$\cos(\theta+270°)=\sin\theta$

であるから

与式$=(\cos\theta-\sin\theta)+(-\sin\theta-\cos\theta)+(-\cos\theta+\sin\theta)$

$\qquad=-\cos\theta-\sin\theta=-\sqrt{2}\sin\left(\theta+\dfrac{\pi}{4}\right)$

三角比の拡張θ，$\dfrac{\pi}{2}-\theta$，$\dfrac{\pi}{2}+\theta$，$\pi-\theta$，$\pi+\theta$，$\dfrac{3\pi}{2}+\theta$，

$\dfrac{3\pi}{2}-\theta$の間の関係は円を描いて，それぞれの比を考えるとよい。

(4)　棒をAB＝5m，点A$(0,\ y)$，点B$(x,\ 0)$とすると

$x^{2}+y^{2}=25$　$y^{2}=25-x^{2}$

両辺をtで微分すると

$2y\dfrac{dy}{dt}=-2x\dfrac{dx}{dt}\cdots\cdots①$

　　ここで　$\dfrac{dx}{dt}=3$　より

$2y\dfrac{dy}{dt}=-6x,\ y\dfrac{dy}{dt}=-3x$

$$\frac{dy}{dx} = -\frac{3x}{y} = -\frac{3x}{\sqrt{25-x^2}} \cdots\cdots②$$

②式において　$x=2$　とおくと

$$\left.\frac{dy}{dx}\right|_{x=2} = -\frac{6}{\sqrt{25-2^2}} = -\frac{6}{\sqrt{25-4}} = -\frac{6}{\sqrt{21}}\,\text{m/s}$$

地面に進む上端の速さは$\dfrac{6}{\sqrt{21}}$m/s　である。

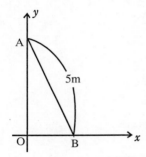

$x^2+y^2=25$　を時間tで微分する問題で，高校の数学の教科書でよく見られる。

【2】① 　$x-2y≧0$，かつ$3x+y≧0$のとき

すなわち　$y≦\dfrac{1}{2}x$　かつ　$y≧-3x$のとき

$(x-2y)+(3x+y)=4$

$4x-y=4$　　∴　$y=4x-4\cdots\cdots①$

② 　$x-2y≧0$，かつ　$3x+y<0$のとき

すなわち　$y≦\dfrac{1}{2}x$　かつ　$y<-3x$　のとき

$(x-2y)-(3x+y)=4$

$-2x-3y=4$　∴　$y=-\dfrac{2}{3}x-\dfrac{4}{3}\cdots\cdots②$

③ 　$x-2y<0$　かつ　$3x+y≧0$のとき

すなわち　$y>\dfrac{1}{2}x$　かつ　$y≧-3x$　のとき

$-(x-2y)+(3x+y)=4$

$2x+3y=4$　∴　$y=-\dfrac{2}{3}x+\dfrac{4}{3}$……③

④　$x-2y<0$　かつ　$3x+y<0$のとき

すなわち　$y>\dfrac{1}{2}x$　かつ　$y<-3x$のとき

$-(x-2y)-(3x+y)=4$

$-4x+y=4$　∴　$y=4x+4$……④

①，②，③，④の直線を各条件を考慮して，それぞれのグラフを描くと，下図の実線でできる菱形の四角形ABCDになる。

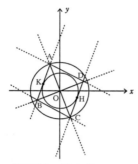

$\sqrt{x^2+y^2}$の最大値，最小値は$\sqrt{x^2+y^2}=r$とおいて，$x^2+y^2=r^2$とすると，これは原点を中心とする半径rの円である。

したがって，rの最大値，最小値を求めればよい。

最大値はOA＝OC＝r　で，それぞれの点は

$A\left(-\dfrac{4}{7},\ \dfrac{12}{7}\right)$,　$C\left(\dfrac{4}{7},\ -\dfrac{12}{7}\right)$であるから

$OA=\sqrt{\left(-\dfrac{4}{7}\right)^2+\left(\dfrac{12}{7}\right)^2}=\dfrac{\sqrt{16+144}}{7}=\dfrac{4\sqrt{10}}{7}$である。

最小値は菱形ABCDに内接する円の接点K，HのときのOK＝OHである。

Hの接点は，直線CDと直線OHの交点であるから，

$y=4x-4$,　$y=-\dfrac{1}{4}x$を解いて，$x=\dfrac{16}{17}$，$y=-\dfrac{4}{17}$となる。

したがって，最小値は$OH=\sqrt{\left(-\dfrac{16}{17}\right)^2+\left(\dfrac{4}{17}\right)^2}=\dfrac{4\sqrt{4^2+1}}{17}=\dfrac{4\sqrt{17}}{17}$である。

〈解説〉「x, yが $|x-2y|+|3x+y|=4$を満たすとき」とあったら手間が3倍かかると思った方がよい。絶対値記号のはずし方が，記号の中が，正，負によって異なるから，場合分けしなければならないからである。

$\sqrt{x^2+y^2}$の最大，最小は$\sqrt{x^2+y^2}=r$とおいて$x^2+y^2=r^2$，円の半径rの最大，最小を考えるとよい。

図形を正確に描いて考えるとよく分かる。

【3】

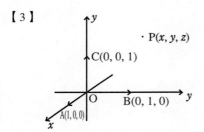

Oを原点とする座標空間に3点A(1, 0, 0)，B(0, 1, 0)，C(0, 0, 1)とその空間に点P(x, y, z)があるとすると，

$\overrightarrow{\mathrm{AP}}=(x-1,\ y,\ z)$, $\overrightarrow{\mathrm{BP}}=(x,\ y-1,\ z)$

$\overrightarrow{\mathrm{CP}}=(x,\ y,\ z-1)$であるから

$2|\overrightarrow{\mathrm{AP}}|^2+3|\overrightarrow{\mathrm{BP}}|^2+4|\overrightarrow{\mathrm{CP}}|^2=9$

に代入して，

$2\{(x-1)^2+y^2+z^2\}+3\{x^2+(y-1)^2+z^2\}+4\{x^2+y^2+(z-1)^2\}=9$

$2(x-1)^2+2y^2+2z^2+3x^2+3(y-1)^2+3z^2+4x^2+4y^2+4(z-1)^2=9$

$9x^2-4x+9y^2-6y+9z^2-8z+9=9$

$x^2-\dfrac{4}{9}x+y^2-\dfrac{6}{9}y+z^2-\dfrac{8}{9}z=0$

$\left(x^2-\dfrac{4}{9}x+\dfrac{4}{81}\right)+\left(y^2-\dfrac{6}{9}y+\dfrac{9}{81}\right)+\left(z^2-\dfrac{8}{9}z+\dfrac{16}{81}\right)=\dfrac{4+9+16}{81}$

$\left(x-\dfrac{2}{9}\right)^2+\left(y-\dfrac{3}{9}\right)^2+\left(z-\dfrac{4}{9}\right)^2=\left(\dfrac{\sqrt{29}}{9}\right)^2$…………①

①の式は中心が$\left(\dfrac{2}{9},\ \dfrac{3}{9},\ \dfrac{4}{9}\right)$で半径が$\dfrac{\sqrt{29}}{9}$の球面である。

〈解説〉ベクトルを成分表示にすること。

$\overrightarrow{\text{AP}}=(x-1,\ y,\ z)$, $\overrightarrow{\text{BP}}=(x,\ y-1,\ z)$, $\overrightarrow{\text{CP}}=(x,\ y,\ z-1)$として与式に
代入して，確実に計算すれば結果がでる。

【4】

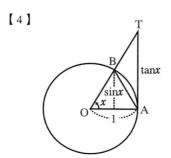

$0<x<\dfrac{1}{2}$とし，半径1の円Oの周上に$\angle\text{AOB}=x$となる2点A，Bをとる。

Aにおける接線と半直線OBとの交点をTとして，△OAB，扇形OAB，
△OATの面積を計算すると

$$\triangle\text{OAB}=\dfrac{1}{2}\sin x$$

$$\text{扇形OAB}=\dfrac{1}{2}x$$

$$\triangle\text{OAT}=\dfrac{1}{2}\tan x$$

である。しかも△OAB＜扇形OAB＜△OATであるから

$$\sin x<x<\tan x$$

各辺を$\sin x$で割って逆数をとると

$$1>\dfrac{\sin x}{x}>\cos x$$

$\lim\limits_{x\to+0}\cos x=1$であるから，

$$\lim_{x\to+0}\dfrac{\sin x}{x}=1 \qquad (1)$$

$x<0$の場合には，$x=-z$とおくと$z>0$であるから，

$$\lim_{x\to-0}\dfrac{\sin x}{x}=\lim_{z\to+0}\dfrac{\sin x(-z)}{-z}=\lim_{z\to+0}\dfrac{\sin z}{z}=1 \qquad (2)$$

（1）と（2）を合わせて，次の式が得られる。

$$\lim_{x \to 0} \frac{\sin x}{x} = 1$$

〈解説〉高校の教科書の関数の極限のところで必ず説明してある。基本事項で重要である。

【5】$f(x) = \int_0^{\frac{\pi}{2}} \left(x\theta - \frac{\sin\theta}{x} \right)^2 d\theta$

$= \int_0^{\frac{\pi}{2}} \left(x^2\theta^2 - 2x\theta \frac{\sin\theta}{x} + \frac{\sin^2\theta}{x^2} \right) d\theta$

$= \int x^2\theta^2 d\theta - 2\int \theta \cdot \sin\theta \, d\theta + \int \frac{\sin^2\theta}{x^2} d\theta$

$= \left[\frac{x^2\theta^3}{3} \right]_0^{\frac{\pi}{2}} - 2\left\{ [\theta(-\cos\theta)]_0^{\frac{\pi}{2}} - \int_0^{\frac{\pi}{2}} (-\cos\theta) d\theta \right\} + \int_0^{\frac{\pi}{2}} \frac{1-\cos 2\theta}{2x^2} d\theta$

$= \left[\frac{x^2\theta^3}{3} \right]_0^{\frac{\pi}{2}} + 2[\theta \cdot \cos\theta]_0^{\frac{\pi}{2}} - 2[\sin\theta]_0^{\frac{\pi}{2}} + \frac{1}{2x^2}\left[\theta - \frac{\sin 2\theta}{2} \right]_0^{\frac{\pi}{2}}$

$= \frac{\pi^3}{24}x^2 + 2(0-0) - 2(1-0) + \frac{1}{2x^2}\left(\frac{\pi}{2} - 0 \right)$

$= \frac{\pi^3}{24}x^2 - 2 + \frac{\pi}{4x^2}$

$= \frac{\pi^3}{24}\left(x^2 + \frac{6}{\pi^2} \cdot \frac{1}{x^2} \right) - 2$

$= \frac{\pi^3}{24}\left\{ \left(x + \frac{\sqrt{6}}{\pi x} \right)^2 - \frac{2\sqrt{6}}{\pi} \right\} - 2$

$= \frac{\pi^3}{24}\left(x + \frac{\sqrt{6}}{\pi x} \right)^2 - \frac{\sqrt{6}\,\pi^2}{12} - 2$ ………①

ここで，①を最小にする値を求めればよい。

条件 $x > 0$ より $\frac{\sqrt{6}}{\pi x} > 0$ であるから，相加平均，相乗平均の関係から

$x + \frac{\sqrt{6}}{\pi x} \geqq 2\sqrt{x \times \frac{\sqrt{6}}{\pi x}} = 2\sqrt{\frac{\sqrt{6}}{\pi}}$

等号は $x = \frac{\sqrt{6}}{\pi x}$ のとき成り立つ

すなわち $x^2 = \frac{\sqrt{6}}{\pi}$，$x = \sqrt{\frac{\sqrt{6}}{\pi}}$（$x > 0$）のとき，最小値となる。

①から

$\frac{\pi^3}{24}\left(x + \frac{\sqrt{6}}{\pi x} \right)^2 - \frac{\sqrt{6}\,\pi^2 + 24}{12} \geqq \frac{\pi^3}{24} \times 4 \times x \times \frac{\sqrt{6}}{\pi x} - \frac{\sqrt{6}\,\pi^2 + 24}{12}$

$$= \frac{\pi^2 \sqrt{6}}{6} - \frac{\sqrt{6}\,\pi^2 + 24}{12} = \frac{\sqrt{6}\,\pi^2 - 24}{12}$$

最小値は$x = \sqrt{\dfrac{\sqrt{6}}{\pi}}$のとき$\dfrac{\sqrt{6}\,\pi^2 - 24}{12}$である。

〈解説〉形はむずかしそうに見えるが，計算を実行するとむずかしい問題ではない。$x\theta - \dfrac{\sin\theta}{x}$の$x$は定数と考えて，$\theta$で積分することである。部分積分 $\int f(x)g'(x)dx = f(x)g(x) - \int f'(x)g(x)dx$ を使うところがある。

　　また「$x > 0$で，最小値を求めよ」とあるが，このとき，相加平均，相乗平均を使うことを思い出さないと出来ないと思われる，$a \geqq 0$，$b \geqq 0$のとき，$\dfrac{a+b}{2} \geqq \sqrt{ab}$（等号は$a = b$のとき成り立つ）は大切な基本事項である。

第3部

チェックテスト

過去の全国各県の教員採用試験において出題された問題を分析し作成しています。実力診断のためのチェックテストとしてご使用ください。

数学科

【1】 x^3+x^2y-x-y を因数分解せよ。(2点)

【2】 m を整数とする。二次方程式 $x^2-(m+1)x-m+1=0$ の2つの解がともに整数となるように，定数 m の値を定めよ。(2点)

【3】 x, y, z および n を自然数とするとき，次の各問いに答えよ。

(各2点　計6点)

(1)　不等式 $x+y \leqq 5$ を満たす自然数の組 (x, y) の個数を求めよ。

(2)　不等式 $x+y \leqq n$ を満たす自然数の組 (x, y) の個数を n の式で表せ。

(3)　不等式 $x+y+z \leqq n$ を満たす自然数の組 (x, y, z) の個数を n の式で表せ。

【4】 $u=x+y$, $v=xy$ とするとき，$x^n+y^n(n=1, 2, 3, \cdots\cdots)$ は，u, v の多項式で表されることを証明せよ。(4点)

【5】 Oを頂点とし，正方形ABCDを底面とする四角すいO−ABCDにおいて，AB=OA=OB=OC=OD=1，辺CDを4：5に内分する点をP，Pから平面OABに引いた垂線と平面OABとの交点をQとする。また，$\overrightarrow{OA}=\vec{a}$，$\overrightarrow{OB}=\vec{b}$，$\overrightarrow{OC}=\vec{c}$ とする。次の各問いに答えよ。

(各2点　計4点)

(1)　$\overrightarrow{OP}$ を $\vec{a}$, $\vec{b}$, $\vec{c}$ で表せ。

(2)　$\overrightarrow{PQ}$ を $\vec{a}$, $\vec{b}$, $\vec{c}$ で表せ。

【6】 複素数 $z=\cos 240°+i\sin 240°$ について，$z^n=z$ を満たす自然数 $n(1 \leqq n \leqq 8)$ をすべて求めよ。(3点)

【7】 あるゲームでAがBに勝つ確率は常に$\frac{1}{2}$で一定とする。このゲームを繰り返し，先に4勝した方を優勝者とする。ただし，1回のゲームでは必ず勝負がつくものとする。次の各問いに答えよ。（各2点　計4点）

(1) 4回目で優勝者が決まる確率を求めよ。

(2) 6回目でAが優勝する確率を求めよ。

【8】 6個の文字S，E，N，S，E，Iを横一列に並べる。次の各問いに答えよ。（各2点　計4点）

(1) この並べ方は全部で何通りあるか求めよ。

(2) SとSが隣り合わず，EとEも隣り合わないような並べ方は，何通りあるか求めよ。

【9】 次の図のような長方形ABCDの対角線AC，BDの交点をEとする。△BCDを対角線BDで折り返したときの辺BC′と対角線ACの交点をFとする。BF＝4，CF＝6のとき，下の各問いに答えよ。（各4点　計8点）

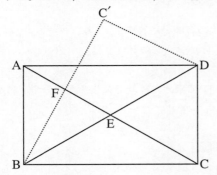

(1) EFの長さを求めよ。

(2) 長方形ABCDの面積を求めよ。

【10】 $a_1=a_2=1$, $a_{n+2}=a_{n+1}+a_n$ $(n=1,\ 2,\ 3,\ \cdots)$ で定められる数列$\{a_n\}$について，次の各問いに答えよ。（各4点　計8点）

(1)　一般項a_nを求めよ。

(2)　数列$\left\{\dfrac{\log a_n}{n}\right\}$の極限値を求めよ。

【11】 $A=\begin{pmatrix} 6 & 6 \\ -2 & -1 \end{pmatrix}$, $P=\begin{pmatrix} -3 & 2 \\ 2 & -1 \end{pmatrix}$とする。次の各問いに答えよ。

（各3点　計6点）

(1)　$B=P^{-1}AP$　とするとき，Bを求めよ。

(2)　A^nを求めよ。

【12】 次の各問いに答えよ。（各3点　計6点）

(1)　$\displaystyle\int_0^a xe^{-x}dx$を求めよ。ただし，$a>0$とする。

(2)　$\displaystyle\int_0^\infty xe^{-x}dx$を求めよ。ただし，$\displaystyle\lim_{t\to\infty}\dfrac{t}{e^t}=0$とする。

【13】 関数$y=x^3-4x$について，次の各問いに答えよ。（各4点　計8点）

(1)　点$(0,\ -2)$を通って，関数$y=x^3-4x$のグラフに接する直線の方程式を求めよ。

(2)　関数$y=x^3-4x$のグラフと(1)で求めた直線で囲まれた部分の面積を求めよ。

【14】 次の各問いに答えよ。（各4点　計8点）

(1)　曲線$y=x\sin x$ $(0\leqq x\leqq 2\pi)$ の，原点O以外の点における接線のうち，Oを通るものの方程式を求めよ。

(2)　(1)において，接点Pが第4象限にあるとき，線分OPと曲線で囲まれた部分の面積を求めよ。

【15】 1辺の長さが1の正方形のマスがn^2個正方形状に並べられた図形をS_nとする。次の図は図形S_2を表す。この図形S_2には「1辺の長さ1の正方形4個と，1辺の長さ2の正方形1個の，合計5個の異なる正方形が含まれる」と考えるとき，下の各問いに答えよ。（各2点　計6点）

図

(1)　図形S_4に含まれる異なる正方形の個数を求めよ。

(2)　図形S_nに含まれる1辺の長さがk $(1 \leqq k \leqq n)$ の正方形の個数を，nとkとを用いて表せ。

(3)　図形S_nに含まれる異なる正方形の個数を求めよ。

【16】 次の各問いに答えよ。（各2点　計12点）

(1)　2次方程式　$x^2-2(m+1)x+m+3=0$　が異なる2つの負の実数解をもつような定数mの値の範囲を求めよ。

(2)　円　$x^2+y^2=25$　上の点$(3,-4)$における接線の方程式を求めよ。

(3)　「$x+y>2$かつ$xy>1$」は「$x>1$かつ$y>1$」であるための何条件か。

(4)　正の整数x，y，zが，$x+y+z=12$を満たすとき，(x, y, z)の組は何組あるか。

(5)　$(x-2y)^7$を展開したときのx^4y^3の係数を求めよ。

(6)　焦点が$(3,0)$，$(-3,0)$で，点$(5,4)$を通る双曲線の方程式を求めよ。

【17】中学校受験者は(1)，高等学校受験者は(2)について答えよ。

(各1点　計5点)

(1)　次の文は，中学校新学習指導要領(平成29年3月告示)「数学」の第2学年の内容の一部である。文中の各空欄に適する語句を答えよ。ただし，同じ問いの空欄には，同じ解答が入るものとする。

D　データの活用

(1)　データの分布について，数学的活動を通して，次の事項を身に付けることができるよう指導する。

ア　次のような知識及び技能を身に付けること。

(ア)　四分位範囲や(　①　)の必要性と意味を理解すること。

(イ)　コンピュータなどの情報手段を用いるなどしてデータを整理し(　①　)で表すこと。

イ　次のような思考力，判断力，表現力等を身に付けること。

(ア)　四分位範囲や(　①　)を用いてデータの(　②　)を比較して読み取り，(　③　)的に考察し判断すること。

(2)　不確定な事象の起こりやすさについて，(　④　)を通して，次の事項を身に付けることができるよう指導する。

ア　次のような知識及び技能を身に付けること。

(ア)　多数回の試行によって得られる確率と関連付けて，(　⑤　)を基にして得られる確率の必要性と意味を理解すること。

(イ)　簡単な場合について確率を求めること。

イ　次のような思考力，判断力，表現力等を身に付けること。

(ア)　同様に確からしいことに着目し，(　⑤　)を基にして得られる確率の求め方を考察し表現すること。

(イ)　確率を用いて不確定な事象を捉え考察し表現すること。

---

(2) 次の文は，高等学校新学習指導要領(平成30年3月告示)「数学」の目標である。文中の各空欄に適する語句を答えよ。ただし，同じ問いの空欄には，同じ解答が入るものとする。

> 数学的な見方・考え方を働かせ，(①)を通して，数学的に考える資質・能力を次のとおり育成することを目指す。
> (1) 数学における基本的な概念や原理・法則を(②)的に理解するとともに，事象を数学化したり，数学的に解釈したり，数学的に(③)・処理したりする技能を身に付けるようにする。
> (2) 数学を活用して事象を論理的に考察する力，事象の本質や他の事象との関係を認識し(④)的・発展的に考察する力，数学的な表現を用いて事象を簡潔・明瞭・的確に(③)する力を養う。
> (3) 数学のよさを認識し積極的に数学を活用しようとする態度，粘り強く考え(⑤)に基づいて判断しようとする態度，問題解決の過程を振り返って考察を深めたり，評価・改善したりしようとする態度や創造性の基礎を養う。

【18】 次の問題を以下のように解答した生徒に対し，解答の誤りに気付かせるとともに，正しい解答へと導くために，あなたはどのような指導を行うか，答えよ。(4点)

> 問題　6冊の異なる本を，2冊ずつ3組に分ける方法は何通りあるか，求めなさい。

> 解答　6冊から2冊を選ぶ方法は $_6C_2$ 通り
> 残りの4冊から2冊を選ぶ方法は $_4C_2$ 通り
> 残りの2冊を最後の1組とする。
> よって，分ける方法は全部で
> $_6C_2 \times _4C_2 = 90$[通り]

解答・解説

【1】 $(x+1)(x-1)(x+y)$

| 解 | 説 |

$$x^3+x^2y-x-y=x^2(x+y)-(x+y)$$
$$=(x^2-1)(x+y)$$
$$=(x+1)(x-1)(x+y)$$

【2】 $m=1$, -7

| 解 | 説 | $x^2-(m+1)x-m+1=0$ の二つの解を α, β （$\alpha \leqq \beta$）とすると,

解と係数の関係から, $\alpha+\beta=m+1$ …①, $\alpha\beta=-m+1$ …②

①, ②より, $\alpha+\beta+\alpha\beta=2$

$(\alpha+1)(\beta+1)=3$

$\alpha+1$, $\beta+1$は整数なので, $\alpha+1=1$, $\beta+1=3$ …④

または, $\alpha+1=-3$, $\beta+1=-1$ …⑤

④のとき, $\alpha=0$, $\beta=2$, $m=1$

⑤のとき, $\alpha=-4$, $\beta=-2$, $m=-7$

よって, $m=1$, -7

【3】 (1) 10個 (2) $\dfrac{n(n-1)}{2}$ (3) $\dfrac{n}{6}(n-1)(n-2)$

| 解 | 説 | (1) $x+y\leqq5$を満たす自然数の組(x, y)は

(4, 1),

(3, 1), (3, 2),

(2, 1), (2, 2), (2, 3),

(1, 1), (1, 2), (1, 3), (1, 4)

よって, $1+2+3+4=10$〔個〕

(2) $x+y\leqq n$を満たす自然数の組(x, y)の個数は

$1+2+3+\cdots\cdots+(n-1)$

$$=\sum_{k=1}^{n-1}k=\frac{n(n-1)}{2}$$

(3) x, y, zは自然数であり，$z \leqq n-x-y$より

$1 \leqq z \leqq n-2$ ……①

ここで，$x+y \leqq n$を満たす自然数の組(x, y)の個数をa_nとすると

$z=m$のとき，自然数の組(x, y, m)の個数はa_{n-m}と表すことができる。

よって，①より，求める自然数の組の個数は，

$\displaystyle\sum_{m=1}^{n-2} a_{n-m} = a_2 + a_3 + a_4 + \cdots\cdots + a_{n-1}$ となる。

$a_1 = 0$より

$a_2 + a_3 + a_4 + \cdots\cdots + a_{n-1}$

$= \displaystyle\sum_{k=1}^{n-1} \dfrac{k(k-1)}{2}$

$= \dfrac{1}{2} \displaystyle\sum_{k=1}^{n-1} (k^2 - k)$

$= \dfrac{n}{6}(n-1)(n-2)$

【4】 数学的帰納法で証明する。

[1] $n=1$のとき，$x+y=u$

$n=2$のとき，$x^2+y^2=u^2-2v$よりx^n+y^nは，u, vの多項式で表される。

[2] $n=k$，$k+1$のとき，x^k+y^k，$x^{k+1}+y^{k+1}$がu, vの多項式で表されると仮定すると，

$n=k+2$のとき，

$x^{k+2}+y^{k+2}=(x+y)(x^{k+1}+y^{k+1})-xy(x^k+y^k)$より

$n=k+2$のとき，$x^{k+2}+y^{k+2}$はu, vの多項式で表される。

[1]，[2]により，すべての自然数nについて，x^n+y^nはu, vの多項式で表される。

解説 こういった自然数nを用いた数式の証明では，数学的帰納法を用いる場合が多い。

【5】 (1) $\overrightarrow{\mathrm{OP}} = \dfrac{4}{9}\vec{a} - \dfrac{4}{9}\vec{b} + \vec{c}$ (2) $\overrightarrow{\mathrm{PQ}} = -\dfrac{1}{3}\vec{a} + \dfrac{2}{3}\vec{b} - \vec{c}$

解説 (1) $\overrightarrow{\mathrm{AB}} = \vec{b} - \vec{a}$

$$\overrightarrow{OD} = \overrightarrow{OC} + \overrightarrow{CD}$$

$$= \overrightarrow{OC} + \overrightarrow{BA}$$

$$= \overrightarrow{OC} - \overrightarrow{AB}$$

$$= \vec{a} - \vec{b} + \vec{c}$$

$$\overrightarrow{OP} = \frac{5\vec{c} + 4\overrightarrow{OD}}{9} = \frac{4\vec{a} - 4\vec{b} + 9\vec{c}}{9}$$

よって， $\overrightarrow{OP} = \frac{4}{9}\vec{a} - \frac{4}{9}\vec{b} + \vec{c}$

(2) 点Qは平面OAB上にあるので

$$\overrightarrow{OQ} = s\overrightarrow{OA} + t\overrightarrow{OB} = s\vec{a} + t\vec{b} \quad (s, \ t は実数)$$

$$\overrightarrow{PQ} = \overrightarrow{OQ} - \overrightarrow{OP} = \left(s - \frac{4}{9}\right)\vec{a} + \left(t + \frac{4}{9}\right)\vec{b} - \vec{c}$$

$|\vec{a}| = |\vec{b}| = |\vec{c}| = 1$, $\vec{a} \cdot \vec{b} = \vec{b} \cdot \vec{c} = 1 \cdot 1 \cdot \cos 60° = \frac{1}{2}$,

$\vec{a} \cdot \vec{c} = 0$, PQ⊥OA, PQ⊥OBより

$$\overrightarrow{PQ} \cdot \vec{a} = \left(s - \frac{4}{9}\right)|\vec{a}|^2 + \left(t + \frac{4}{9}\right)\vec{a} \cdot \vec{b} - \vec{a} \cdot \vec{c}$$

$$= s - \frac{4}{9} + \frac{1}{2}\left(t + \frac{4}{9}\right) = 0$$

$\therefore \ 2s + t = \frac{4}{9} \quad \cdots①$

$$\overrightarrow{PQ} \cdot \vec{b} = \left(s - \frac{4}{9}\right)\vec{a} \cdot \vec{b} + \left(t + \frac{4}{9}\right)|\vec{b}|^2 - \vec{b} \cdot \vec{c}$$

$$= \frac{1}{2}\left(s - \frac{4}{9}\right) + t + \frac{4}{9} - \frac{1}{2} = 0$$

$\therefore \ s + 2t = \frac{5}{9} \quad \cdots②$

①，②より $s = \frac{1}{9}$, $t = \frac{2}{9}$

よって， $\overrightarrow{PQ} = -\frac{1}{3}\vec{a} + \frac{2}{3}\vec{b} - \vec{c}$

【6】 $n=1,\ 4,\ 7$

解説 $z^n=z$ より，$(\cos240°+i\sin240°)^n=\cos240°+i\sin240°$　ド・モアブル

の定理より，$\cos(240°×n)+i\sin(240°×n)=\cos240°+i\sin240°$　よって，

$240°×n=240°+360°×k$ (kは整数)　$n=1+\dfrac{3}{2}k$　ここで，nが自然数で

あるから，kは偶数で，$1≦n≦8$から，$1≦1+\dfrac{3}{2}k≦8$

∴ $0≦k≦\dfrac{14}{3}$　よって，$k=0,\ 2,\ 4$　このとき，$n=1,\ 4,\ 7$

【7】 (1) $\dfrac{1}{8}$　　(2) $\dfrac{5}{32}$

解説 (1)　4回目で優勝者が決まる場合は，Aが4回目で優勝する場合と

Bが4回目で優勝する場合がある。その確率は$\left(\dfrac{1}{2}\right)^4$であるから求める確

率は　$2\left(\dfrac{1}{2}\right)^4=\dfrac{1}{8}$

(2)　6回目でAが優勝する場合は，5回目までにAが3回勝っていること

である。

　　この場合は　${}_5C_3=\dfrac{5×4×3}{3×2×1}=10$通りである。

　　求める確率は　$10×\left(\dfrac{1}{2}\right)^6=10×\dfrac{1}{64}=\dfrac{5}{32}$

【8】 (1)　180通り　　(2)　84通り

解説 (1)　6個の文字　S，E，N，S，E，I　を横一列に並べるとき，

その並べ方は　$\dfrac{6!}{2!×2!}=\dfrac{6×5×4×3×2×1}{2×2}$

$=3×5×4×3=180$〔通り〕

(2)　SとSが隣り合うのを$\boxed{\text{S}}$とすると

$\boxed{\text{S}}$，E，N，E，Iの並べ方は　$\dfrac{5!}{2!}=5×4×3=60$

同様に，$\boxed{\text{E}}$，S，N，S，Iの並べ方は

$\dfrac{5!}{2!}=5×4×3=60$

また，$\boxed{S}$，$\boxed{E}$，N，Iの並べ方は　4!＝4×3×2×1＝24
したがって，SとSが隣り合うまたはEとEが隣り合う場合は
　2×60－24＝120－24＝96
よって，SとSが隣り合わず，EとEも隣り合わないような並べ方は
180－96＝84〔通り〕である。

【9】(1)　EF＝$\dfrac{8}{3}$　　(2)　$\dfrac{25\sqrt{7}}{3}$

解説 (1)　△FBEと△FCBにおいて，∠BFE＝∠CFB(共通)…①
長方形ABCDを対角線BDで折り返しているから
∠FBE＝∠EBC…②
Eは長方形の対角線の交点なのでEB＝EC
よって∠EBC＝∠ECB…③
②，③より∠FBE＝∠FCB…④
①，④より，2組の角がそれぞれ等しいので△FBE∽△FCB
したがって，BF：CF＝EF：BF
4：6＝EF：4，6EF＝16　　∴　EF＝$\dfrac{8}{3}$

(2)　(1)よりEF＝$\dfrac{8}{3}$なので，CE＝CF－EF＝6－$\dfrac{8}{3}$＝$\dfrac{10}{3}$

長方形なのでAE＝BE＝CE＝DE＝$\dfrac{10}{3}$

△FBE∽△FCBで，BF：CF＝BE：CBだから4：6＝$\dfrac{10}{3}$：CB
　∴　CB＝5
また直角三角形ABCは，AC＝$\dfrac{20}{3}$，BC＝5なので
三平方の定理より
　AB＝$\sqrt{\left(\dfrac{20}{3}\right)^2-5^2}＝\sqrt{\dfrac{400-225}{9}}＝\dfrac{5\sqrt{7}}{3}$

よって，長方形ABCDの面積は，
　$\dfrac{5\sqrt{7}}{3}×5＝\dfrac{25\sqrt{7}}{3}$

【10】 (1) $a_n = \dfrac{1}{\sqrt{5}}\left\{\left(\dfrac{1+\sqrt{5}}{2}\right)^n - \left(\dfrac{1-\sqrt{5}}{2}\right)^n\right\}$

(2) $\log\dfrac{1+\sqrt{5}}{2}$

解説 (1) $x^2 = x+1$ すなわち $x^2-x-1=0$ の解を α, β $(\alpha < \beta)$ とすると,

$\alpha = \dfrac{1-\sqrt{5}}{2}$, $\beta = \dfrac{1+\sqrt{5}}{2}$

また, 解と係数の関係より $\alpha+\beta=1$, $\alpha\beta=-1$ となり,

$a_{n+2} = (\alpha+\beta)a_{n+1} - \alpha\beta a_n$

したがって

$\begin{cases} a_{n+2} - \alpha a_{n+1} = \beta(a_{n+1} - \alpha a_n)\cdots① \\ a_{n+2} - \beta a_{n+1} = \alpha(a_{n+1} - \beta a_n)\cdots② \end{cases}$

$a_1 = a_2 = 1$ より

$\begin{cases} a_{n+1} - \alpha a_n = \beta^{n-1}(a_2 - \alpha a_1) = (1-\alpha)\beta^{n-1}\cdots③ \\ a_{n+1} - \beta a_n = \alpha^{n-1}(a_2 - \beta a_1) = (1-\beta)\alpha^{n-1}\cdots④ \end{cases}$

ここで, $\alpha+\beta=1$ だから, $1-\alpha=\beta$, $1-\beta=\alpha$

③－④より

$(\beta-\alpha)a_n = \beta^n - \alpha^n$

$\therefore$ $a_n = \dfrac{1}{\sqrt{5}}\left\{\left(\dfrac{1+\sqrt{5}}{2}\right)^n - \left(\dfrac{1-\sqrt{5}}{2}\right)^n\right\}$

(2) (1)より, $\log a_n = \log\dfrac{1}{\sqrt{5}}\left\{\left(\dfrac{1+\sqrt{5}}{2}\right)^n - \left(\dfrac{1-\sqrt{5}}{2}\right)^n\right\}$

$= \log\dfrac{1}{\sqrt{5}}\left(\dfrac{1+\sqrt{5}}{2}\right)^n\left\{1 - \left(\dfrac{1-\sqrt{5}}{1+\sqrt{5}}\right)^n\right\}$

したがって

$\dfrac{\log a_n}{n} = \dfrac{1}{n}\log\dfrac{1}{\sqrt{5}} + \log\dfrac{1+\sqrt{5}}{2} + \dfrac{1}{n}\log\left\{1 - \left(\dfrac{1-\sqrt{5}}{1+\sqrt{5}}\right)^n\right\}$

ここで, $\left|\dfrac{1-\sqrt{5}}{1+\sqrt{5}}\right| < 1$ だから

$\displaystyle\lim_{n\to\infty}\dfrac{1}{n}\log\left\{1 - \left(\dfrac{1-\sqrt{5}}{1+\sqrt{5}}\right)^n\right\} = 0$

ゆえに

305

$$\lim_{n\to\infty}\frac{\log a_n}{n}=\log\frac{1+\sqrt{5}}{2}$$

【11】 (1) $B=\begin{pmatrix} 2 & 0 \\ 0 & 3 \end{pmatrix}$

(2) $A^n=\begin{pmatrix} -3\times 2^n+4\times 3^n & -3\times 2^{n+1}+2\times 3^{n+1} \\ 2^{n+1}-2\times 3^n & 2^{n+2}-3^{n+1} \end{pmatrix}$

解説 (1) $P^{-1}=\dfrac{1}{3-4}\begin{pmatrix} -1 & -2 \\ -2 & -3 \end{pmatrix}=\begin{pmatrix} 1 & 2 \\ 2 & 3 \end{pmatrix}$ であるから

$B=\begin{pmatrix} 1 & 2 \\ 2 & 3 \end{pmatrix}\begin{pmatrix} 6 & 6 \\ -2 & -1 \end{pmatrix}\begin{pmatrix} -3 & 2 \\ 2 & -1 \end{pmatrix}=\begin{pmatrix} 2 & 4 \\ 6 & 9 \end{pmatrix}\begin{pmatrix} -3 & 2 \\ 2 & -1 \end{pmatrix}$

$=\begin{pmatrix} 2 & 0 \\ 0 & 3 \end{pmatrix}$

(2) $B^n=(P^{-1}AP)(P^{-1}AP)(P^{-1}AP)\cdots\cdots(P^{-1}AP)$ (n個の積)

$\qquad =P^{-1}A^nP$

ここで,

$B^n=\begin{pmatrix} 2^n & 0 \\ 0 & 3^n \end{pmatrix}$

だから,

$A^n=PB^nP^{-1}=\begin{pmatrix} -3 & 2 \\ 2 & -1 \end{pmatrix}\begin{pmatrix} 2^n & 0 \\ 0 & 3^n \end{pmatrix}\begin{pmatrix} 1 & 2 \\ 2 & 3 \end{pmatrix}$

$=\begin{pmatrix} -3\cdot 2^n & 2\cdot 3^n \\ 2^{n+1} & -3^n \end{pmatrix}\begin{pmatrix} 1 & 2 \\ 2 & 3 \end{pmatrix}$

$=\begin{pmatrix} -3\cdot 2^n+4\cdot 3^n & -3\cdot 2^{n+1}+2\cdot 3^{n+1} \\ 2^{n+1}-2\cdot 3^n & 2^{n+2}-3^{n+1} \end{pmatrix}$

【12】 (1) $-\dfrac{a}{e^a}-\dfrac{1}{e^a}+1$ 　(2) 　1

解説 (1) $\displaystyle\int_0^a xe^{-x}dx=\Big[-xe^{-x}\Big]_0^a+\int_0^a e^{-x}dx=-\dfrac{a}{e^a}+\Big[-e^{-x}\Big]_0^a$

$\qquad\qquad\qquad\qquad\qquad =-\dfrac{a}{e^a}-\dfrac{1}{e^a}+1$

(2) $I_a=\displaystyle\int_0^a xe^{-x}dx(a>0)$ とおくと, $\displaystyle\int_0^\infty xe^{-x}dx=\lim_{a\to\infty}I_a$ であり,

$$\lim_{a \to \infty} \frac{a}{e^a} = 0, \quad \lim_{a \to \infty} \frac{1}{e^a} = 0 だから, \quad \int_0^\infty xe^{-x}dx = 1$$

【13】 (1) $y = -x - 2$ (2) $\dfrac{27}{4}$

解説 (1) $y = x^3 - 4x$ より, $y' = 3x^2 - 4$

関数 $y = x^3 - 4x$ のグラフと求める直線との接点の座標を $(a, \ a^3 - 4a)$ とおくと, 求める直線の方程式は,

$y = (3a^2 - 4)(x - a) + a^3 - 4a$

$\quad = (3a^2 - 4)x - 3a^3 + 4a + a^3 - 4a$

$\quad = (3a^2 - 4)x - 2a^3$

この直線が, 点 $(0, \ -2)$ を通るので,

$-2 = -2a^3$

$\quad a^3 = 1$

$\quad a = 1$

よって, 求める直線は, $y = -x - 2$

(2) 関数 $y = x^3 - 4x$ のグラフと直線 $y = -x - 2$ の共有点の x 座標を求めると,

$x^3 - 4x = -x - 2$

$x^3 - 3x + 2 = 0$

$(x - 1)^2(x + 2) = 0$

よって, $x = 1, \ -2$

よって, 求める面積は,

$$\int_{-2}^{1} \{(x^3 - 4x) - (-x - 2)\} dx$$

$$= \int_{-2}^{1} (x - 1)^2 (x + 2) dx$$

$$= \int_{-2}^{1} (x - 1)^3 dx + 3\int_{-2}^{1} (x - 1)^2 dx$$

$$= \left[\frac{1}{4}(x - 1)^4\right]_{-2}^{1} + \left[(x - 1)^3\right]_{-2}^{1}$$

$$= -\frac{81}{4} + 27$$

$$=\frac{27}{4}$$

【14】 (1) $y=x$, $y=-x$　　(2)　$-1+\frac{9}{8}\pi^2$

解説 (1)　$y'=\sin x+x\cos x$ より

接点を$(t,\ t\sin t)$とすると

$0<t\leqq 2\pi$ であり

接線は

　$y=(\sin t+t\cos t)(x-t)+t\sin t$

∴　$y=(\sin t+t\cos t)x-t^2\cos t$

これが原点を通るので

$0=-t^2\cos t$

$0<t\leqq 2\pi$ より

$\cos t=0$

∴　$t=\dfrac{\pi}{2},\ \dfrac{3}{2}\pi$

よって　$t=\dfrac{\pi}{2}$のとき, $y=x$

$t=\dfrac{3}{2}\pi$ のとき, $y=-x$

(2)　(1)の中で条件を満たすのは

接点$\left(\dfrac{3}{2}\pi,\ -\dfrac{3}{2}\pi\right)$, 接線$y=-x$のときである。

また　$0\leqq x\leqq\dfrac{3}{2}\pi$ において

$x\sin x-(-x)=x\sin x+x$

　　　　　　　$=x(\sin x+1)\geqq 0$

よって, $x\sin x\geqq -x$ であり

等号が成り立つのは$x=0,\ \dfrac{3}{2}\pi$のときである。

よって, 求める面積は,

$$\int_0^{\frac{3}{2}\pi} \{x\sin x-(-x)\}dx = \int_0^{\frac{3}{2}\pi} x\sin x dx + \int_0^{\frac{3}{2}\pi} x dx$$

$$= \left[-x\cos x\right]_0^{\frac{3}{2}\pi} - \int_0^{\frac{3}{2}\pi}(-\cos x)dx + \left[\frac{1}{2}x^2\right]_0^{\frac{3}{2}\pi}$$

$$= 0 + \left[\sin x\right]_0^{\frac{3}{2}\pi} + \left(\frac{9}{8}\pi^2 - 0\right)$$

$$= -1 + \frac{9}{8}\pi^2$$

【15】 (1) 30〔個〕　　(2) $(n+1-k)^2$〔個〕　　(3) $\dfrac{1}{6}n(n+1)(2n+1)$〔個〕

[解][説]　(1)　1辺の長さが4の正方形の個数が1^2個

1辺の長さが3の正方形の個数が2^2個

1辺の長さが2の正方形の個数が3^2個

1辺の長さが1の正方形の個数が4^2個だから

求める正方形の個数は

$1^2+2^2+3^2+4^2=30$〔個〕

(2)　(1)と同様に考えると，

1辺の長さが$k\,(1\leqq k\leqq n)$の正方形の個数は

$(n+1-k)^2$〔個〕

(3)　求める正方形の個数をP_nとおくと，

$$P_n = \sum_{k=1}^{n}(n+1-k)^2$$

$$= \sum_{k=1}^{n}\{(n+1)^2-2(n+1)k+k^2\}$$

$$= (n+1)^2 n - 2(n+1)\cdot\frac{1}{2}n(n+1) + \frac{1}{6}n(n+1)(2n+1)$$

$$= \frac{1}{6}n(n+1)(2n+1)$$〔個〕

【16】 (1)　$-3<m<-2$　　(2)　$3x-4y=25$　　(3)　必要(条件)

(4)　55〔組〕　　(5)　-280　　(6)　$\dfrac{x^2}{5}-\dfrac{y^2}{4}=1$

解説 (1) i) 判別式$D>0$

$\dfrac{D}{4}=(m+1)^2-(m+3)$

$\quad=m^2+m-2$

$\quad=(m+2)(m-1)>0$

$\therefore\ \ m<-2,\ 1<m$

ii) 軸<0　すなわち$m+1<0$　　$\therefore\ \ m<-1$

iii) $f(x)=x^2-2(m+1)x+m+3$とするとき，$f(0)>0$　すなわち $m+3>0$

$\quad \therefore\ \ m>-3$

i), ii), iii)より，$-3<m<-2$

(2) 円$x^2+y^2=r^2$上の点$(x_1,\ y_1)$における接線の方程式は

$\quad x_1x+y_1y=r^2\ \ (r>0)$

(3) それぞれの真理集合をP，Qとして，xy平面上に図示すると，

P⊃Qであるから，必要条件。

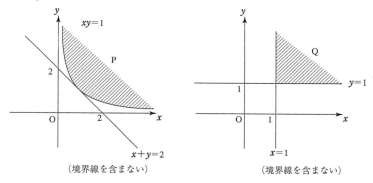

（境界線を含まない）　　　　　　　　　（境界線を含まない）

(4) 12個並んだ○の間から2か所を選んで仕切りを入れて3つの部分に
分け，それぞれの○の個数を$x,\ y,\ z$とすると，求める整数の組$(x,\ y,\ z)$と　1対1に対応する。

よって，${}_{11}C_2=55$〔組〕

(5) 展開式の一般項は，${}_7C_r x^{7-r}(-2y)^r={}_7C_r(-2)^r x^{7-r}y^r$

$7-r=4$より$r=3$

よって，求める係数は，${}_7C_3(-2)^3=-280$

(6) 双曲線の方程式を $\dfrac{x^2}{a^2} - \dfrac{y^2}{b^2} = 1(a>0,\ b>0)$ とおくと，

焦点が $(3,\ 0)$，$(-3,\ 0)$ だから，$\sqrt{a^2+b^2}=3\cdots$①

点 $(5,\ 4)$ を通るから，$\dfrac{25}{a^2} - \dfrac{16}{b^2} = 1\cdots$②

①より，$b^2 = 9 - a^2\cdots$①′

②より，$a^2 b^2 = 25b^2 - 16a^2\cdots$②′

①′を②′に代入して，$a^2(9-a^2) = 25(9-a^2) - 16a^2$

$a^4 - 50a^2 + 225 = 0$

$(a^2-5)(a^2-45) = 0$

①′より，$0<a^2<9$ ∴ $a^2=5,\ b^2=4$

よって，双曲線の方程式は，$\dfrac{x^2}{5} - \dfrac{y^2}{4} = 1$

【17】 (1) ① 箱ひげ図 ② 分布の傾向 ③ 批判 ④ 数学的活動 ⑤ 場合の数 (2) ① 数学的活動 ② 体系 ③ 表現 ④ 統合 ⑤ 数学的論拠

解説 (1) 日常生活や社会における不確定な事象は数学の考察の対象であり，その起こりやすさの程度を数値で表現し把握するなど，不確定な事象の起こりやすさの傾向を読み取り表現することができるようにすることが大切である。指導に当たっては，不確定な事象を扱うというこの領域の特性に配慮し，正解を求めることができるということだけでなく，生徒が自分の予測や判断について根拠を明らかにして説明できるようにする。 (2) 高等学校数学科の目標は，平成28年12月の中央教育審議会答申の内容を踏まえるとともに，高等学校における数学教育の意義を考慮し，小学校算数科及び中学校数学科の目標との一貫性を図って示された。今回の改訂では，算数科・数学科において育成を目指す資質・能力を，「知識及び技能」，「思考力，判断力，表現力等」，「学びに向かう力，人間性等」の三つの柱に沿って明確化し，各学校段階を通じて，実社会等との関わりを意識した数学的活動の充実等を図っている。高等学校数学科の目標についても，「知識及

び技能」,「思考力,判断力,表現力等」,「学びに向かう力,人間性等」の三つの柱で整理して示した。

【18】〈解答例〉「6冊の異なる本a, b, c, d, e, fを2冊ずつ本棚の上段,中段,下段におく方法は何通りありますか」という問題のときは,上段におく方法は ${}_6C_2$通り,中段には ${}_4C_2$,残りは ${}_2C_2 = 1$ であり,${}_6C_2 \times {}_4C_2 \times 1 = 90$〔通り〕でよい。

しかし,上,中,下段がないとき,すなわち2冊を3組に分けるときは,上,中,下の区別がないので,6通りのおき方(上中下), (上下中), (中上下), (中下上), (下上中), (下中上)は同じおき方となるから,

$$\frac{{}_6C_2 \times {}_4C_2 \times 1}{6} = \frac{90}{6} = 15 \text{〔通り〕となる。}$$

解説 題材として上中下段のある本棚に2冊ずつに分ける問題とした。

第4部

頻出問題演習

Part1

【1】 $x^3 + xy^2 - 2x^2y - 4x$ を因数分解せよ。

【2】 次の連立方程式を解け。

$$\begin{cases} x^2 + 4xy + y^2 = 13 \\ x + y + 2xy = 1 \end{cases}$$

【3】 3より大きい2つの素数を a, b とする。このとき $a^2 - b^2$ は24の倍数であることを証明せよ。

【4】 次の(1), (2)の値をそれぞれ求めよ。

(1) $\cos120°$ (2) $\sin45° \times \cos135° + \tan135°$

【5】 A, B, C, Dの4人がじゃんけんを1回する。Aが勝ったときに, Bが負けている確率を求めよ。

【6】 長さ2mの針金を折り曲げて, おうぎ形にする。次の(1), (2)の問いに答えよ。

(1) 面積が最大となるときの, おうぎ形の面積を求めよ。

(2) 面積が最大となるときの, おうぎ形の中心角を求めよ。

【7】 頂点の個数が奇数個である凸多角形の頂点を1つ置きに結んでできる星形多角形について, あとの(1), (2)に答えよ。

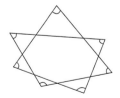

314

(1)　前の図のように，星形七角形の先端部分にできる7つの角の和を求めよ。

(2)　nを3以上の整数とするとき，星形$(2n-1)$角形の先端部分にできる$(2n-1)$個の角の和を求めよ。

【8】1からnまでの自然数が書き並べられている。次の(1)，(2)に答えよ。

(1)　n個の自然数の和が120になるとき，nの値を求めよ。

(2)　1から$(m-1)$までの自然数を除いた残りのmからnまでの和が120になるとき，mとnの値の組として$m=39$，$n=41(39+40+41=120)$がある。この他のmとnの値の組を求めよ。ただし，$1<m<n$とする。

【9】行列$A=\begin{pmatrix}3 & -1 \\ 1 & 1\end{pmatrix}$について，次の(1)，(2)に答えよ。

(1)　行列Jが，$A=aI+J$，$J^2=O$を満たしている。このとき，定数aの値を求めよ。ただし，Iは単位行列，Oは零行列とする。

(2)　A^nを求めよ。ただし，nは自然数とする。

【10】定積分$\displaystyle\int_{-2}^{2}|x^2+2x|dx$を求めよ。

【11】$x=1$ で不連続である関数$f(x)$の例を一つ挙げ，その関数$f(x)$が $x=1$ で不連続であることを，$x\to1$のときの関数$f(x)$の極限を用いて説明せよ。ただし，$x=1$ は定義域に含まれるものとする。

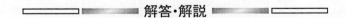

解答・解説

【1】$x(x-y+2)(x-y-2)$

解｜説　
$$\begin{aligned}
x^3+xy^2-2x^2y-4x &= x\{(x^2+y^2-2xy)-4\} \\
&= x\{(x-y)^2-2^2\} \\
&= x\{(x-y)+2\}\times\{(x-y)-2\} \\
&= x(x-y+2)(x-y-2)
\end{aligned}$$

【2】 $(x, y)=(-1, -2), (-2, -1)$ または

$$\left(\frac{4\pm\sqrt{22}}{2}, \frac{4\mp\sqrt{22}}{2}\right)$$

┃解┃説┃ $x+y=m, xy=n$ とおくと，与式は，

$$\begin{cases} m^2+2n=13 & \cdots\cdots① \\ m+2n=1 & \cdots\cdots② \end{cases}$$

①－②より $m^2-m-12=0$ $(m-4)(m+3)=0$

したがって，$m=-3, 4$ ②よりそれぞれに対して，$n=2, -\dfrac{3}{2}$

$m=-3, n=2$ のとき，$x+y=-3, xy=2$ より，

$x(-x-3)=2$

$x^2+3x+2=0$

$(x+1)(x+2)=0$

したがって，$(x, y)=(-1, -2), (-2, -1)$

同様に $m=4, n=-\dfrac{3}{2}$ のとき，$x+y=4, xy=-\dfrac{3}{2}$ より

$x(-x+4)=-\dfrac{3}{2}$ $x^2-4x-\dfrac{3}{2}=0$

$(x, y)=\left(\dfrac{4\pm\sqrt{22}}{2}, \dfrac{4\mp\sqrt{22}}{2}\right)$ （複号同順）

【3】 2とも3とも素な整数は，24を法として，

1 5 7 11 13 17 19 23

のどれかと合同になる。

これらの2乗は，

1 25 49 121 169 289 361 529

であり，これらはすべて，24を法として1と合同である。

∴ $a^2-b^2\equiv 1-1\equiv 0(\mathrm{mod}24)$

したがって，a^2-b^2 は24の倍数である。

【4】 (1) $-\dfrac{1}{2}$ (2) $-\dfrac{3}{2}$

解説 (1) $\cos120°=\cos(180°-60°)=-\cos60°=-\dfrac{1}{2}$

(2) 与式$=\dfrac{1}{\sqrt{2}}\times\left(-\dfrac{1}{\sqrt{2}}\right)+(-1)=-\dfrac{3}{2}$

【5】 $\dfrac{4}{27}$

解説 4人の手の出し方は$3^4=81$[通り]

1回で勝負が決まるのは，4人が2種類の手の出し方をしたときである。

Aがグー，Bがチョキのとき，

C，Dは，グーかチョキが出ていればよいので，

$2\times2=4$[通り]

Aがパー，Bがグーのとき，

C，Dは，パーかグーで

$2\times2=4$[通り]

Aがチョキ，Bがパーのとき，

C，Dは，チョキかパーで

$2\times2=4$[通り]

よって，Aが勝ったときBが負けている場合の数は12通りなので，

確率は $\dfrac{12}{81}=\dfrac{4}{27}$

【6】 (1) $\dfrac{1}{4}$ m²   (2) $\dfrac{360°}{\pi}$

解説 (1) [求め方]

おうぎ形の半径xm，弧の長さymとする。$(0<x<1)$

おうぎ形の面積Sm²とおくと $S=\dfrac{1}{2}xy$ …①

一方 $y=2-2x$であるから，①に代入すると

$S=\dfrac{1}{2}x(2-2x)$

$=-x^2+x$

$$= -\left(x - \frac{1}{2}\right)^2 + \frac{1}{4}$$

よって，S は $x = \frac{1}{2}$ のとき最大値 $\frac{1}{4}$ をとる

(2) ［求め方］

(1)より　$x = \frac{1}{2}$ を $y = 2 - 2x$ に代入して　$y = 1$

おうぎ形の中心角を $\theta°$ とおくと

弧の長さ $1 = \frac{1}{2} \times 2\pi \times \frac{\theta}{360}$

よって $\theta = \frac{360°}{\pi}$

【7】(1)　$540°$　　　(2)　$180(2n - 5)°$

解│説 (1)

星形七角形の外側の七角形において，

頂点Aにおける外角を $\angle A_0$ とすると，

$\angle A_0 = \angle ABG + \angle AGB$

同様に

$\angle B_0 = \angle BAC + \angle BCA$

$\angle C_0 = \angle CBD + \angle CDB$

　　　　⋮

$\angle G_0 = \angle GFA + \angle GAF$

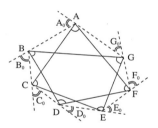

よって，星形七角形の先端部分にできる七つの角の和は，外側の七角形の内角の和から，外角の和を引いた大きさに等しい。

外側の七角形の内角の和は　$180° \times (7 - 2) = 900°$

外角の和は　$360°$

よって，その差＝星形七角形の先端部分にできる七つの角の和は

$900° - 360° = 540°$

(2)　星形 $(2n - 1)$ 角形の先端部分にできる $(2n - 1)$ 個の角の和は，外側にできる $(2n - 1)$ 角形の内角の和から外角の和を引いた大きさに等しい。

外側の$(2n-1)$角形の内角の和は　$180°\times\{(2n-1)-2\}$

外角の和は　$360°$

よって，求める角の和は

$180°\times\{(2n-1)-2\}-360°=180°\times(2n-1-2-2)$
$=180°\times(2n-5)$

$\therefore$　$180\times(2n-5)$度

【8】(1)　$n=15$　　(2)　$m=22,\ n=26$

解説 (1)　$1+2+\cdots+n=\dfrac{n(n+1)}{2}=120$より，

$n(n+1)=240$

$n^2+n-240=0$

$(n-15)(n+16)=0$

$n=15,\ n=-16$

$n>0$より，

$n=15$

(2)　$n=m+l$とする。

$m+(m+1)+\cdots+(m+l)=m(l+1)+\dfrac{l(l+1)}{2}=\dfrac{(2m+l)(l+1)}{2}$
$=120$

$\therefore$　$(2m+l)(l+1)=240=2^4\times3\times5$

$(2m+l)+(l+1)=2m+2l+1=$奇数なので，

$(2m+l)$と$(l+1)$の一方は偶数で他方は奇数。

$2m+l>l+1>1$より，

$(2m+l,\ l+1)=(16,\ 15),\ (48,\ 5),\ (80,\ 3)$

$\therefore$　$l+1=15$のとき$l=14,\ 2m+14=16$より　$m=1$

これは，$1<m$より不適

$l+1=5$のとき$l=4,\ 2m+4=48$より　$m=22$

このとき，$n=22+4=26$

$l+1=3$のとき$l=2,\ 2m+2=80$より　$m=39$

これは，例示のもの

以上より，求めるmとnの組は，$m=22,\ n=26$

【9】 (1) $a=2$ (2) $\begin{pmatrix} (n+2) \cdot 2^{n-1} & -n \cdot 2^{n-1} \\ n \cdot 2^{n-1} & (-n+2) \cdot 2^{n-1} \end{pmatrix}$

解説 (1) $A=aI+J$ より

$$J = A-aI = \begin{pmatrix} 3 & -1 \\ 1 & 1 \end{pmatrix} - a\begin{pmatrix} 1 & 0 \\ 0 & 1 \end{pmatrix} = \begin{pmatrix} 3-a & -1 \\ 1 & 1-a \end{pmatrix}$$

$$J^2 = \begin{pmatrix} 3-a & -1 \\ 1 & 1-a \end{pmatrix}\begin{pmatrix} 3-a & -1 \\ 1 & 1-a \end{pmatrix} = \begin{pmatrix} (3-a)^2-1 & 2a-4 \\ 4-2a & -1+(1-a)^2 \end{pmatrix}$$

$$= \begin{pmatrix} a^2-6a+8 & 2a-4 \\ 4-2a & a^2-2a \end{pmatrix} = \begin{pmatrix} 0 & 0 \\ 0 & 0 \end{pmatrix}$$

要素を比較して

$a^2-6a+8=(a-2)(a-4)=0$ より $a=2,\ 4$

$2a-4=2(a-2)=0$ より $a=2$

$a^2-2a=a(a-2)=0$ より $a=0,\ 2$

求める定数aの値は $a=2$

(2) (1)から,

$$J = \begin{pmatrix} 3-2 & -1 \\ 1 & 1-2 \end{pmatrix} = \begin{pmatrix} 1 & -1 \\ 1 & -1 \end{pmatrix}$$

$A=2I+J,\ J^2=O$ であることを用いて,

$$A^n = 2^n I^n + {}_nC_1 2^{n-1}I^{n-1}J + {}_nC_2 2^{n-2}I^{n-2}J^2 + \cdots + {}_nC_n J^n$$

$$= 2^n I + {}_nC_1 2^{n-1}IJ \quad (\because\ J^k=O\ (k=2,\ 3,\cdots))$$

$$= 2^n\begin{pmatrix} 1 & 0 \\ 0 & 1 \end{pmatrix} + n \cdot 2^{n-1}\begin{pmatrix} 1 & -1 \\ 1 & -1 \end{pmatrix}$$

$$= \begin{pmatrix} 2^n & 0 \\ 0 & 2^n \end{pmatrix} + \begin{pmatrix} n \cdot 2^{n-1} & -n \cdot 2^{n-1} \\ n \cdot 2^{n-1} & -n \cdot 2^{n-1} \end{pmatrix}$$

$$= \begin{pmatrix} (n+2)2^{n-1} & -n \cdot 2^{n-1} \\ n \cdot 2^{n-1} & (-n+2) \cdot 2^{n-1} \end{pmatrix}$$

【10】 8

解説 $-2 \leqq x < 0$ で $x^2+2x \leqq 0$

$0 \leqq x \leqq 2$ で $x^2+2x \geqq 0$ であるから,

$$\int_{-2}^{2} |x^2+2x|\,dx = -\int_{-2}^{0}(x^2+2x)\,dx + \int_{0}^{2}(x^2+2x)\,dx = 8$$

【11】 解説参照

解説 (関数の例)

$$f(x)=\begin{cases} x \ (x\neq1のとき) \\ 0 \ (x=1のとき) \end{cases}$$

(説明)

関数$f(x)$について,

$x\to1+0$のとき, $f(x)\to1$

$x\to1-0$のとき, $f(x)\to1$

であるから, $x\to1$のとき, $f(x)\to1$

ここで, $f(1)=0$であり, $f(1)\neq\lim\limits_{x\to1}f(x)$であるので,

関数$f(x)$は, $x=1$で不連続である。

 # Part2

【1】 $3x^2+7xy+2y^2+x+7y-4$ を因数分解せよ。

【2】 2次方程式 $ax^2+bx+c=0$ を，等式の変形が分かるように，x について解け。

【3】 10から200までの自然数について，次の各問いに答えよ。
  (1) 13でわると余りが6となる数の個数を求めよ。
  (2) 7でわると5余る数の和を求めよ。

【4】 平面上に△ABCがある。実数 k に対して，点Pが，
$$\overrightarrow{PA}+2\overrightarrow{PB}+3\overrightarrow{PC}=k\overrightarrow{AB}$$
を満たすとき，次の各問いに答えよ。
  (1) $k=0$ のとき，面積比△PAB：△PBC：△PCAを求めよ。
  (2) 点Pが△ABCの周及び内部にあるような k の値の範囲を求めよ。

【5】 さいころを3回投げるとき，3つの出る目の数のうち，最小のものをXとする。このとき，Xの期待値を求めよ。

【6】 △ABCにおいて，$a=13$，$b=14$，$c=15$ のときの面積を求めよ。

【7】 3つの辺の長さが，AB＝7，BC＝6，CA＝5である△ABCの面積を求めよ。また，△ABCに内接する内接円の半径を求めよ。

【8】 AとBがジャンケンをして，次のルールで1枚のコインをやりとりする。
  ① 最初，Aがコインを持っている。
  ② コインを持っている方がジャンケンに負けたら，相手にコイン

を渡す。

③　コインを持っている方がジャンケンに勝つか，あいこなら，相
手にコインを渡さない。

n回ジャンケンをした後，A，Bがコインを持っている確率をそれぞ
れa_n, b_nとする。このとき，次の各問いに答えよ。

(1)　a_1, b_1, a_2, b_2をそれぞれ求めよ。(答えのみで可)

(2)　a_{n+1}, b_{n+1}をそれぞれa_n, b_nで表せ。

(3)　a_n, b_nをnの式で表せ。

【9】次の各問いに答えよ。

(1)　行列$A=\begin{pmatrix} 2 & 2 & 1 \\ -1 & 1 & 1 \\ 1 & 2 & 1 \end{pmatrix}$のとき，

①　行列Aの行列式$|A|$の値を求めよ。

②　行列Aの逆行列A^{-1}を求めよ。

(2)　行列式$\begin{vmatrix} x+y-3 & 3 & -y \\ 3 & x+y-3 & -x \\ -y & -x & x+y-3 \end{vmatrix}$を因数分解した形で表
せ。

【10】$I_n=\displaystyle\int_0^{\frac{\pi}{2}} \cos^n 3x\,dx(n=0,\ 1,\ 2,\ 3,\ \cdots\cdots)$とおく。

次の問いに答えよ。

(1)　I_0, I_1, I_2の値を求めよ。

(2)　$n\geqq 2$のとき，I_nをI_{n-2}で表せ。

(3)　I_9, I_{10}の値を求めよ。

【11】関数$y=9^x+4\cdot 9^{-x}-2a\cdot 3^x-4a\cdot 3^{-x}+7(a$は定数$)$があり，$t=3^x+2\cdot 3^{-x}$とする。このとき，次の各問いに答えよ。

(1)　yをtの式で表せ。

(2)　tのとり得る値の範囲を求めよ。

(3)　yの最小値をaを用いて表せ。

■□■□■□■ 解答・解説 ■□■□■□■

【1】 $(3x+y+4)(x+2y-1)$

解説 与式 $=3x^2+(7y+1)x+2y^2+7y-4$

$\qquad =3x^2+(7y+1)x+(2y-1)(y+4)$

$\qquad =\{3x+(y+4)\}\{x+(2y-1)\}$

$\qquad =(3x+y+4)(x+2y-1)$

【2】 $x=\dfrac{-b\pm\sqrt{b^2-4ac}}{2a}$

解説 $x^2+\dfrac{b}{a}x=-\dfrac{c}{a}$

$\qquad \left(x+\dfrac{b}{2a}\right)^2=-\dfrac{c}{a}+\dfrac{b^2}{4a^2}$

$\qquad \left(x+\dfrac{b}{2a}\right)^2=\dfrac{b^2-4ac}{4a^2}$

$\qquad x+\dfrac{b}{2a}=\dfrac{\pm\sqrt{b^2-4ac}}{2a}$

【3】 (1) 14個　　(2) 2781

解説 (1)　13でわると余りが6となる数を $13k+6$ (kは0以上の整数) とおくと，$10\leqq13k+6\leqq200$

よって，$\dfrac{4}{13}\leqq k\leqq\dfrac{194}{13}$　∴　$1\leqq k\leqq14$　したがって，14個

(2)　7でわると5余る数は，$7\cdot1+5$，$7\cdot2+5$，…，$7\cdot27+5$だから，その和は，

$7\cdot(1+2+\cdots+27)+5\cdot27=7\cdot\dfrac{27\cdot28}{2}+5\cdot27=(98+5)\cdot27=2781$

【4】 (1)　$3:1:2$　　(2)　$-1\leqq k\leqq2$

解説 (1)　$k=0$のとき与式は

$\overrightarrow{PA}+2\overrightarrow{PB}+3\overrightarrow{PC}=\vec{0}$

$3\overrightarrow{PC}=-(\overrightarrow{PA}+2\overrightarrow{PB})$

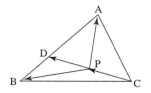

$$\therefore \quad \overrightarrow{CP} = \frac{\overrightarrow{PA}+2\overrightarrow{PB}}{2+1}$$

$\overrightarrow{CP} = \overrightarrow{PD}$ で $\overrightarrow{PD}$ は

AD：DB＝2：1に内分する点であることより

△ADP＝△APC, △BDP＝△BPC

かつ △ADP＝△BDP＝2：1

よって, △PAB：△PBC：△PCA＝3：1：2

(2) 与式より $\overrightarrow{PA} +2\overrightarrow{PB} +3\overrightarrow{PC} =k(\overrightarrow{PB} - \overrightarrow{PA})$

$(1+k)\overrightarrow{PA} +(2-k)\overrightarrow{PB} +3\overrightarrow{PC} = \overrightarrow{0}$

$(1+k)\overrightarrow{CA} +(2-k)\overrightarrow{CB} +(1+k+2-k+3)\overrightarrow{PC} = \overrightarrow{0}$

$\overrightarrow{CP} = \dfrac{(1+k)\overrightarrow{CA} +(2-k)\overrightarrow{CB}}{6}$

$1+k\geqq0$

$2-k\geqq0$

$1+k+2-k\leqq6$

を満たせばよく,

$-1\leqq k\leqq2$

【5】 $\dfrac{49}{24}$

▌解▐説▐ 3つの出る目の数のうち, 最小のものがXとなる確率を$P(\mathrm{X})$とすると,

$P(\mathrm{X})$＝(X以上の目のみが出る確率)−((X＋1)以上の目のみが出る確率)

$$=\left(\frac{7-\mathrm{X}}{6}\right)^3-\left(\frac{6-\mathrm{X}}{6}\right)^3$$

よって, 期待値は

$$\sum_{x=1}^{6} \left\{\left[\left(\frac{7-\mathrm{X}}{6}\right)^3-\left(\frac{6-\mathrm{X}}{6}\right)^3\right] \cdot \mathrm{X}\right\}$$

$$= \left(\left(\frac{6}{6}\right)^3 - \left(\frac{5}{6}\right)^3\right) \cdot 1 + \left(\left(\frac{5}{6}\right)^3 - \left(\frac{4}{6}\right)^3\right) \cdot 2 + \left(\left(\frac{4}{6}\right)^3 - \left(\frac{3}{6}\right)^3\right) \cdot 3 + \cdots$$

$$+ \left(\left(\frac{1}{6}\right)^3 - \left(\frac{0}{6}\right)^3\right) \cdot 6$$

$$= \left(\frac{6}{6}\right)^3 + \left(\frac{5}{6}\right)^3 + \left(\frac{4}{6}\right)^3 + \cdots + \left(\frac{1}{6}\right)^3$$

$$= \frac{1}{6^3} \cdot (1^3 + 2^3 + \cdots 6^3) = \frac{1}{6^3}\left(\frac{1}{2} \cdot 6 \cdot 7\right)^2 = \frac{49}{24}$$

【6】84

┃解┃説┃ $\cos C = \dfrac{a^2 + b^2 - c^2}{2ab} = \dfrac{13^2 + 14^2 - 15^2}{2 \cdot 13 \cdot 14} = \dfrac{5}{13}$

$$\sin C = \frac{12}{13}$$

よって面積は

$$\frac{1}{2}ab\sin C = \frac{1}{2} 13 \cdot 14 \cdot \frac{12}{13} = 84$$

【7】面積：$6\sqrt{6}$ 半径：$\dfrac{2\sqrt{6}}{3}$

┃解┃説┃ヘロンの公式を利用する。

$$s = \frac{7 + 6 + 5}{2} = \frac{18}{2} = 9$$

よって，面積 $= \sqrt{9(9-7)(9-6)(9-5)} = \sqrt{216} = 6\sqrt{6}$

内接円の中心から各辺への垂線の長さをrとすると，

$$\frac{1}{2}r(7 + 6 + 5) = 9r = 6\sqrt{6}$$

$$\therefore \quad r = \frac{6}{9}\sqrt{6} = \frac{2\sqrt{6}}{3}$$

【8】(1) $a_1 = \dfrac{2}{3}$ $b_1 = \dfrac{1}{3}$ $a_2 = \dfrac{5}{9}$ $b_2 = \dfrac{4}{9}$

(2) $n+1$回目にAがコインを持つには，n回目にAが持っていてAが勝つかあいこになる場合と，n回目にBが持っていてAが勝つ場合があるから，

$$a_{n+1} = \frac{2}{3}a_n + \frac{1}{3}b_n$$

$n+1$回目にBがコインを持つには，n回目にAが持っていてBが勝つ

326

場合と，n回目にBが持っていてBが勝つかあいこになる場合がある
から，

$$b_{n+1}=\frac{1}{3}a_n+\frac{2}{3}b_n$$

(3) (2)より $a_{n+1}-b_{n+1}=\frac{1}{3}(a_n-b_n)$ だから，

数列$\{a_n-b_n\}$は，初項$a_1-b_1=\frac{1}{3}$，公比$\frac{1}{3}$の等比数列。

よって，$a_n-b_n=\left(\frac{1}{3}\right)^n$ ……①

また，$a_n+b_n=1$ ……②

①，②より，$a_n=\frac{1}{2}\left\{1+\left(\frac{1}{3}\right)^n\right\}$，$b_n=\frac{1}{2}\left\{1-\left(\frac{1}{3}\right)^n\right\}$

【9】 (1) ① -1 ② $\begin{pmatrix} 1 & 0 & -1 \\ -2 & -1 & 3 \\ 3 & 2 & -4 \end{pmatrix}$ (2) $2(x+y)(x-3)(y-3)$

解説 (1) ① $\begin{vmatrix} 2 & 2 & 1 \\ -1 & 1 & 1 \\ 1 & 2 & 1 \end{vmatrix}=2+2+(-2)-1-4-(-2)=-1$…(答)

② A_{ij}を，行列Aの$(i,\ j)$余因子とすると

$$A^{-1}=\frac{1}{|A|}=\begin{pmatrix} A_{11} & A_{21} & A_{31} \\ A_{12} & A_{22} & A_{32} \\ A_{13} & A_{23} & A_{33} \end{pmatrix}$$

$A_{11}=(-1)^{1+1}\begin{vmatrix} 1 & 1 \\ 2 & 1 \end{vmatrix}=-1,\ \ \cdots\cdots,\ A_{33}=(-1)^{3+3}\begin{vmatrix} 2 & 2 \\ -1 & 1 \end{vmatrix}=4$

$$A^{-1}=\frac{1}{-1}\begin{pmatrix} -1 & 0 & 1 \\ 2 & 1 & -3 \\ -3 & -2 & 4 \end{pmatrix}=\begin{pmatrix} 1 & 0 & -1 \\ -2 & -1 & 3 \\ 3 & 2 & -4 \end{pmatrix}$$

(2) $\begin{vmatrix} x+y-3 & 3 & -y \\ 3 & x+y-3 & -x \\ -y & -x & x+y-3 \end{vmatrix}$

$=\begin{vmatrix} x+y & x+y & -(x+y) \\ 3 & x+y-3 & -x \\ -(y-3) & y-3 & y-3 \end{vmatrix}$

$$= (x+y)(y-3) \begin{vmatrix} 1 & 1 & -1 \\ 3 & x+y-3 & -x \\ -1 & 1 & 1 \end{vmatrix}$$

$$= (x+y)(y-3)(2x-6)$$

$$= 2(x+y)(x-3)(y-3)$$

【10】 (1) $I_0 = \dfrac{\pi}{2}$, $I_1 = -\dfrac{1}{3}$, $I_2 = \dfrac{\pi}{4}$ (2) 解説参照 (3) 解説参照

解 説 (1) $I_0 = \displaystyle\int_0^{\frac{\pi}{2}} 1 dx = [x]_0^{\frac{\pi}{2}} = \dfrac{\pi}{2}$

$$I_1 = \int_0^{\frac{\pi}{2}} \cos 3x dx = \frac{1}{3}[\sin 3x]_0^{\frac{\pi}{2}} = -\frac{1}{3}$$

$$I_2 = \int_0^{\frac{\pi}{2}} \cos^2 3x dx = \int_0^{\frac{\pi}{2}} \frac{\cos 6x+1}{2} dx = \frac{1}{2}\left[\frac{1}{6}\sin 6x + x\right]_0^{\frac{\pi}{2}} = \frac{\pi}{4}$$

(2) $I_n = \displaystyle\int_0^{\frac{\pi}{2}} \cos^{n-1}3x \cdot \cos 3x dx$

$$= \left[\cos^{n-1}3x \cdot \frac{1}{3}\sin 3x\right]_0^{\frac{\pi}{2}} - \int_0^{\frac{\pi}{2}} (n-1)\cos^{n-2}3x \cdot (-3\sin 3x) \cdot \frac{1}{3}\sin 3x dx$$

$$= (n-1)\int_0^{\frac{\pi}{2}} \cos^{n-2}3x \cdot \sin^2 3x dx$$

$$= (n-1)\int_0^{\frac{\pi}{2}} \cos^{n-2}3x(1-\cos^2 3x)dx$$

$$= (n-1)\left\{ \int_0^{\frac{\pi}{2}} \cos^{n-2}3x dx - \int_0^{\frac{\pi}{2}} \cos^n 3x dx \right\}$$

$$= (n-1)(I_{n-2}-I_n)$$

$$nI_n = (n-1)I_{n-2}$$

よって，$I_n = \dfrac{n-1}{n}I_{n-2}$

(3) $I_9 = \dfrac{8}{9}I_7 = \dfrac{8}{9} \cdot \dfrac{6}{7}I_5 = \dfrac{8}{9} \cdot \dfrac{6}{7} \cdot \dfrac{4}{5}I_3 = \dfrac{8}{9} \cdot \dfrac{6}{7} \cdot \dfrac{4}{5} \cdot \dfrac{2}{3}I_1$

$$= -\frac{128}{945}$$

$$I_{10} = \frac{9}{10}I_8 = \frac{9}{10} \cdot \frac{7}{8}I_6 = \frac{9}{10} \cdot \frac{7}{8} \cdot \frac{5}{6}I_4 = \frac{9}{10} \cdot \frac{7}{8} \cdot \frac{5}{6} \cdot \frac{3}{4}I_2$$

$$= \frac{9}{10} \cdot \frac{7}{8} \cdot \frac{5}{6} \cdot \frac{3}{4} \cdot \frac{1}{2} I_0$$

$$= \frac{63}{512} \pi$$

【11】 (1) $t^2-2at+3$ (2) $2\sqrt{2} \leqq t$

(3) $11-4\sqrt{2} \, a(a<2\sqrt{2})$, $-5(a=2\sqrt{2})$, $3-a^2(2\sqrt{2} <a)$

解説 (1) $3^x=X$, $3^{-x}=Y$ とおくと, $XY=3^0=1$, $t=X+2Y$

与式は, $y=3^{2x}+4 \cdot 3^{-2x}-2a \cdot 3^x-4a \cdot 3^{-x}+7$

$\qquad = X^2+4Y^2-2aX-4aY+7$

$\qquad = (X+2Y)^2-4XY-2a(X+2Y)+7$

$\qquad = t^2-4 \cdot 1-2ta+7$

$\qquad = t^2-2at+3$

(2) $t=X+\dfrac{2}{X}$ $(X>0)$

相加相乗平均の関係から,

$$t \geqq 2\sqrt{X \cdot \frac{2}{X}} = 2\sqrt{2}$$

t のとり得る値の範囲は $2\sqrt{2} \leqq t$

(3) $y = t^2-2at+3$ $(2\sqrt{2} \leqq t) \cdots ①$

$\qquad = (t-a)^2+3-a^2$ 頂点P$(a, 3-a^2)$

i) $a<2\sqrt{2}$ のとき, y の最小値は,

$t=2\sqrt{2}$ を①に代入して(グラフ参照)

$y=8-4\sqrt{2} \, a+3=11-4\sqrt{2} \, a$

ii) $a=2\sqrt{2}$ のとき, y の最小値は

$y=3-a^2=3-8=-5$

iii) $2\sqrt{2} <a$ のとき, y の最小値は,

$y=3-a^2$

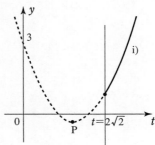

Part3

【1】 $x^2-y^2+z^2-2xz-2y-1$ を因数分解せよ。

【2】 a, bは実数とする。2つの2次方程式$ax^2+bx+1=0$, $x^2+ax+b=0$が
　　共通解をもつとき，その共通解を求めよ。

【3】 $\sqrt{2}$ が無理数であることを証明せよ。

【4】 空間に3点A$(-1$, 3, $-2)$, B$(-2$, 3, $-1)$, C$(-2$, 5, $0)$
　　がある。このとき，次の問いに答えよ。
　　(1)　△ABCの面積を求めよ。
　　(2)　原点Oから平面ABCに垂線OHを下ろすとき，点Hの座標を求めよ。
　　(3)　四面体OABCの体積を求めよ。

【5】 xy平面上に動点Pがある。動点Pは次の規則で動くものとする。
　　(イ)　硬貨を投げて表が出たらx軸方向に1だけ動く
　　(ロ)　硬貨を投げて裏が出たらy軸方向に1だけ動く
　　(ハ)　点Pが直線$x=t$上 (tは2以上の整数)に移動したら終了する
　　　　点Pは，はじめ原点Oにあり，硬貨をちょうどn回 ($n=t$, $t+1$, $\cdots$)
　　投げて終了する確率をP_n($n=t$, $t+1$, $\cdots$)とするとき，次の各問いに答
　　えよ。
　　(1)　$t=5$のとき，P_6を求めよ。
　　(2)　$\dfrac{P_{n+1}}{P_n}$を求めよ。
　　(3)　P_nを最大にするnを求めよ。

【6】 △ABCにおいて，次の等式が成り立つとき，この三角形の最も大きい角の大きさを求めよ。

$$\frac{\sin A}{8} = \frac{\sin B}{13} = \frac{\sin C}{7}$$

【7】 次の図の△ABCにおいてAB＝4，BC＝3，CA＝2とする。点Iを△ABCの内心とし，直線AIと辺BCの交点をDとするとき，下の各問いに答えよ。

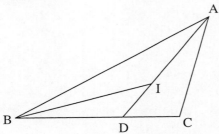

(1) cos∠ABCを求めよ。

(2) BD：DCを求めよ。

(3) ADの長さを求めよ。

(4) △ABIの面積を求めよ。

【8】 A，Bの2つの容器があり，Aには濃度10％の食塩水が1kg，Bには水が1kg入っている。Bから200gをAに移し，よくかき混ぜた後，200gをBに戻し，よくかき混ぜる。これを1回として，この操作を繰り返す。次の問いに答えよ。

(1) n回目の操作終了時におけるA，B中の食塩の量をそれぞれx_ng，y_ngとするとき，x_{n+1}をx_n，y_nを用いて表せ。

(2) $x_n - y_n$をnを用いて表せ。

(3) A，Bの食塩水の濃度の差が，初めて0.001％以下になるのは何回目の操作を終えたときか，求めよ。ただし，$\log_{10}2＝0.3010$，$\log_{10}3＝0.4771$とする。

【9】 行列 $A=\begin{pmatrix} a & b \\ c & d \end{pmatrix}$ とする。等式 $A\begin{pmatrix} x \\ y \end{pmatrix}=k\begin{pmatrix} x \\ y \end{pmatrix}\cdots①$ について，次の各問いに答えよ。ただし，a，b，c，d，kはすべて実数である。

(1) $d=3a$，$b=2$，$c=-2$とする。零ベクトルでない，ある$\begin{pmatrix} x \\ y \end{pmatrix}$に対して，等式①が成り立つ実数$k$を考える。そのような実数$k$がただ一つ存在するときの実数$a$の値を求めよ。

(2) 零ベクトルでない，ある$\begin{pmatrix} x \\ y \end{pmatrix}$に対して，等式①が成り立つ実数$k$を考える。そのような実数$k$がただ一つ存在し，そのときの$k$の値を$\alpha$とする。$A^n$を$A$，$E$，$\alpha$，$n$を用いて表せ。ただし，$E$は2次の単位行列とする。

【10】 nが自然数のとき，関数$f(x)=x^n$について，次の問いに答えよ。

(1) $n=1$のとき，導関数の定義に従って，$f(x)$を微分せよ。

(2) $f'(x)=nx^{n-1}$であることを，$\{f(x)g(x)\}'=f'(x)g(x)+f(x)g'(x)$が成り立つことを用いて，数学的帰納法により証明せよ。

【11】 曲線$y=x^3-3x^2+2x+a\cdots①$の接線について，次の問いに答えよ。

(1) 曲線上のx座標がtである点における接線の方程式を求めよ。

(2) (1)で求めた接線が点$(1，2)$を通るとき，aをtを用いて表せ。

(3) 曲線①に点$(1，2)$から引いた接線は，1本だけであることを示せ。

 解答・解説

【1】 $(x+y-z+1)(x-y-z-1)$

解説 (与式)$=(x-z)^2-(y+1)^2$

$\qquad\qquad =\{(x-z)+(y+1)\}\{(x-z)-(y+1)\}$

$\qquad\qquad =(x+y-z+1)(x-y-z-1)$

【2】 共通解をαとする。2つの方程式に代入すると，

$a\alpha^2+b\alpha+1=0\cdots\cdots①$，

$\alpha^2 + a\alpha + b = 0$ ……②が成り立つ。

②より $b = -\alpha^2 - a\alpha$ であるから，

①に代入して整理すると，$\alpha^3 = 1$ を得る。

これを解くと，$\alpha = 1$，$\dfrac{-1 \pm \sqrt{3}\,i}{2}$ となる。

(i)　$\alpha = 1$ のとき，①，②とも $a + b + 1 = 0$ となり，2つの方程式は，共

通解 $\alpha = 1$ をもつ。

(ii)　$\alpha = \dfrac{-1 \pm \sqrt{3}\,i}{2}$ のとき，$\alpha^2 + \alpha + 1 = 0$ を満たす。

$\alpha^2 = -\alpha - 1$ を②に代入して整理すると，$(a-1)\alpha + (b-1) = 0$

α は虚数，a，b は実数であるから，$a = 1$，$b = 1$ となる。

このとき，2つの方程式は $\alpha = \dfrac{-1 \pm \sqrt{3}\,i}{2}$ を解にもつ。

(i)，(ii)より，

2つの方程式は，$x = 1$，または，$\dfrac{-1 \pm \sqrt{3}\,i}{2}$　の双方を共通解にもつ。

【3】 $\sqrt{2}$ が有理数であると仮定すると，

$\sqrt{2} = \dfrac{b}{a}$ と表すことができる。ただし，a，b は，1以外の公約数をも

たない正の整数とする。

$\sqrt{2} = \dfrac{b}{a}$ の両辺を2乗すると，$2 = \dfrac{b^2}{a^2}$ となる。

ゆえに，$2a^2 = b^2$　…①

この左辺は2で割り切れるので，b^2 は偶数であり，また b も偶数となる。

このことから，b は，ある整数 k によって

$b = 2k$　…②

と表される。

②を①の右辺に代入して，両辺を2で割れば，

$a^2 = 2k^2$　…③

③により a^2 は偶数であるから，a も偶数である。

よって，a，b はともに偶数となり，a，b が1以外の公約数をもたない

ということに矛盾する。

したがって，$\sqrt{2}$ は有理数ではない。

すなわち $\sqrt{2}$ は無理数である。

【4】 解説参照

┃解┃説┃

(1)　$\overrightarrow{AB}=(-1,\ 0,\ 1)$　$\overrightarrow{AC}=(-1,\ 2,\ 2)$

$\overrightarrow{AB}\cdot\overrightarrow{AC}=1+2=3$

$|\ \overrightarrow{AB}\ |=\sqrt{2}\ ,\ \ |\ \overrightarrow{AC}\ |=3$

$\triangle ABC=\dfrac{1}{2}\sqrt{2\cdot9-9}=\dfrac{3}{2}$

(2)　$\overrightarrow{AH}=s\overrightarrow{AB}+t\overrightarrow{AC}$ とおくと

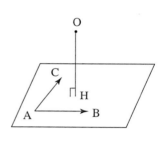

$\overrightarrow{OH}=\overrightarrow{OA}+\overrightarrow{AH}$

$\quad=\begin{pmatrix}-1\\3\\-2\end{pmatrix}+s\begin{pmatrix}-1\\0\\1\end{pmatrix}+t\begin{pmatrix}-1\\2\\2\end{pmatrix}$

$\quad=\begin{pmatrix}-s-t-1\\2t+3\\s+2t-2\end{pmatrix}$

OH⊥AB より

$s+t+1+s+2t-2=0$

$\therefore\ \ 2s+3t-1=0$ ————①

OH⊥AC より

$s+t+1+4t+6+2s+4t-4=0$

$\therefore\ \ s+3t+1=0$ ————②

①，②より　$s=2,\ t=-1$

このとき　$\overrightarrow{OH}=(-2,\ 1,\ -2)$

よって　H$(-2,\ 1,\ -2)$

(3)　$|\ \overrightarrow{OH}\ |=\sqrt{(-2)^2+1^2+(-2)^2}=\sqrt{4+1+4}=3$

また，$\triangle ABC=\dfrac{3}{2}$ であるから，体積をVとおくと

$$V=\frac{1}{3}\cdot\frac{3}{2}\cdot 3=\frac{3}{2}$$

【5】 (1) $\dfrac{5}{64}$　　(2) $\dfrac{n}{2(n-t+1)}$　　(3) $n=2t-2,\ 2t-1$

解説 (1) 硬貨をちょうど6回目を投げたとき，点Pが直線$x=5$上にあることを考える。従って，5回目までに表が4回，裏が1回出て，6回目に表が出る確率を求める。

よって，$\mathrm{P}_6={}_5\mathrm{C}_4\left(\dfrac{1}{2}\right)^4\left(\dfrac{1}{2}\right)^1\times\dfrac{1}{2}=\dfrac{5}{64}$

(2) まず，P_nを考える。硬貨をちょうどn回目を投げたとき，点Pが直線$x=t$上にあるのだから，$n-1$回目までに表が$t-1$回，裏が$n-t$回出て，n回目に表が出る確率を求める。

よって，$\mathrm{P}_n={}_{n-1}\mathrm{C}_{t-1}\left(\dfrac{1}{2}\right)^{t-1}\left(\dfrac{1}{2}\right)^{n-t}\times\dfrac{1}{2}=\dfrac{{}_{n-1}\mathrm{C}_{t-1}}{2^n}$

P_{n+1}も同様に，$\mathrm{P}_{n+1}=\dfrac{{}_n\mathrm{C}_{t-1}}{2^{n+1}}$なので，

$$\frac{\mathrm{P}_{n+1}}{\mathrm{P}_n}=\frac{{}_n\mathrm{C}_{t-1}}{2^{n+1}}\times\frac{2^n}{{}_{n-1}\mathrm{C}_{t-1}}=\frac{1}{2}\times\frac{n!}{(t-1)!(n-t+1)!}\times\frac{(t-1)!(n-t)!}{(n-1)!}$$

$$=\frac{n}{2(n-t+1)}$$

(3) $\mathrm{P}_{n+1}\geqq\mathrm{P}_n$と$\dfrac{\mathrm{P}_{n+1}}{\mathrm{P}_n}\geqq 1$は同値である。このとき，

(2)より$\dfrac{n}{2(n-t+1)}\geqq 1$となり，これより，$n\leqq 2t-2$である。問題の条件と合わせて，$t\leqq n\leqq 2t-2$のとき，$\mathrm{P}_{n+1}\geqq\mathrm{P}_n$となる。

等号成立は，$n=2t-2$のときであり，$\mathrm{P}_{2t-1}=\mathrm{P}_{2t-2}$となる。

同様に，$\mathrm{P}_{n+1}\leqq\mathrm{P}_n$と$\dfrac{\mathrm{P}_{n+1}}{\mathrm{P}_n}\leqq 1$は同値であり，

これを解くと，$n\geqq 2t-2$である。

従って，$\mathrm{P}_t<\mathrm{P}_{t+1}<\cdots<\mathrm{P}_{2t-2}=\mathrm{P}_{2t-1}>\mathrm{P}_{2t}>\cdots$

よって，求めるnの値は，

$n=2t-2,\ 2t-1$

【6】 120°

解説 正弦定理より

AB：BC：CA＝7：8：13

実数をkとすると，AB＝$7k$，BC＝$8k$，CA＝$13k$となる。これより

$$\cos B = \frac{BC^2 + AB^2 - AC^2}{2BC \cdot AB} = \frac{7^2 + 8^2 - 13^2}{2 \cdot 7 \cdot 8} = -\frac{1}{2}$$

よって，B＝120°であり，これが最も大きい角である。

【7】 (1) $\dfrac{7}{8}$　　(2) 2：1　　(3) $\sqrt{6}$　　(4) $\dfrac{\sqrt{15}}{3}$

解説 (1) 余弦定理より，$\cos\angle ABC = \dfrac{4^2 + 3^2 - 2^2}{2 \cdot 4 \cdot 3} = \dfrac{7}{8}$

(2) ADは∠BACの二等分線より，

　BD：DC＝AB：AC＝4：2＝2：1

(3) BD＝$\dfrac{2}{3}$BC＝2より，

　$AD^2 = 4^2 + 2^2 - 2 \cdot 4 \cdot 2 \cdot \cos\angle ABC = 16 + 4 - 16 \cdot \dfrac{7}{8} = 6$

　∴ AD＝$\sqrt{6}$

(4) $\sin\angle ABC = \sqrt{1 - \left(\dfrac{7}{8}\right)^2} = \dfrac{\sqrt{15}}{8}$ より，

　$\triangle ABC = \dfrac{1}{2} \cdot 4 \cdot 3 \cdot \dfrac{\sqrt{15}}{8} = \dfrac{3\sqrt{15}}{4}$

　AI：ID＝AB：BD＝2：1より，$\triangle ABI = \dfrac{4}{9}\triangle ABC$だから，

　$\triangle ABI = \dfrac{4}{9} \cdot \dfrac{3\sqrt{15}}{4} = \dfrac{\sqrt{15}}{3}$

【8】 (1) $x_{n+1} = \dfrac{1}{6}\left(5x_n + y_n\right)$　　(2) $x_n - y_n = 100\left(\dfrac{2}{3}\right)^n$　　(3) 23回目

解説 (1) まず，Bから200g Aに移す際に入っている食塩の量は

$$\frac{y_n}{1000} \times 200 = \frac{1}{5}y_n$$

と表される。よって移した後のAに入っている食塩の量は，食塩水

1200gに対して

$$x_n + \frac{1}{5}y_n$$

と表されて，Bに200g移すと

$$x_{n+1} = \frac{x_n + \frac{1}{5}y_n}{1200} \times 1000$$

$$= \frac{1}{6}\left(5x_n + y_n\right)$$

と表される。

(2) まず，y_{n+1}をx_nとy_nを用いて表す。

Bから200g　Aに移した後のBに残っている食塩の量は，

$$\frac{y_n}{1000} \times 800 = \frac{4}{5}y_n$$

と表される。また，よくかき混ぜた後　Aから200g　Bに移す際に入っている食塩の量は

$$\frac{x_n + \frac{1}{5}y_n}{1200} \times 200 = \frac{1}{6}\left(x_n + \frac{1}{5}y_n\right)$$

であるから，

$$y_{n+1} = \frac{4}{5}y_n + \frac{1}{6}\left(x_n + \frac{1}{5}y_n\right)$$

$$= \frac{1}{6}\left(x_n + 5y_n\right)$$

と表される。ここで(1)から，

$$x_{n+1} = \frac{5}{6}\left(x_n + \frac{1}{5}y_n\right)$$

であり，

$$x_{n+1} - y_{n+1} = \frac{5}{6}\left(x_n + \frac{1}{5}y_n\right) - \frac{1}{6}(x_n + 5y_n)$$

$$= \frac{2}{3}(x_n - y_n)$$

となり，$n=0$のとき，

$$x_1 - y_1 = \frac{2}{3}(x_0 - y_0)$$

$$= \frac{2}{3} \times 100$$

から，$\{x_n - y_n\}$ は初項 $\frac{2}{3} \times 100$　公比 $\frac{2}{3}$ の等比数列となる。

よって，$x_n - y_n = 100\left(\frac{2}{3}\right)^n$

(3)　n 回目の操作終了時におけるA，Bの食塩水の濃度の差は，x_n，y_n を用いて，

$$\frac{x_n}{1000} \times 100 - \frac{y_n}{1000} \times 100 = \frac{x_n}{10} - \frac{y_n}{10}$$

と表される。0.001%以下より，

$$\frac{x_n}{10} - \frac{y_n}{10} \leqq 0.001$$

$$x_n - y_n \leqq 0.01$$

$$100\left(\frac{2}{3}\right)^n \leqq 0.01$$

$$\left(\frac{2}{3}\right)^n \leqq \frac{1}{10000}$$

両辺に底10の対数をとって，

$$n\log_{10}\left(\frac{2}{3}\right) \leqq \log_{10}\frac{1}{10000}$$

$$n(\log_{10}2 - \log_{10}3) \leqq -4$$

$$n(0.3010 - 0.4771) \leqq -4$$

$$-0.1761n \leqq -4$$

$$n \geqq \frac{4}{0.1761}$$

$$n \geqq 22.7\cdots$$

以上から，23回目で濃度の差が0.001%以下となる。

【9】 (1) $a=\pm 2$　　(2) $A^n=n\alpha^{n-1}A-(n-1)\alpha^n E$

┃解┃説┃

(1) $\begin{pmatrix} a & 2 \\ -2 & 3a \end{pmatrix}\begin{pmatrix} x \\ y \end{pmatrix}=\begin{pmatrix} k & 0 \\ 0 & k \end{pmatrix}\begin{pmatrix} x \\ y \end{pmatrix}$ より, $\begin{pmatrix} a-k & 2 \\ -2 & 3a-k \end{pmatrix}\begin{pmatrix} x \\ y \end{pmatrix}=\begin{pmatrix} 0 \\ 0 \end{pmatrix}$

これを満たす $\begin{pmatrix} 0 \\ 0 \end{pmatrix}$ でない $\begin{pmatrix} x \\ y \end{pmatrix}$ が存在するためには,

行列 $\begin{pmatrix} a-k & 2 \\ -2 & 3a-k \end{pmatrix}$ において

$\Delta=(a-k)(3a-k)+4=0$

$k^2-4ak+3a^2+4=0$　…①

これを満たす k がただ一つ存在するには, ①の判別式を D とすると

$D=0$ から

$\dfrac{D}{4}=4a^2-3a^2-4=0$

$a^2=4$　∴　$a=\pm 2$

(2) $\begin{pmatrix} a & b \\ c & d \end{pmatrix}\begin{pmatrix} x \\ y \end{pmatrix}=\begin{pmatrix} k & 0 \\ 0 & k \end{pmatrix}\begin{pmatrix} x \\ y \end{pmatrix}$ より, $\begin{pmatrix} a-k & b \\ c & d-k \end{pmatrix}\begin{pmatrix} x \\ y \end{pmatrix}=\begin{pmatrix} 0 \\ 0 \end{pmatrix}$

これを満たす $\begin{pmatrix} 0 \\ 0 \end{pmatrix}$ でない $\begin{pmatrix} x \\ y \end{pmatrix}$ が存在するためには,

行列 $\begin{pmatrix} a-k & b \\ c & d-k \end{pmatrix}$ において

$\Delta=(a-k)(d-k)-bc=0$

$k^2-(a+d)k+ad-bc=0$　…①

①の解は α のみ, したがって, $(k-\alpha)^2=0$ すなわち, $k^2-2\alpha k+\alpha^2=0$

よって $\begin{cases} a+d=2\alpha \\ ad-bc=\alpha^2 \end{cases}$ が成り立つ。

行列 A においてケーリー・ハミルトンの定理より

$A^2-(a+d)A+(ad-bc)E=O$ が成り立つので

　　　　$A^2-2\alpha A+\alpha^2 E=O$

　　　　　∴　$(A-\alpha E)^2=O$

ここで　$A-\alpha E=B$ とおく。　$A=\alpha E+B$,　　$B^2=O$

ゆえに　$n\geqq 2$ のとき $B^n=O$

$A^n=(\alpha E+B)^n$

　$=(\alpha E)^n+n(\alpha E)^{n-1}B$

$$= \alpha^n E + n\,\alpha^{n-1}(A - \alpha E)$$
$$= n\,\alpha^{n-1}A - (n-1)\,\alpha^n E$$

またn＝1のときも成り立つから　$A^n = n\,\alpha^{n-1}A - (n-1)\,\alpha^n E$

【10】 (1)　$f'(x)=1$　[途中式を記すこと]　　(2)　解説参照

解┃説 (1)　$f'(x) = \lim_{h\to 0}\dfrac{f(x+h)-f(x)}{h} = \lim_{h\to 0}\dfrac{(x+h)-x}{h}$

$$= \lim_{h\to 0}\dfrac{h}{h} = \lim_{h\to 0}1 = 1$$

(2)　[証明]　(ア)　$n=1$のとき　(1)より$f'(x)=1$

また，$1\cdot x^{1-1}=1$

よって$n=1$のとき　$f'(x)=nx^{n-1}$が成り立つ。

(イ)　$n=k$のとき　$f'(x)=nx^{n-1}$が成り立つと仮定すると

$n=k+1$のとき　$f(x)=x^{k+1}$より

$$f'(x)=(x^{k+1})'=(x^k\cdot x)'$$
$$=(x^k)'\cdot x+x^k\cdot(x)'=kx^{k-1}\cdot x+x^k\cdot 1$$
$$=kx^k+x^k=(k+1)x^k$$

よって$n=k+1$のとき$f'(x)=nx^{n-1}$が成り立つ。

以上(ア)，(イ)より　すべての自然数nについて　$f'(x)=nx^{n-1}$が成り立つ。[証明終]

【11】 (1)　$y=(3t^2-6t+2)x-2t^3+3t^2+a$　　(2)　$a=2t^3-6t^2+6t$

(3)　解説参照

解┃説 (1)　$x=t$のとき，$y=t^3-3t^2+2t+a$

また，$y'=3x^2-6x+2$より，

この点における接線の傾きは，$3t^2-6t+2$であるから，

求める接線の方程式は

$$y-(t^3-3t^2+2t+a)=(3t^2-6t+2)(x-t)$$

$y=(3t^2-6t+2)x-3t^3+6t^2-2t+(t^3-3t^2+2t+a)$

$y=(3t^2-6t+2)x-2t^3+3t^2+a$

(2) 条件より

$2=(3t^2-6t+2)\cdot1-2t^3+3t^2+a$

$\quad=-2t^3+6t^2-6t+a+2$

ゆえに

$a=2t^3-6t^2+6t$

(3) $f(t)=2t^3-6t^2+6t$とすると

$f'(t)=6t^2-12t+6$

$\quad=6(t-1)^2\geqq0$

ゆえに，$f(t)$は単調に増加する。

したがって，曲線$y=f(t)$と直線$y=a$の共有点は1個だけ存在する。

すなわち，tについての方程式$2t^3-6t^2+6t-a=0$の実数解は1個だけ存在する。

ゆえに，曲線①に点(1，2)から引いた接線は，1本だけである。

●書籍内容の訂正等について

　弊社では教員採用試験対策シリーズ（参考書，過去問，全国まるごと過去問題集），公務員試験対策シリーズ，公立幼稚園・保育士試験対策シリーズ，会社別就職試験対策シリーズについて，正誤表をホームページ（https://www.kyodo-s.jp）に掲載いたします。内容に訂正等，疑問点がございましたら，まずホームページをご確認ください。もし，正誤表に掲載されていない訂正等，疑問点がございましたら，下記項目をご記入の上，以下の送付先までお送りいただくようお願いいたします。

> ①　書籍名，都道府県（学校）名，年度
> 　　（例：教員採用試験過去問シリーズ　小学校教諭 過去問　2025年度版）
> ②　ページ数（書籍に記載されているページ数をご記入ください。）
> ③　訂正等，疑問点（内容は具体的にご記入ください。）
> 　　（例：問題文では"ア〜オの中から選べ"とあるが，選択肢はエまでしかない）

〔ご注意〕

○ 電話での質問や相談等につきましては，受付けておりません。ご注意ください。

○ 正誤表の更新は適宜行います。

○ いただいた疑問点につきましては，当社編集制作部で検討の上，正誤表への反映を決定させていただきます（個別回答は，原則行いませんのであしからずご了承ください）。

●情報提供のお願い

　協同教育研究会では，これから教員採用試験を受験される方々に，より正確な問題を，より多くご提供できるよう情報の収集を行っております。つきましては，教員採用試験に関する次の項目の情報を，以下の送付先までお送りいただけますと幸いでございます。お送りいただきました方には謝礼を差し上げます。

（情報量があまりに少ない場合は，謝礼をご用意できかねる場合があります）。

◆あなたの受験された面接試験，論作文試験の実施方法や質問内容

◆教員採用試験の受験体験記

- -

<table>
<tr><td rowspan="5">送付先</td><td>○電子メール：edit@kyodo-s.jp</td><td rowspan="5"></td></tr>
<tr><td>○FAX：03-3233-1233（協同出版株式会社　編集制作部 行）</td></tr>
<tr><td>○郵送：〒101-0054　東京都千代田区神田錦町2-5
　　　　　協同出版株式会社　編集制作部 行</td></tr>
<tr><td>○HP：https://kyodo-s.jp/provision（右記のQRコードからもアクセスできます）</td></tr>
</table>

　※謝礼をお送りする関係から，いずれの方法でお送りいただく際にも，「お名前」「ご住所」は，必ず明記いただきますよう，よろしくお願い申し上げます。

教員採用試験「過去問」シリーズ

滋賀県の
数学科 過去問

編　集	©協同教育研究会
発　行	令和6年4月10日
発行者	小貫　輝雄
発行所	協同出版株式会社
	〒101-0054　東京都千代田区神田錦町2 - 5
	電話　03－3295－1341
	振替　東京00190－4－94061
印刷所	協同出版・POD工場

落丁・乱丁はお取り替えいたします。
